かんたん明解!
生活支援技術を身につけよう

事例から学ぶ介護の基本

横山 さつき 編

真野 啓子
高野 晃伸

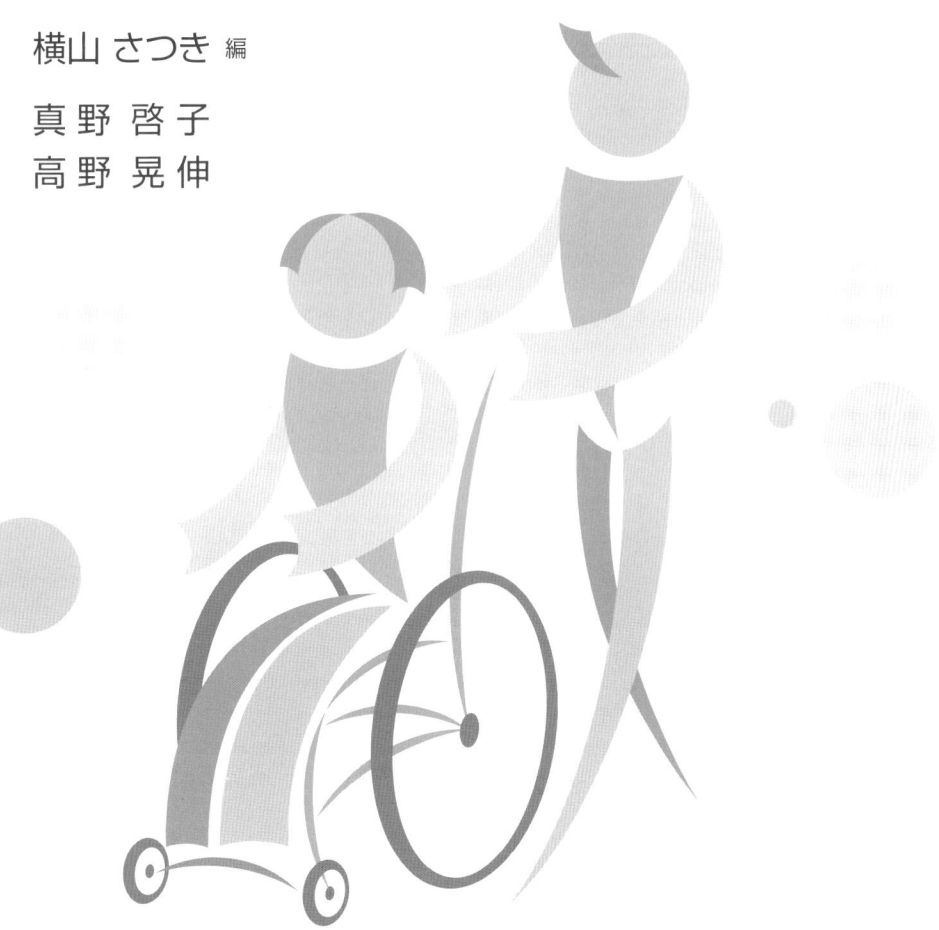

(株)みらい

●編者

横山さつき
中部学院大学短期大学部

●執筆者および執筆分担

横山さつき
中部学院大学短期大学部　………… 第1部❸、第2部 事例の紹介・④scene ⓯・⑥scene ⓳〜㉒・⑦scene ㉓㉔、第3部

真野　啓子
元・中部学院大学短期大学部　……………… 第1部❶、第2部 ①scene ❶〜❸・③scene ❾❿・④scene ⓰・⑤scene ⓱⓲

高野　晃伸
中部学院大学短期大学部　………………………………………… 第1部❷、第2部 ②scene ❹〜❽・④scene ⓫〜⓮

●写真撮影

野口晃一郎
中部学院大学・中部学院大学短期大学部企画室

はじめに

　介護福祉士は、生活支援の必要な高齢者や障がい者がその人らしく安心して暮らせるよう、直接的ケアを通じて自立を促すサービスの担い手として大いに期待されています。しかし、要介護者の個々のニーズに応じながら、安全・安楽に、自立を拡大するケアを行うには、知識や経験の積み重ねが必要です。

　専門介護を学び始めた学生さんが、始めから多様な要介護者に対する複雑な生活支援技術を習得しようとすると、支援方法を模倣することに終始してしまいがちになります。

　そこで、基本的な生活支援技術を、単なる経験的な模倣ではなく、根拠（原理・原則）をもって確実に身につけることが、専門的な質の高い生活支援技術を習得する第一歩であるとの考えに立ち、どうしてその方法で支援をするのかを考え、根拠に基づいた生活支援を展開していきやすい内容に整理しました。

　そして、ICF（国際生活機能分類）に基づいて事例を紹介し、その要介護者の体調の変化や状況に応じた生活支援技術の方法を提示することによって、初学者が混乱することなく効果的に学べるよう配慮しました。

　また、「学内で学んだ技術は役に立たない」といったことが起きないよう、パターン化された支援方法を見直し、実際の介護現場で活用できる基本技術を提示しました。

　さらに、安全・安楽で自立を促す支援の方法が具体的にイメージできるよう、支援方法とリンクさせた言葉がけの例を示すとともに、写真を多用しました。

　本書を専門的な生活支援技術習得に向けた初学者向けの導入教材として活用していただけると幸いです。

　　2010年9月

　　　　　　　　　　　　　　　　　　　　　　　　　　　　　　　　編者　横山さつき

本書の活用方法・見方

　本書では、まず始めにケアプランに基づいた生活支援を行ううえで重要な介護の基本的事項について説明します。次に、具体的な生活支援技術の方法を、一人の要介護者の生活の支援を通じて示しました。

　第2部で紹介する要介護者（吉さん）のプロフィールは、老人保健施設に入所してから2週間後の状態です。これを吉さんの基本情報としていますが、皆さんにご紹介する以降の支援場面の中では、刻々と変化する吉さんの容態・状態像に合わせた支援方法を提示しています。そのため、本書では、これら支援方法の提示にあたり、効果的に学ぶことができるよう、以下のような項目を設けました。

---

①支援場面または実施場面

　要介護者（吉さん）の心身の状況や、支援環境等の条件を提示しています。なお、冒頭には、吉さんの「施設に入所してからの週数」と、そのころの「健康度」を示しています。

②支援のポイントまたは実施のポイント

　安全・安楽で自立を促す支援を行うための要点を示しています。

③必要物品

　支援に必要な物品の名称や諸条件を列挙しています。

④支援の方法と言葉がけの例または実施方法

　支援の手順と注意点を経時的に羅列しています。また、支援の方法にリンクさせ、安全・安楽で自立を促す支援を行うために重要な言葉がけの例を示しています。

⑤スキルアップQ＆Aまたはスキルアップポイント

　根拠（原理・原則）をもった専門的な生活支援技術の提供のために必要なプラスアルファの知識や価値観に関する情報を提示しています。

　各sceneの④の欄外に項目順にアイコンをつけ、スキルアップのために必要な情報の閲覧先が一目でわかるようにしています。

　なお、本書では、生活支援の必要な高齢者や障がい者の方々を「要介護者」、生活支援を行う者を「介護者」と称しています。

　また、障がいのある人が残っている機能を用いて発揮することのできる能力を「できる能力」と呼んでいます。

目　次

はじめに

本書の活用方法・見方

第1部　介護の基本

1　生活支援と生活支援技術 ——————————————————————— 3

2　介護福祉士・訪問介護員の心得と専門性 ——————————————— 4

3　介護過程の展開とICF（国際生活機能分類） ————————————— 5

第2部　生活行動を支援する技術

事例の紹介 ————————————————————————————— 9

　　写真でみる吉さんのプロフィール　／9

　　ICFの視点からみる吉さんのプロフィール　／10

　　吉さんの経時的健康度と生活支援方法一覧　／11

1　病床環境の整備 ————————————————————————— 12

　　scene ❶　ベッドメイキング（1人で行う場合）　／12

　　scene ❷　ベッドメイキング（2人で行う場合）　／26

　　scene ❸　シーツ交換　／33

2　移　動 ————————————————————————————— 42

　　scene ❹　ベッド上での体位変換、水平移動、上方移動　／42

　　scene ❺　仰臥位から端座位　／53

　　scene ❻　車いすへの移乗　／58

　　scene ❼　車いすでの移動　／66

　　scene ❽　杖歩行　／74

3　更　衣 ————————————————————————————— 82

　　scene ❾　スウェットスーツからパジャマへの交換　／82

　　scene ❿　ゆかた寝巻きの交換　／92

4　身体の清潔 ——————————————————————————— 100

　　scene ⓫　ストレッチャー浴　／100

　　scene ⓬　家庭浴槽での入浴　／112

　　scene ⓭　清拭と身じたく　／124

　　scene ⓮　病床での洗髪　／137

　　scene ⓯　足浴と爪切り　／147

　　scene ⓰　口腔ケアと義歯の取り扱い　／157

- 5 食事 ───────────────────────────────────165
  - scene ⓱ 嚥下困難のある場合の食事 ／165
  - scene ⓲ 視覚障害のある場合の食事 ／173
- 6 排泄 ───────────────────────────────────180
  - scene ⓳ 常設トイレでの排泄 ／180
  - scene ⓴ ポータブルトイレでの排泄 ／189
  - scene ㉑ 尿器・便器を使用しての排泄 ／200
  - scene ㉒ オムツ交換と陰部洗浄 ／213
- 7 病床での感染予防と観察の技術 ────────────────226
  - scene ㉓ 手洗いと汚染区域でのガウンテクニック ／226
  - scene ㉔ 健康状態の観察とバイタルサイン ／236

第3部 介護職による医療行為

- 1 医療行為に該当しない行為 ─────────────────247
- 2 介護職による医療行為の特例 ────────────────249

第1部

介護の基本

1 生活支援と生活支援技術

　平成21年度からスタートした新カリキュラムでは、従来の「介護技術」は「生活支援技術」として位置づけられました。生活支援技術とはどのような技術でしょうか。「介護」と「生活支援」は何が違うのでしょうか。

　用語の意味を調べてみると、『広辞苑　第6版』によれば「介護」とは、「高齢者・病人などを介抱し、日常生活を助けること」[1]とあります。また、「生活」とは、「①生存して生きながらえること②世の中で暮らしていくこと」[2]、「支援」とは、「ささえ助けること。援助すること」[3]とあります。学術的な定義を概観してみると、介護について西尾は、「介護とは何らかの理由に基づく生活障害によって日常生活に支障のある者に対して身辺の援助、世話を行うものであるとする定義が一般的である」[4]と述べています。また、生活支援について柴田は、「何らかの事情によって生活行為の束が崩れている状態に対して、生活の束を作り上げる援助を通して命を守り、生きる意欲を引き出して生活の営みを作り上げることが生活支援ということになり介護の目的でもある」[5]と述べています。

　これからもわかるように、「生活支援」では「命を守ること」や「生きる意欲を引き出して生活の営みを作り上げること」まで支援することが求められるようになりました。これらの背景には、特に、人間は誰しも、いつでも、どこでも、いかなる場合でも誰に対しても「対等な関係を保持」し、「人間的尊厳を尊重される」という人格権の重要性が認識されるようになったことがあると考えられます。また、単に生き延びるという意味での生存権ではなく、人間には誰しも死ぬまで「成長・発達する権利」があり、「自己実現のための努力を可能とする生活環境を保障される権利」が認められるようになってきていることも時代の流れとして反映していると思われます。

　生活支援とは、要介護状態になり、たとえ認知症やターミナル期などであっても、生活者としてとらえ、その人の人権が守られ、主体的で快適な生活が送ることができるように援助することなのです。

　先に述べた新カリキュラムにおいて、生活支援技術の授業のねらいを「尊厳保持の観点から、どのような状態であっても、その人の自立・自律を尊重し、潜在能力を引き出したり、見守ることも含めた適切な介護技術を用いて、安全に援助できる技術や知識について習得する学習とする」としています。これらのことをふまえ、生活支援技術では基本原則として、要介護者の①生命・人権・尊厳の尊重、②自立支援（主体性、自己決定）、③安全・安楽を

1）新村出編『広辞苑　第6版』岩波書店　2008年　p.457
2）同上書　p.1534
3）同上書　p.1193
4）介護福祉学研究会監修『介護福祉学』中央法規出版　2002年　p.13
5）柴田範子編『介護福祉士養成テキストブック6　生活支援技術1』ミネルヴァ書房　2009年　p.2

常に念頭において効率的に支援することが大切です。具体的には、介護者がすべての生活支援場面において、要介護者への説明と同意を行い、行為ごとに要介護者の意欲や能力(「できる能力」)を引き出す言葉がけをすることが、「要介護者の尊厳、自立、安全・安楽を確保する支援」への第一歩になります。

❷ 介護福祉士・訪問介護員の心得と専門性

「社会福祉士及び介護福祉士法」が改正され、平成21年度より施行されています。この改正により介護福祉士の資格取得要件が大きく変わり、質の向上が期待されています。

介護の仕事についての定義規定は、従来の「食事、入浴、排泄、その他の介護」という表現が、「専門的知識を持って、心身の状況に応じた介護」と改正されています。これは、介護の仕事において、技術における「行為」に視点を置くのではなく、対象の「人」自体に目を向けることを意味しています。人には生活や歴史があり、誰一人として同じ生い立ちをしてはいません。その方が病気や事故などにより介護が必要となったとき、相手の症状に対する介護を行うだけでは介護の仕事を適切に行ったとはいえません。個別性を尊重し、その方の身体や精神状態、環境などを総合的に見つめたうえで、最もよい介護方法を考案し支援を行うことが重要となります。また、介護者は、「食事、排泄、入浴」などの支援場面において、自らの行う一つひとつの支援が何を意味するものなのかを十分に確認したうえでの支援が成されなければ、専門的な介護ができているとはいえません。

施設や在宅で仕事をしている介護職の方々には、介護福祉のパイオニアとして、要介護者の尊厳を守り、本人の望む生活を形成できるような支援を行っていただきたいと思います。長い人生を生きていく中では、いろいろな出来事に出会うことになります。しかし、障がいや病気などが理由で、人権が侵害されることがあってはなりません。いかなる状況であっても、要介護者のニーズが尊重され、安心して生活を続けることのできる社会が真の豊かな社会です。私たちの豊かな生活のためには介護福祉における質の向上が求められています。

法の改正により明記された、介護福祉士の義務規定では、「個人の尊厳の保持」「自立支援」「心身の状況に応じた介護」のほかに、「他のサービス関係者との連携」「資格取得後の自己研鑽」が上げられています(「社会福祉士及び介護福祉士法」平成19年12月5日公布)。今、介護職には、要介護者を総合的に見つめ望ましい支援を行うために、常に学ぶ姿勢をもち、他職種と効果的に連携することが求められているのです。要介護者を支援するには、介護や医療、リハビリや栄養などに関わる種々の専門職と協働した多面的で包括的なケアが必要です。それぞれの専門職が自らの専門性をさらに高めるよう努め、その専門性を尊重しあいながら要介護者の生活にアプローチしていくことが重要であり、課題でもあります。

介護を受ける者も介護に携わる者も一人の人間であり、そこには喜びや悲しみなどの「感情」が必ず存在します。しかし介護現場においての介護職は、要介護者の心身の安寧に向け

て常に自分自身の感情をコントロールしなければなりません。これは要介護者に留まらず、職員間のチームワークにも影響します。要介護者だけでなく介護者自身の生活の質を高めるためにも、身体的な健康はもちろんですが、心理・社会的な健康も保持・増進できるよう、自己管理のできる力や健全な職場環境を創造していく力量が介護職には必要であるといえます。

3 介護過程の展開とICF（国際生活機能分類）

（1）介護過程とケアプラン、生活支援

　介護過程は、介護者が習得している専門知識や専門技術、価値観に基づいて、要介護者との直接的な人間関係を基盤として行われる生活支援を発展させる道筋です。また、要介護者の真の生活ニーズをとらえ、そのニーズを満たすために必要な物的・人的社会資源と要介護者との相互関係を調整・活用して生活上の困難（生活課題）を解決していく問題解決技法、システムであるともいえます。

　このような介護過程は、生活支援によって要介護者の生活の質を向上させるために、情報収集→アセスメント（ニーズの把握）→生活課題の明確化→ケアプランの作成→介護実践（生活支援の実施）→評価・修正の各段階をふんで展開されます。

　ケアプランは、介護過程における介護サービス計画を意味し、生活課題解決に向けての思考の経緯が具体的な生活支援の方法として明文化されます。また、ケアプランは、科学的・客観的根拠を組織的に示す介護過程を指標として作成されます。ケアプランは、要介護者の意思を尊重し、要介護者や家族、介護関係者の共通の理解のもとに要介護者一人ひとりの個別性を重視して作成されなければなりません。

（2）介護過程へのICF（国際生活機能分類）の活用

　旧来の介護過程は、WHO（世界保健機関）の示した国際障害分類（International Classification of Impairments, Disabilities and Handicaps：ICIDH）の理論を援用して展開されてきました。つまり、「傷病による機能障害（インペアメント）によって能力低下（ディスアビリティ）が起こった結果として社会的不利（ハンディキャップ）が生じる」という段階的な概念に基づいたアセスメントを行い、要介護者のマイナス面に注目してのケアプランを作成してきました。

　WHOは2001年にICIDHを改訂して、国際生活機能分類（International Classification of Functioning, Disability and Health：ICF）を提示しました。ICFは、「心身機能・身体構造」「活動」「参加」という人間の生活機能と障害を分類する3つの次元と、「環境因子」「個人因子」といった3つの次元に影響を及ぼす背景因子で構成され、一つひとつの情報を双方向に関連させることによって情報を有意義で容易に活用できるものに統合する（情報を組織

化する）ことをめざした枠組みです。【「図表1-1」参照】

　このICFを介護の領域では、個人の生活機能や障害（3つの次元）と健康状態、背景因子といった構成要素に関する情報を別々に収集し、その後にそれらの要素間の流動的で複合的な関連や因果関係を考察してケアプランの作成に活用しようとしています。あくまでもICFは分類であり、介護過程をモデル化するものでも直接的に介護を対象とした概念を提供しているわけでもありません。ICFは介護過程を記述し展開する一つの手段を提供してくれる枠組みなのです。

　そしてICFは、障がいのある人（要介護者）のみを対象とするのではなく、すべての人に関するユニバーサルな分類であり、すべての健康レベルにおいての生活機能や障害、健康関連状況をICFによって記述することができるところに特徴があるのです。加えて、新たなICFの概念は、「活動・参加」の概念と「背景因子」を取り入れたところに特徴があり、障害（マイナス因子）ではなく生活機能（プラスの因子）に注目し、マイナスの側面を補いながら潜在機能を引き出してプラスの側面を発展させていくことに主眼を置いています。

　介護者は、背景因子による影響をふまえながら、「している活動」（実生活における実行状況）と「できる活動」（訓練などの非日常的で特殊な状況において発揮できる潜在能力）とのギャップや、「できる活動」と「したい活動・する活動」（介護目標と直結する地域・社会参加レベルの働き）とのギャップを生活課題として導き出し、そのギャップの背景にある阻害因子や活動レベルを押し上げていく促進因子を明確化し働きかける役割を担います。

　近年、専門介護教育の領域ではICFの考え方や特徴を介護過程において援用することを強く推し進めています。しかし、必ずしもそれが介護の現場に活用され浸透していない現状があることは否めません。

図表1-1　ICFの構成要素間の相互作用

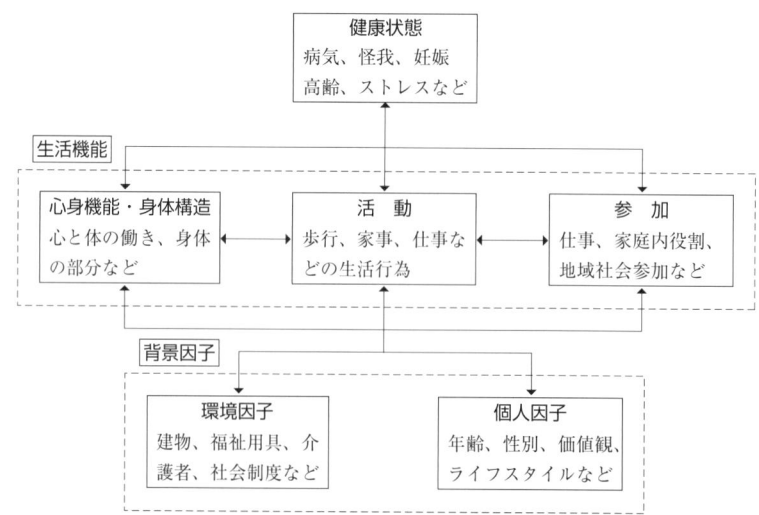

第 2 部
生活行動を支援する技術

事例の紹介

●写真でみる吉さんのプロフィール

※以下は、要介護者である吉郁子さんが老人保健施設に入所して2週間後の基本情報です。

早く家に帰って愛犬と一緒に暮らしたい！

料理をすることが大好きです。
ランチのできあがり！めしあがれ…

脳梗塞の後遺症で、左側の手足に運動麻痺と知覚麻痺があります。

左半身
不完全麻痺
（少しは動かせる）
弛緩性麻痺
（緊張がなくだらりとしている）

軽度の筋力低下

垂れ足（すり足）

以前のように家事や愛犬との散歩ができることを目標に歩行訓練をしています。

訓練の成果があり、右手で身体を支えれば10秒以上安定して立っていられます。また、杖歩行ができるようになりました。
高血圧や便秘の改善のためにも運動は欠かせないので、がんばっています。

脳梗塞の後遺症で、軽度の構音障害や咀嚼・嚥下障害があります。

あー

フーッ

うまく食事ができないことや便秘が影響してか、最近、食欲がやや落ちてきました。
そのため、言葉が話せるように、また、おいしく食べられるように、訓練を受けています。

● ICFの視点からみる吉さんのプロフィール

※以下は、要介護者である吉郁子さんが老人保健施設に入所して2週間後の基本情報です。

健康状態
① 脳梗塞
② 高血圧（朝食後に降圧剤を服用している）

心身機能・身体構造
① 左半身の運動麻痺、知覚麻痺がある。
　⇒運動麻痺の程度：不完全麻痺（手足を少しは動かせるが十分でない）。
　⇒運動麻痺のタイプ：弛緩性麻痺（手足に緊張がなくだらりとしている）。
　⇒知覚麻痺の程度：触覚・痛覚・温度覚鈍麻（体表面の知覚がにぶくなっている）。
② 右半身のごく軽度の筋廃用萎縮（筋力低下、筋持久性低下）がある。
③ 構音障害（言語の理解はできるが、発語が困難な状態）がある。
　⇒自分の意思を、「はい」と「いいえ」で伝えられる。
④ 総義歯（総入れ歯）を使用している。
　⇒咀嚼・嚥下機能の軽度の低下がみられ、食欲減退傾向である。
⑤ 強度の近視であるが、眼鏡を使用すれば生活に支障はない。
⑥ 慢性の便秘がある。

活動
実行状況（している活動）
① 車いすを自走して移動するのがほとんどであるが、ときどき介護者の見守りのなか、4点支持杖を使用して休憩をとりながら歩行している。
② 安定したつかまり立ちが10秒程度できる。
③ 身辺動作は、左側の機能を福祉用具の活用や、介助で補っている。
　⇒食事：介護者に左側を手伝ってもらいながら、普通食を右手で食べている。
　⇒更衣：介護者に左側を手伝ってもらいながら、座位で着脱している。
　⇒洗面：車いすを自走して洗面所に行き、介護者に左側を手伝ってもらいながら、車いすに乗ったままで洗面をしている。
　⇒排泄：車いすを自走して洗面所に行き、介護者に左側を手伝ってもらいながら、常設トイレで排泄している。
　⇒入浴：介護者に左側を手伝ってもらいながら、家庭浴をしている。

能力（できる活動）
① 理学療法士の指導のもとに、4点支持杖を使用しての歩行練習をして、長距離の安定した歩行ができるように努力している。
② 言語聴覚士の指導のもとに、発語訓練や嚥下訓練をしている。

参加
① 若いころから料理をするのが大好きで、施設内で調理の機会があると、はりきって調理を手伝っている。
② 構音障害のため、言葉を通しての対人関係をつくることが困難である。しかし、職員や他の入所者からの声かけや働きかけに対して、身振り手振りを交えて積極的に反応をする。

環境因子
物的環境
○6か月程前に脳梗塞にて入院。病状が安定したため、2週間前に在宅療養をめざし、老人保健施設に入所した。
人的環境
○共働きの息子夫婦との3人暮らしであった。

個人因子
① 氏名＝吉郁子さん　② 性別＝女性　③ 年齢＝70歳
④ 体格＝155cm、45kg（中肉中背）
⑤ 性格＝温厚であるが、自尊心が強く、他者からの指示を嫌う。
⑥ ライフスタイル＝10年前に夫と死別してからは、家事をしつつ愛犬とのんびりと過ごす毎日であった（朝夕の犬の散歩を日課としていた）。
入院するまで家族の食事を作っていた。

● 吉さんの経時的健康度と生活支援方法一覧

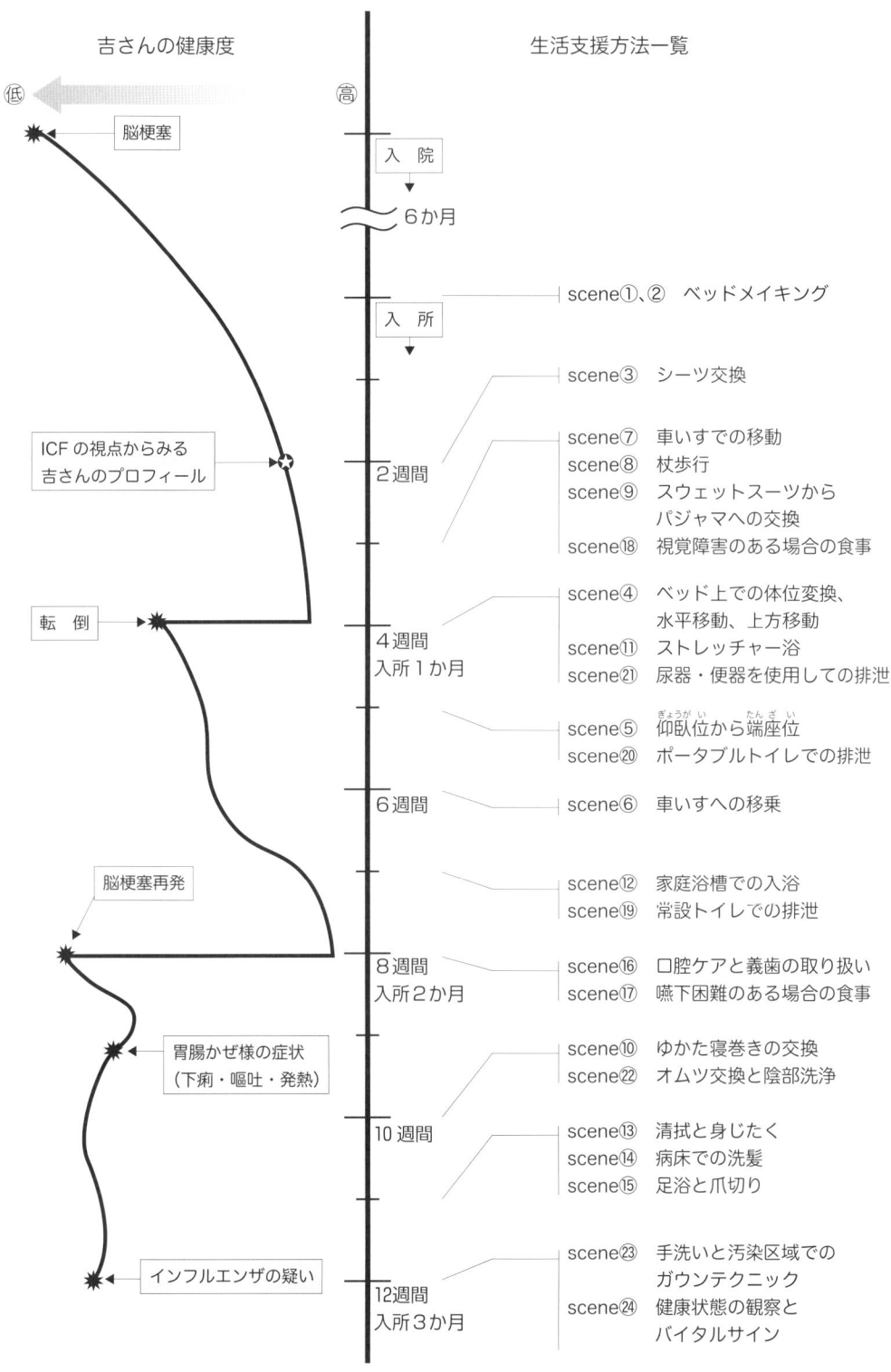

第2部　生活行動を支援する技術

1 病床環境の整備

scene 1 ベッドメイキング（1人で行う場合）

〈実施場面〉

○入所当日○　健康度 低 中 高

　6か月前に脳梗塞を発症して入院していた吉さんは、左半身麻痺の後遺症はありますが、病状が安定したため、本日入所することになりました。

　吉さんは、リハビリにも積極的で在宅復帰をめざしてがんばっていますが、ときどき体調を崩すことがあるため、ベッド上での生活支援もできるように配慮してベッドメイキングをします。

＜前提＞

①ここではベッドの右側からベッドメイキングを行う方法を示してあります。

②リネン類は、リネン庫の条件と効率性を考えて、たたんであります。【p.25「図表2－1」参照】

③掛けものについては、ここでは綿毛布を使用しましたが、毛布を使用する場合はscene②で示しています。【p.26「ベッドメイキング（2人で行う場合）」参照】

〈実施のポイント〉

1. シーツにしわをつくらないように仕上げる。
2. コーナーが崩れにくいように1つずつの作業を丁寧に行う。
3. 見た目にも美しく清潔感があるベッドをつくる。
4. ボディメカニクスを活用し、介護者の安全に配慮して効率的に作業を行う。

〈必要物品〉

①枕カバー　②枕　③マットレスパッド　④シーツ　⑤防水シーツ　⑥綿毛布　⑦ロールクリーナー　⑧雑巾　⑨ワゴン車

実 施 方 法

● **必要物品**

Q1 参照
❶ ワゴン車の上段にはリネン類を上から使う順番に重ねて手前を輪にして置きます。

Q2 参照
　ワゴン車の下段にはロールクリーナーと雑巾を置きます。

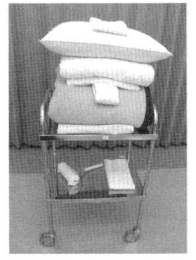

● **準備**

❷ 窓を開けます。

Q3 参照
❸ ベッドの高さを作業しやすい高さ（60 cm程度）に調節します。

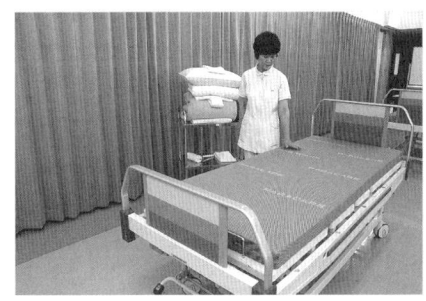

❹ 床頭台といすをベッドから離します。

Q4 参照
❺ ベッドのブレーキがロックされているかを確認します。

Q5 参照
❻ ベッドのフレームを拭き、マットレスにほこりを立てないようにロールクリーナーをかけ、ベッド上のゴミやほこりを取ります。

● **マットレスパッド**

Q6 参照
❼ たたんだままのマットレスパッドをベッドの頭側、介護者の手前に置きます。

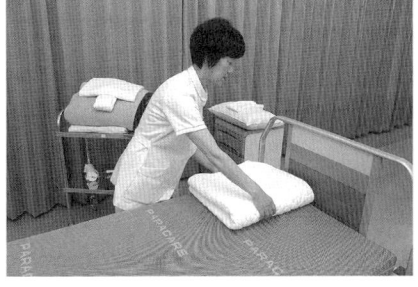

第2部 生活行動を支援する技術　13

ほこりを立てないように足元に向かって開きます。
マットレスの上に広げます。

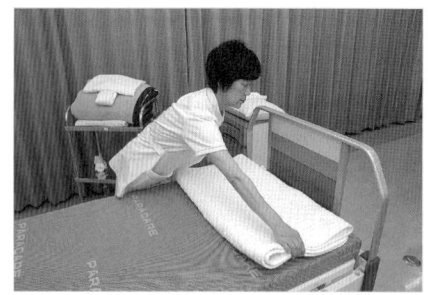 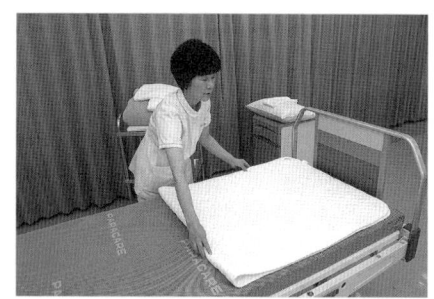

● **シーツ**

❽ たたんだままのシーツをベッドの頭側、介護者の手前に置きます。

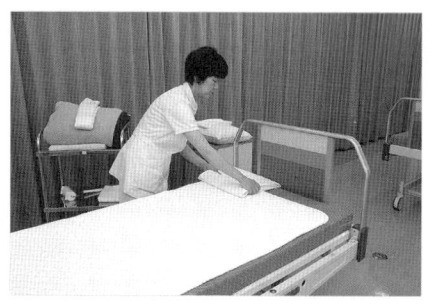

シーツの中心がマットレスの中心にくるようにシーツの位置を確認します。

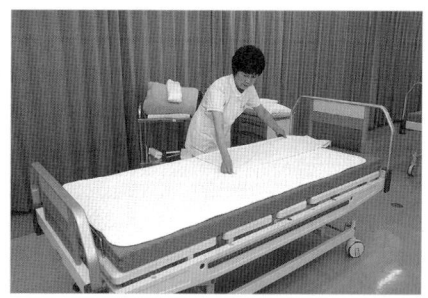

シーツを足元に広げます。

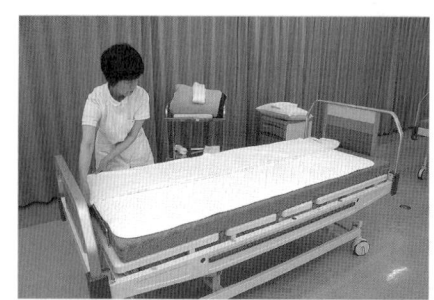

シーツの上から1枚目の部分を手前に垂らします。

2枚目のみみをつかみ、扇子折りにしてたぐり寄せます。

Q 8 参照

中心線がずれないように注意しながら、マットレスパッドの上に添うように広げます。

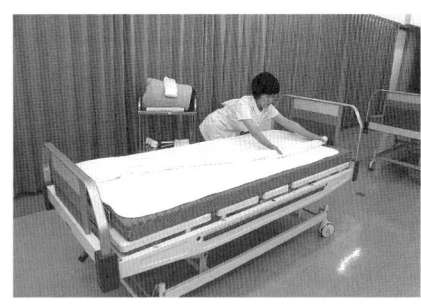

● **右頭側コーナー**

❾ 頭側を向き、身体をベッドサイドに密着させ、ベッド側の手（右手）をマットレスの下に深く差し入れ、マットレスを持ち上げます。

Q 9 参照

反対の手（左手）で頭側のシーツの短辺を持ち、マットレスの頭側をシーツで包み込むように覆います。この際、介護者は膝を曲げ、足を広げて基底面積を広くとります。

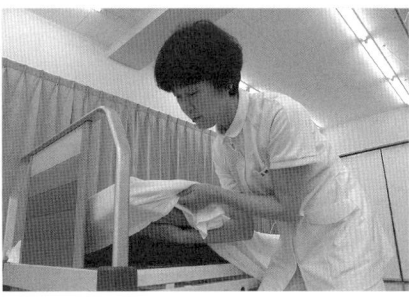

第2部　生活行動を支援する技術

Q 10 参照

❿ シーツの長辺をマットレスの側面に垂直に当ててベッドの頭側を頂点とした三角形をつくります。上に引っ張ったシーツの部分は寝床面に折り曲げておきます。

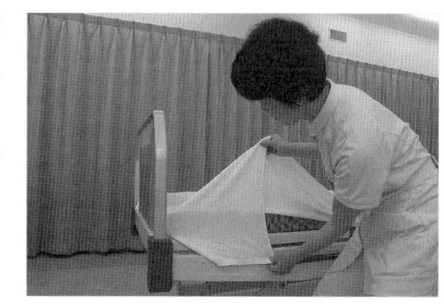

Q 11 参照

⓫ 垂れ下がっているシーツ部分を両手でマットレスの下に深く差し込みます（手背を上にします）。

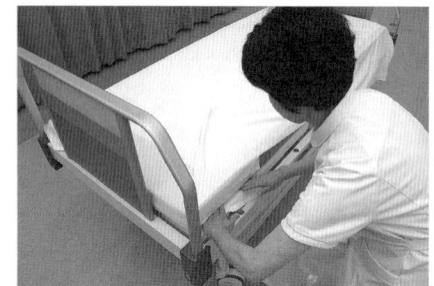

⓬ 左手でマットレスにシーツが密着するように押さえます。

マットレスの寝床面に、マットレスの端から1cm位挟み込むようにして左手で固定します。

右手で寝床面に置いてあったシーツを被せます。

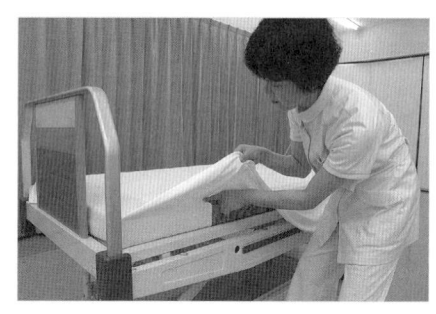

左手で固定していた部分を被せたシーツの上から右手で押さえ直します。

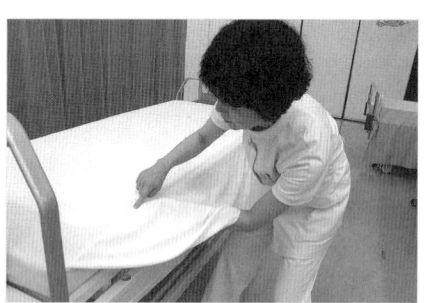

左手でコーナーを整えてマットレスに密着させます。

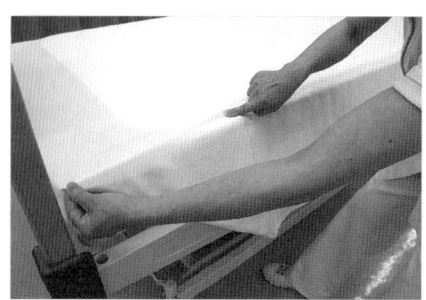

垂れているシーツを両手でマットレスの奥のほうに挟み込みます。

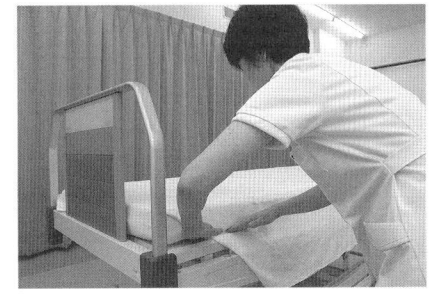

● **右足側コーナー**

⓭　足側を向き、身体をベッドサイドに密着させ、ベッド側の手（左手）をマットレスの下に深く差し入れてマットレスを持ち上げます。

　反対の手で足側のシーツの短辺を持ち、マットレスの足側をシーツで包み込むように覆います。この際、介護者は膝を曲げ、足を広げて基底面積を広くとります。

⓮　シーツの長辺をマットレスの側面に垂直に当て、ベッドの足側を頂点とした三角形をつくります。上に引っ張ったシーツの部分は、寝床面に折り曲げておきます。【❿同様】

⓯　垂れ下がっているシーツ部分を両手でマットレスの下に深く差し込みます（手背を上にします）。【⓫同様】

⓰　右手でマットレスにシーツが密着するように押さえます。

　マットレスの寝床面にマットレスの端から1cm位挟み込むようにして右手で固定します。

　左手で寝床面に置いてあったシーツを被せます。

　右手で固定していた部分を被せたシーツの上から左手で押さえ直します。

　右手でコーナーを整えてマットレスに密着させます。

　次に両手で垂れているシーツをマットレスの奥のほうに挟み込みます。

第2部　生活行動を支援する技術

● **右側ベッドサイド**

⑰ ベッドの中央に立ち、足を前後に広げベッドサイドに垂れているシーツを鷲手につかみ、マットレスの下に深く差し入れます。

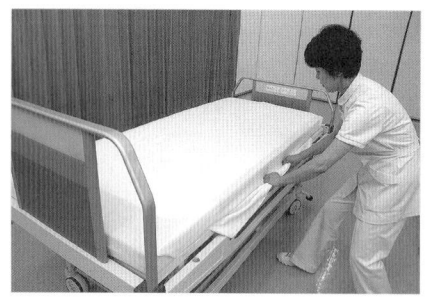 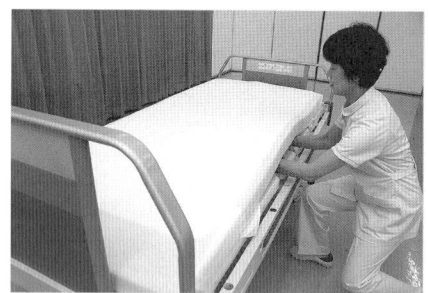

● **防水シーツ**

Q12 参照

⑱ 防水シーツをベッドの中央に置き、ベッドサイドに広げます（臀部周辺を中心に敷きます）。

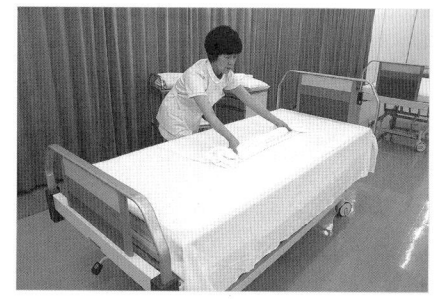

Q13 参照

⑲ 防水シーツの手前に垂れた部分をマットレスの下に深く差し入れます。この際、マットレスをあまり持ち上げないように注意します。

● **移動**

⑳ 足側を通ってベッドの左側に回り、右側と同様に頭側から作成します。

● **左頭側コーナー**

㉑ 頭側を向き、身体をベッドサイドに密着させ、ベッド側の手（左手）をマットレスの下に深く差し入れマットレスを持ち上げ、反対の手（右手）で頭側のシーツの短辺を持ち、マットレスの頭側をシーツで包み込むように覆います。この際、介護者は膝を曲げ、足を広げて基底面積を広くとります。

㉒ シーツの長辺をマットレスの側面に垂直に当ててベッドの頭側を頂点とした三角形をつくります。上に引っ張ったシーツの部分は寝床面に折り曲げておきます。【❿同様】

㉓　垂れ下がっているシーツ部分を両手でマットレスの下に深く差し込みます（手背を上にします）。【⓫同様】

㉔　右手でマットレスにシーツが密着するように押さえます。
　　マットレスの寝床面にマットレスの端から1cm位挟み込むようにして右手で固定します。
　　左手で寝床面に置いてあったシーツを被せます。
　　右手で固定していた部分を被せたシーツの上から左手で押さえ直します。
　　右手でコーナーを整えてマットレスに密着させます。
　　次に両手で垂れているシーツをマットレスの奥のほうに挟み込みます。
【⓰同様】

● **移動**

Q14 参照

㉕　足側に移動し、ベッドの対角線上にシーツを引いて、寝床面上のしわを伸ばします。

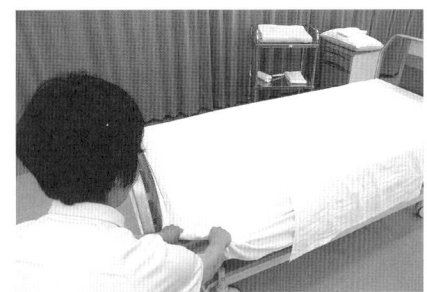

● **左足側コーナー**

㉖　足側を向き、身体をベッドサイドに密着させ、ベッド側の手（右手）をマットレスの下に深く差し入れてマットレスを持ち上げます。
　　反対の手（左手）で足側のシーツの短辺を持ち、マットレスの足側をシーツで包み込むように覆う。この際、介護者は膝を曲げ、足を広げて基底面積を広くとります。

㉗　シーツの長辺をマットレスの側面に垂直に当てベッドの足側を頂点とした三角形をつくります。上に引っ張ったシーツの部分は寝床面に折り曲げておきます。【❿同様】

㉘　垂れ下がっているシーツ部分を両手でマットレスの下に深く差し込みます（手背を上にします）。【⓫同様】

㉙　左手でマットレスにシーツが密着するように押さえます。

マットレスの寝床面にマットレスの端から1cm位挟み込むようにして左手で固定します。

右手で寝床面に置いてあったシーツを被せます。

左手で固定していた部分を被せたシーツの上から右手で押さえ直します。

左手でコーナーを整えてマットレスに密着させます。

次に両手で垂れているシーツをマットレスの奥のほうに挟み込みます。

【⓬同様】

㉚　ベッドの中央に立ち、足を前後に広げベッドサイドに垂れているシーツと防水シーツをそれぞれ鷲手につかみマットレスの下に深く差し入れます。

【⓱同様】

● **移動**

㉛　足側を通って反対側（ベッドの右側）に回ります。

● **綿毛布**

㉜　綿毛布を置くときは、頭側のマットレスの上端から15cm程度下げておきます。

[Q 15 参照]

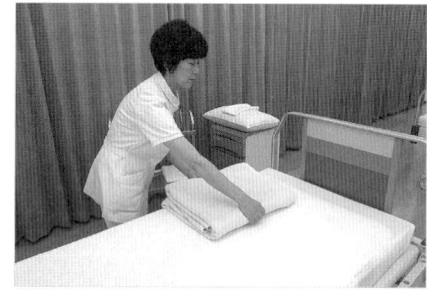

㉝　綿毛布は、マットレスの下端20cm位のところに足側から頭側に5cmから10cmのひだをつくり、ゆるみを持たせます。

[Q 16 参照]

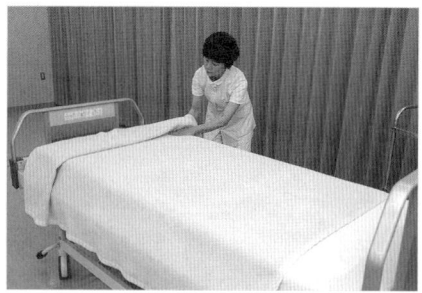

● 枕

㉞ 枕をベッド上に置き、枕とカバーの縫い目、コーナーを合わせてカバーをかけます。

Q 17 参照

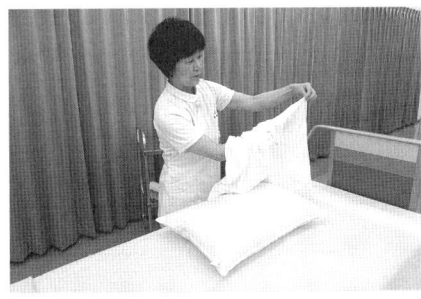
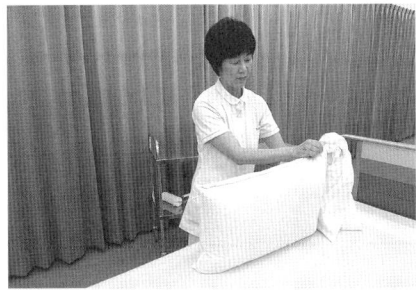
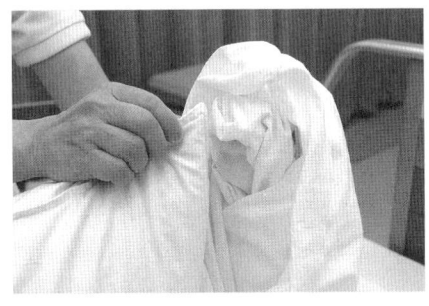
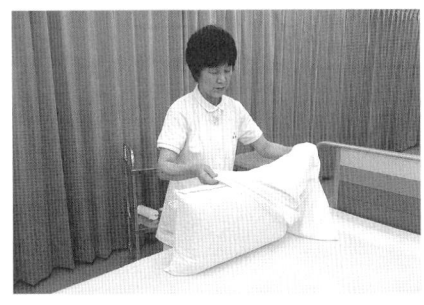

枕カバーの余分な部分を枕の下側に入れ込みます。

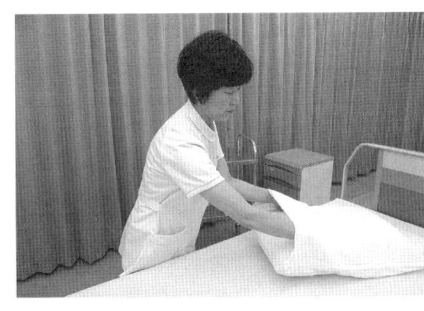
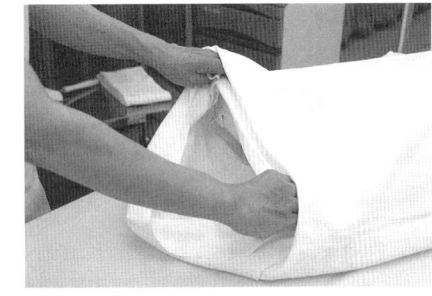

㉟ 枕カバーの折り込み部分が、壁側あるいは出入り口と反対側にくるように枕を置きます。

Q 18 参照

● 環境整備

㊱ 床頭台といす、ベッドの高さを元に戻します。

㊲ 窓を閉め、環境を整えます。

スキルアップ Q&A

Q1 手前を輪にして重ねるのはなぜですか。

A 手前を輪にするのは、リネンの枚数がわかりやすく、見た目にも整然としています。また、上から順番に重ねることで効率的に作業を進めることができます。

Q2 上段と下段を区別するのはなぜですか。

A ワゴン車の上段には清潔なものを置き、下段には不潔なものを置くようにして区別します。

Q3 窓を開けるのはなぜですか。

A リネン類を広げたりたたんだりすると、ほこりや皮膚の落屑物（らくせつ）・微生物などが空気中に飛びほこりっぽくなるため、換気する必要があります。

Q4 床頭台といすをベッドから離すのはなぜですか。

A 障害物をなくして作業がしやすくなるようにするためです。

Q5 ベッドを拭く際に、消毒液を使う必要はありますか。

A フレームは目に見えなくても、落下したほこりや微生物などが付着していたり、汚れた手で触ったりして汚染されていることがあります。また、付着した液体が乾燥して汚れとなっている場合もありますので、水拭きをして汚れを拭き取ります。感染の危険がある場合は消毒薬を使いますが、通常の清掃の場合は使用する必要はありません。

Q6 たたんだままのマットレスパッドをベッドの頭側、介護者の手前に置くのはなぜですか。

A マットレスパッドを広げてからマットレスの上に置くとほこりが舞います。また、マットレスパッドとマットレスの間に空気が入り、マットレスパッドがずれやすくなります。シーツとマットレスパッドの間は密着しているほうが

シーツがずれにくくなります。

Q7 シーツをマットレスの中心に置くのはなぜですか。

A 最初にシーツをマットレスの中心に置くことによって、中心から全体にシーツを広げることができ、作業域を小さくすることができ効率よく作業ができます。ここでは、たたんだままのシーツを2回開くと右上の角がシーツの中心になるようにたたんであります。

Q8 扇子折りにするのはなぜですか。

A 扇子折りにすることでシーツを持ち上げる必要がなくなり、シーツとマットレスパッドの間に空気が入ることなく、シーツを広げることができるからです。

Q9 介護者の膝を曲げ、足を広げて基底面積を広くするのはなぜですか。

A ボディメカニクスを活用することで、介護者の腰部への負担を軽減することができます。【p.50「Q9」参照】

Q10 ベッドのコーナー部分のシーツを三角形にするのはなぜですか。

A シーツを斜めに重ねることで、布の摩擦を利用することができ、マットレスに密着させることによって、崩れにくいコーナーを作成をすることができます。

Q11 手背を上にするのはなぜですか。

A 少し前の介護用ベッドはベッドの床板で介護者の手を傷つけることがありましたが、現在の床板は安全性を考えて表面をなめらかに加工してあるため、その危険性は少なくなっています。しかし、ベッドの奥のほうにシーツを挟み込む場合には手背を下にしたほうが作業がしやすく安全です。まれに要介護者の私物が置いてある場合もあるので注意が必要です。

Q12 防水シーツを使用するのはなぜですか。

A 吉さんはベッド上での排泄の介助を想定されるため、マットレスやマットレスパッドが排泄物等で汚染されることがないように、臀部周辺を中心に防水

第2部　生活行動を支援する技術

シーツを敷きます。吸湿性のない防水シーツ（ビニールやゴム）の場合は、その上に綿素材のシーツ（タオルは表面に凹凸があるので好ましくありません）を敷きます。

Q13 マットレスを上からつかんではいけないのはなぜですか。

A マットレスを上からつかむと、シーツも同時につかんでしまうため、寝床面のシーツのしわを伸ばすことができません。ベッド側の手掌でマットレスを直接持ち上げてシーツでマットレスを包み込むように覆います。

Q14 シーツを対角線の方向に引っ張るのはなぜですか。

A ベッドの3か所のコーナーはすでに固定されているので強く引っ張っても簡単には崩れません。ここでしっかり寝床面全体のしわを伸ばしてから、最後のコーナーを作成することが大切です。

Q15 綿毛布を15cm程度下げるのはなぜですか。

A 15cm程度下げることによって要介護者が臥床した際に肩を覆う程度に顔を出すことができます。

Q16 足元にゆるみを持たせるのはなぜですか。

A 足元にゆるみを持たせるのは尖足（せんそく）予防のためです。
なお、尖足（せんそく）とは、足関節が底側屈曲位に拘縮した状態をいいます。

Q17 枕カバーは、どのように被せるとよいですか。

A 枕カバーを被せるときに、枕カバーの口を十分に広げ、奥のほうまで枕を入れるようにすると効果的に作業ができます。また、枕の下側に枕カバーの端を入れ込むのは、褥瘡（じょくそう）の予防や不快感をなくすためです。

Q18 枕カバーの折り込み部分を壁側にして、枕を置くのはなぜですか。

A 枕カバーの折り込み部分は崩れやすいため、壁側に向けることで、部屋の入り口から見た目も美しくなります。

図表2-1 リネン類のたたみ方(ベッドの右側からたたむ場合)

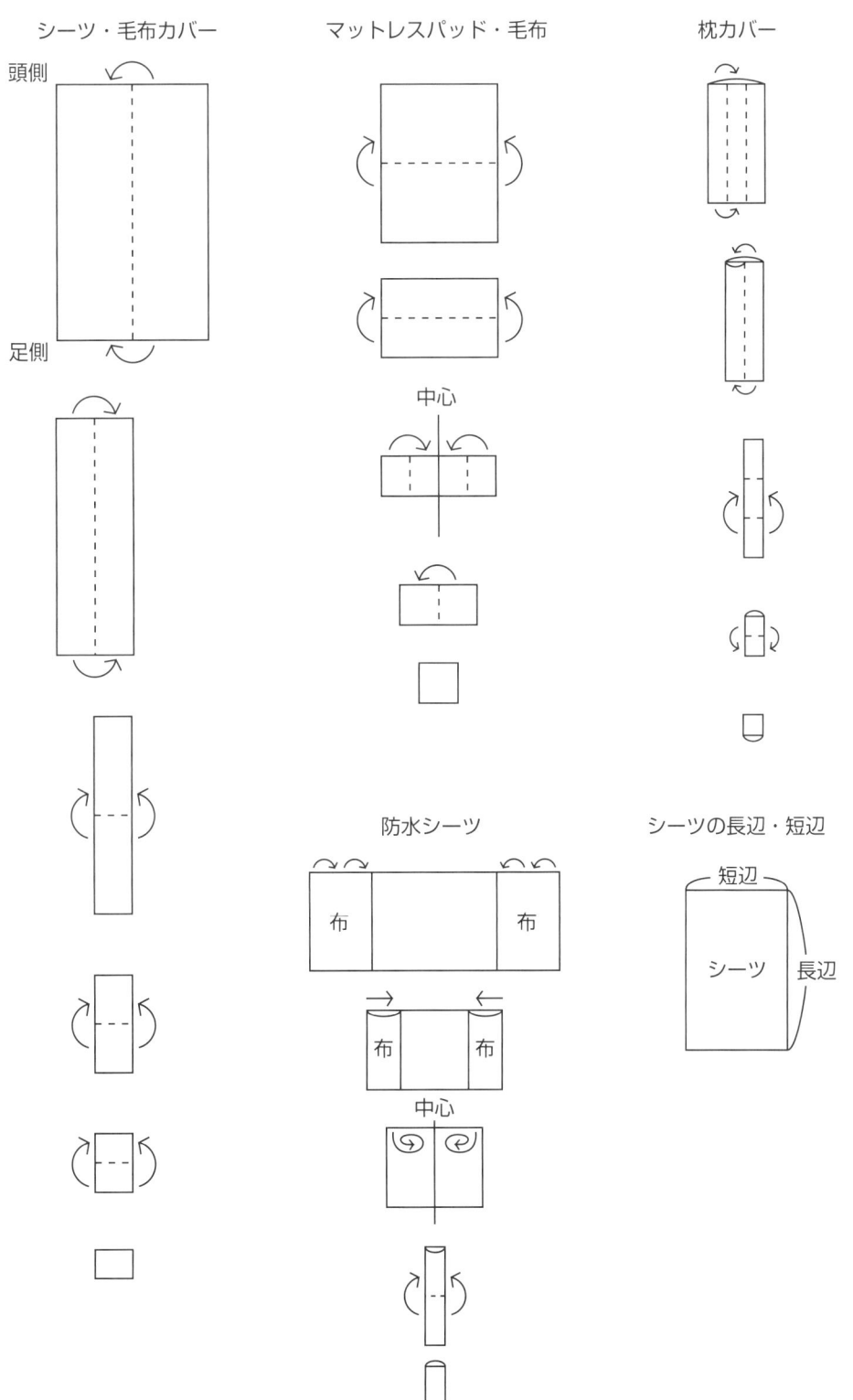

scene 2 ベッドメイキング（2人で行う場合）

〈実施場面〉

○入所当日○　　健康度　低 中 高

　6か月前に脳梗塞を発症して入院していた吉さんは、左半身麻痺の後遺症はありますが、病状が安定したため、本日入所することになりました。

　吉さんは、リハビリにも積極的で在宅復帰をめざしてがんばっていますが、ときどき体調を崩すことがあるため、ベッド上での生活支援もできるように配慮してベッドメイキングをします。

＜前提＞
①リネン類は、リネン庫の条件と効率性を考えて、たたんであります。【p.25「図表2－1」参照】
②掛けものについては、ここでは毛布を使用しています。

〈実施のポイント〉

> 1. シーツにしわをつくらないように仕上げる。
> 2. コーナーが崩れにくいように1つずつの作業を丁寧に行う。
> 3. 見た目にも美しく清潔感があるベッドをつくる。
> 4. ボディメカニクスを活用し、介護者の安全に配慮して効率的に作業を行う。
> 5. お互いの動きを確認し、協力して行う。

〈必要物品〉

①枕カバー　②枕　③マットレスパッド　④シーツ　⑤防水シーツ　⑥毛布
⑦毛布カバー　⑧ロールクリーナー　⑨雑巾　⑩ワゴン車

実施方法

● 準備

❶ 介護者はそれぞれベッドの両側に位置します。
　ワゴン車の上段にはリネン類を上から使う順番に重ね、手前を輪にして置きます。
　ワゴン車の下段にはロールクリーナーと雑巾を置きます。

❷ 換気をするために窓を開けます。

❸ ベッドの高さを作業しやすい高さ（60cm程度）に調節します。

❹ 床頭台といすをベッドから離します。

❺ ベッドのブレーキがロックされているかを確認します。

❻ ベッドのフレームを拭き、マットレスにほこりを立てないようにロールクリーナーをかけベッド上のゴミやほこりを取ります。

● マットレスパッド
❼ 右側の介護者は、たたんだままのマットレスパッドをベッドの頭側、介護者自身の手前に置き、ほこりを立てないように足元に向かって開き、マットレスの上に広げます。

● シーツ
❽ 右側の介護者は、たたんだままのシーツをベッドの頭側、自身の手前に置き、シーツを足元に向かって開きます。
　シーツの中心がマットレスの中心にくるようにシーツの位置を確認し、足元に広げます。

❾ 右側の介護者は手前に広げた右半分のシーツを押さえ、左側の介護者は左半分のシーツを広げます。

● 右頭側コーナー
❿ 介護者はそれぞれ頭側を向き、ベッド側の手をマットレスの下に差し入れ同時にマットレスを持ち上げます。
　反対の手で頭側のシーツの短辺を持ち、マットレスの頭側をシーツで包み込むように覆います。

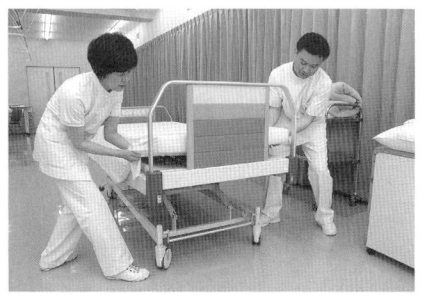

⓫ この状態で、左側の介護者はマットレスがずれないように固定します。
　右側の介護者は、シーツの長辺をマットレスの側面に垂直に当て、ベッドの頭側を頂点とした三角形をつくります。上に引っ張ったシーツの部分は寝床面に折り曲げておきます。

⓬　右側の介護者は、垂れ下がっているシーツ部分を両手でマットレスの下に深く差し込みます（手背を上にします）。

⓭　①左手でマットレスにシーツが密着するように押さえます。
　　②マットレスの寝床面にマットレスの端から1cm位挟み込むようにして左手で固定します。
　　③右手で寝床面に置いてあったシーツを被せます。
　　④左手で固定していた部分を被せたシーツの上から右手で押さえ直します。
　　⑤左手でコーナーを整えてマットレスに密着させます。
　　⑥次に両手で垂れているシーツをマットレスの奥のほうに挟み込みます。

● **左頭側コーナー**

⓮　次に、左側の介護者が左半分のベッドの頭側を作成します。
　　右側の介護者は、シーツが緩まないようにマットレスを固定します。
　　左側の介護者は、シーツの長辺をマットレスの側面に垂直に当て、ベッドの頭側を頂点とした三角形をつくります。上に引っ張ったシーツの部分は寝床面に折り曲げておきます。

⓯　左側の介護者は、垂れ下がっているシーツ部分を両手でマットレスの下に深く差し込みます（手背を上にします）。

⓰　①左手でマットレスにシーツが密着するように押さえます。
　　②マットレスの寝床面にマットレスの端から1cm位挟み込むようにして左手で固定します。
　　③右手で寝床面に置いてあったシーツを被せます。
　　④左手で固定していた部分を被せたシーツの上から右手で押さえ直します。
　　⑤左手でコーナーを整えてマットレスに密着させます。
　　⑥次に両手で垂れているシーツをマットレスの奥のほうに挟み込みます。

● **右足側コーナー**

⓱　介護者はそれぞれ足側に移動し、ベッド側の手をマットレスの下に差し入れ同時にマットレスを持ち上げます（この際、あまり高く上げないように注意します）。
　　反対の手で頭側のシーツの短辺を持ち、マットレスの足側をシーツで包み込むように覆います。【⓾参照】。

Q3 参照

⓲　この状態で、左側の介護者はマットレスがずれないように固定します。
　　右側の介護者は、シーツの長辺をマットレスの側面に垂直に当て、ベッドの足側を頂点とした三角形をつくります。上に引っ張ったシーツの部分は寝床面に折り曲げておきます。【⓫同様】

⓳　右側の介護者は、垂れ下がっているシーツ部分を両手でマットレスの下に深く差し込みます（手背を上にします）。【⓬同様】

⓴　①右手でマットレスにシーツが密着するように押さえます。
　　②マットレスの寝床面にマットレスの端から1cm位挟み込むようにして右手で固定します。
　　③左手で寝床面に置いてあったシーツを被せます。
　　④右手で固定していた部分を被せたシーツの上から左手で押さえ直します。
　　⑤右手でコーナーを整えてマットレスに密着させます。
　　⑥次に両手で垂れているシーツをマットレスの奥のほうに挟み込みます。

● **左足側コーナー**

㉑　次に、左側の介護者が左半分のベッドの足側を作成します。【⓮同様】
　　右側の介護者は、シーツが緩まないようにマットレスを固定します。
　　左側の介護者は、シーツの長辺をマットレスの側面に垂直に当て、ベッドの足側を頂点とした三角形をつくります。上に引っ張ったシーツの部分は寝床面に折り曲げておきます。

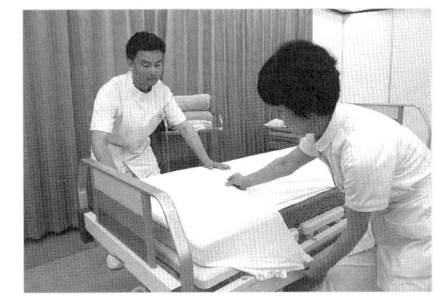

㉒　左側の介護者は、垂れ下がっているシーツ部分を両手でマットレスの下に深く差し込みます。【⓯同様】

㉓　①右手でマットレスにシーツが密着するように押さえます。
　　②マットレスの寝床面にマットレスの端から1cm位挟み込むようにして右手で固定します。
　　③左手で寝床面に置いてあったシーツを被せます。
　　④右手で固定していた部分を被せたシーツの上から左手で押さえ直します。
　　⑤右手でコーナーを整えてマットレスに密着させます。
　　⑥次に両手で垂れているシーツをマットレスの奥のほうに挟み込みます。

● 両側シーツ

㉔　介護者はそれぞれベッドサイドに立ち、ベッドの横に垂れているシーツをマットレスの下に挟み込みます。

　作業するときは、マットレスが浮くことがないように片側ずつ行います。

　介護者は足を前後に広げ腰を落とし、シーツを鷲手につかみマットレスの下に深く差し入れます。

● 防水シーツ

㉕　右側の介護者が防水シーツをベッドの中央に置きベッドサイドに広げます（臀部周辺を中心に敷きます）。

㉖　右側の介護者が先に防水シーツの手前に垂れた部分を鷲手につかみ、しわのないよう水平に引いてマットレスの下に深くに挟み込みます。次いで左側も同様に左側の介護者が行います。

● 移動

㉗　介護者はそれぞれベッド右側の頭側と足側に立ちます。

● 毛布

㉘　頭側の介護者が毛布をベッド頭側、自身の手前に置き、ほこりが立たないように広げます。

㉙　足側の介護者と協力して毛布を広げ、手前半分の毛布を向こう側に折り返しておきます。

㉚　頭側の介護者が毛布カバーをベッドの頭側、自身の手前に置き、シーツと同様にベッドの上に広げます（このとき毛布カバーの口の部分を手前に持ってきます）。

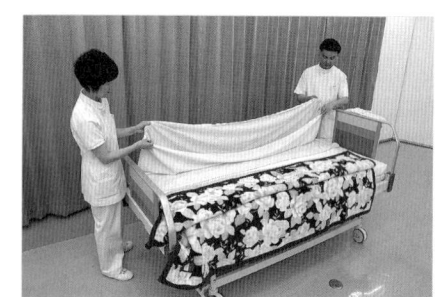

㉛ 介護者は、それぞれ毛布カバーの頭側と足側の口から毛布のコーナーをつまんで、毛布カバーのコーナーまで入れます。

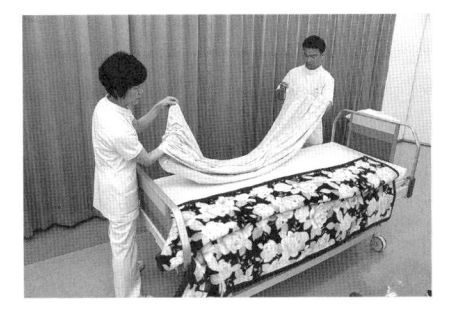

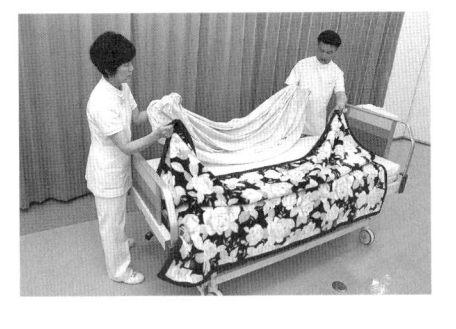

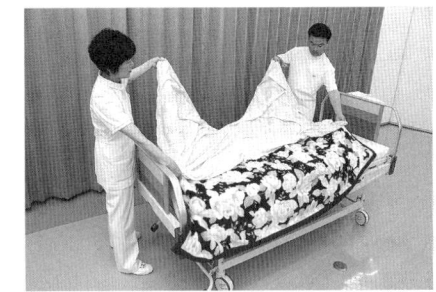

㉜ 毛布カバーのコーナーに毛布がしっかり入ったら、毛布が均等に広がるように整えます。

㉝ 毛布カバーの結び目がある場合は、普段要介護者がベッドを昇降しない方に結び目がくるようにします。

㉞ 足元の介護者はベッドの左側に移動し、カバーをかけた毛布をマットレスの上端から15cm程度下げておきます。

㉟ 重い掛けものの場合は、マットレスの下端20cm位のところに足側から頭側に5cmから10cmのひだをつくりゆるみをもたせます。

● 枕

㊱ 枕をベッド上に置き、枕とカバーの縫い目、コーナーを合わせてカバーをかけます。
　枕カバーの余分な部分を枕の下側に入れ込みます。

㊲ 枕カバーの折り込み部分が、壁側あるいは出入り口と反対側にくるように枕を置きます。

● **環境整備**

㊳ 床頭台といす、ベッドの高さを元に戻します。

㊴ 窓を閉め、環境を整えます。

スキルアップ Q&A

Q1 同時に頭側のマットレスを持ち上げるのはなぜですか。

A マットレスの頭側に同時にシーツの短辺を包み込むことができ、さらには、シーツを引っ張ることでしわが伸びやすくなるからです。

Q2 交互に作業するのはなぜですか。

A 同時に作業を行うと、マットレスの下に挟んだシーツが固定できず緩んでしまうため交互に作成します。

Q3 マットレスを高く上げるとよくないのはなぜですか。

A 頭側のコーナーは作成してあるので、あまりマットレスを高く上げるとマットレスの下に挟み込んだシーツが出てきてしまいます。

Q4 毛布カバーのかけ方はこれ以外の方法で行ってもよいですか。

A 毛布カバーのかけ方については、効率よくほこりを立てないように作業ができるようにすることが大切で、特に決まった手順はありません。ここでは、一例を紹介しています。

Q5 結び目をベッドを昇降しない方にするのはなぜですか。

A 毛布カバーの結び目の紐は、要介護者が移動する場合に引っかける危険があるからです。また、見た目にもよくないため普段ベッドの昇降をしない方に向けます。

scene 3　シーツ交換

〈支援場面〉

○入所して2週間後○　　健康度　低 中 高

　吉さんは高血圧があるため薬を飲んでいますが、今朝から薬が変わりました。そのためかめまいやふらつきを訴え、看護師にバイタルサインを測定してもらいベッドで臥床しています。

　今日はシーツ交換の日ですが、吉さんの希望により寝たままシーツ交換を行います。吉さんは左半身麻痺があるため、ベッドの左側からシーツ交換を行います（シーツは、ベッドの左側から、交換できるようにたたんであります）。

　なお、左側のベッド柵は外してあります。

〈支援のポイント〉

1．「できる能力」を可能な限り活用してシーツ交換を行う。
2．患側を下にしない体位をとる。
3．コミュニケーションを取りながら作業を行う。
4．不快感を与えないよう効率的に作業する。

〈必要物品〉

①シーツ　②ランドリーバスケット　③綿毛布　④ベッド柵
⑤ロールクリーナー

支援の方法と言葉がけの例

● あいさつ

❶　吉さんと目線を合わせ、名前を呼びながら笑顔であいさつをします。

> 吉さん、おはようございます。今日お世話をさせていただきます○○といいます。よろしくお願いします。

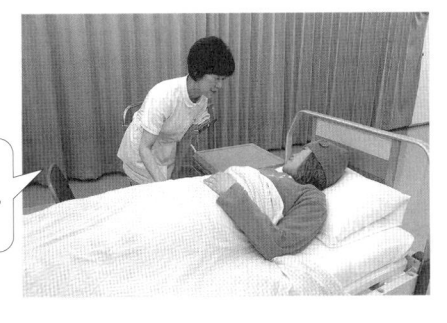

第2部　生活行動を支援する技術　33

● 体調確認

❷ 吉さんの様子や体調の確認をします。

> 吉さん、ご気分はいかがですか。
> めまいは治まっていますか。

● 説明と同意

❸ シーツの交換をすることを説明し同意を得ます。

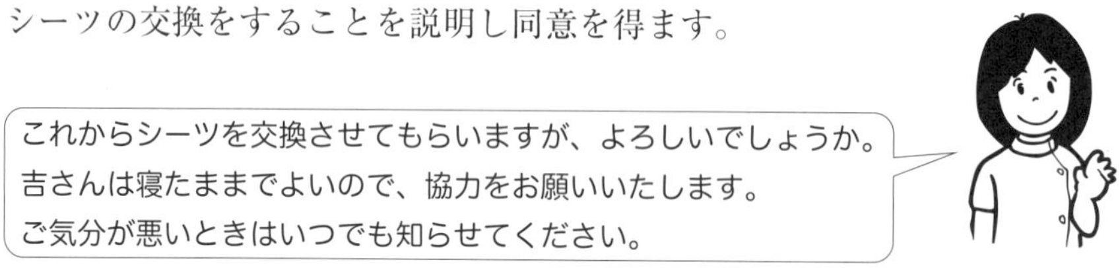

> これからシーツを交換させてもらいますが、よろしいでしょうか。
> 吉さんは寝たままでよいので、協力をお願いいたします。
> ご気分が悪いときはいつでも知らせてください。

● 排泄の確認

❹ シーツ交換の前に、排泄の有無を吉さんに確認します。

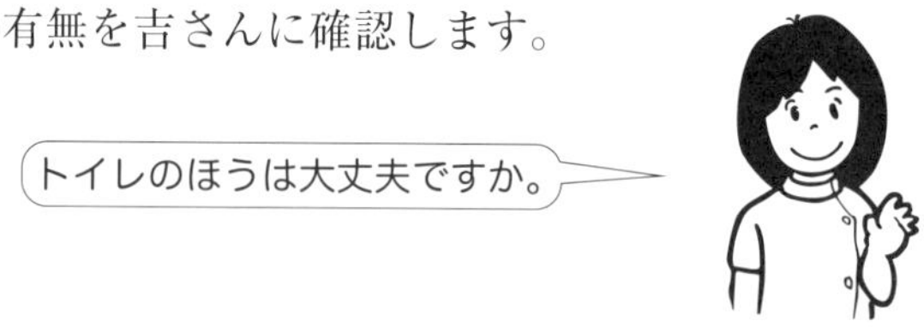

> トイレのほうは大丈夫ですか。

● 準備

❺ ワゴン車の上段に新しいシーツと綿毛布、下段にロールクリーナー、健側(右)の足元にランドリーバスケットを準備します。

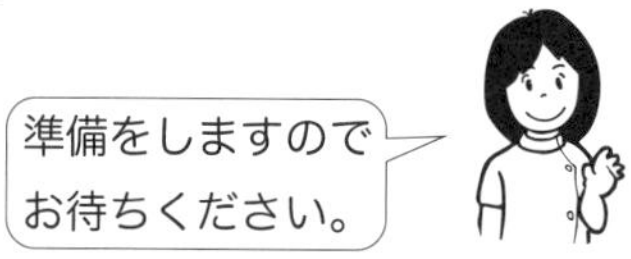

> 準備をしますので
> お待ちください。

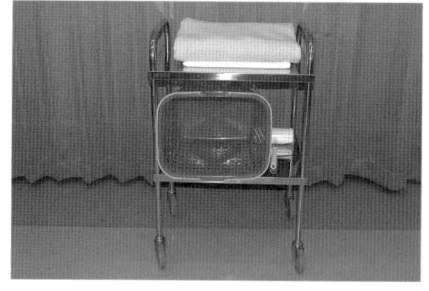

❻ 換気をするために窓を開けます。

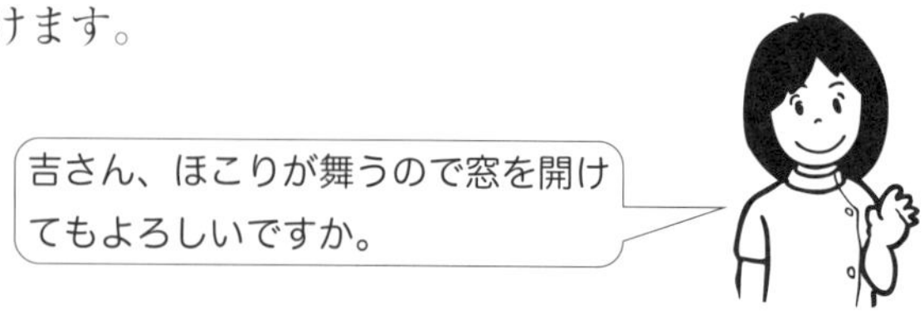

> 吉さん、ほこりが舞うので窓を開けてもよろしいですか。

❼ ベッドの高さを作業しやすい高さ（60cm程度）に調節し、床頭台といすをベッドから離して、ベッドのストッパーを確認します。

Q1 参照

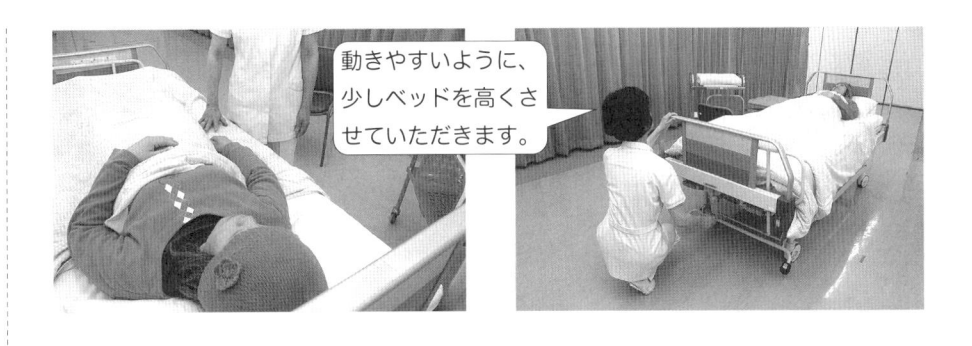

「動きやすいように、少しベッドを高くさせていただきます。」

● 綿毛布に交換

❽ 掛けものの上に綿毛布をかけます。
吉さんに綿毛布の端を持ってもらいます。

「吉さん、掛けものを外して軽い綿毛布に替えますので、ここを（掛けものの上端を示して）持っていただけますか。」

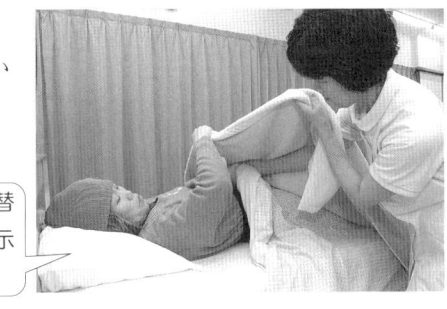

綿毛布の下に右手を入れ、掛けものの頭側、短辺の中央を右手でつかみ、足側に折り返します。

左手で掛けものの折り目になる辺の中央をつかみ、4つ折りにします（掛けものの頭側の辺が外側になります）。
この状態から左右の手を持ち替えて、いすにかけておきます。

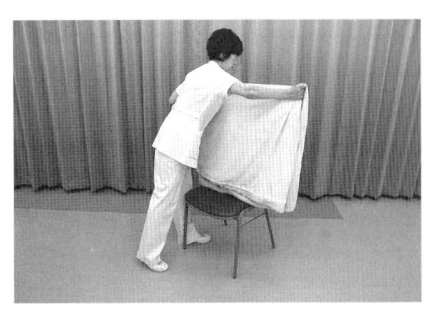

Q 2 参照

● 体位変換（右側臥位）

❾ 健側（右）にベッド柵を取り付け、吉さんにベッド柵につかまり、右側臥位になるよう促します。【p.55「仰臥位から端座位」参照】

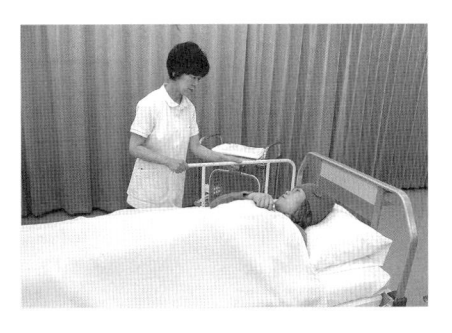

第2部 生活行動を支援する技術

Q3 参照

❿ 吉さんの肩と大腿を支えながら、手前側臥位にします。
　体位を変えたことによる異常はないか確認します。

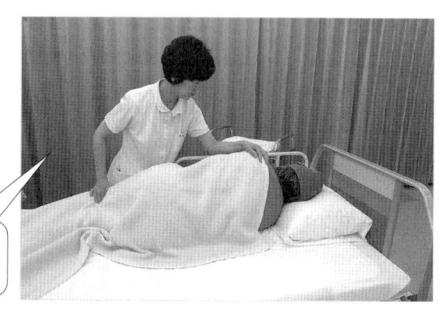

> ではこちらを向きますね。
> 吉さん、気分はよろしいですか。

● **移動**

Q4 参照

⓫ 介護者は足元を通ってベッドの左側に移動します。

● **左側の汚れたシーツの除去**

Q5 参照

⓬ 頭側から汚れたシーツを外し、吉さんの体の下にできるだけ凹凸がないように深く差し入れます。

> では、今度はこちらのシーツを外していきます。

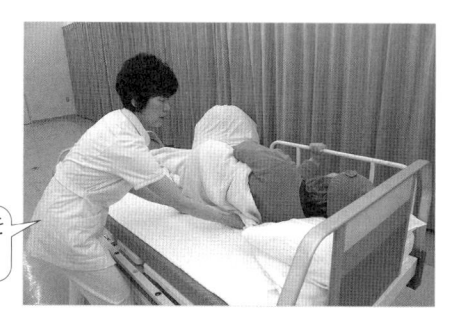

● **マットレスの清掃**

Q6 参照

⓭ マットレスパッドの頭側から足側にかけ、ロールクリーナーでほこりを取ります。

> マットレスの上を掃除しますね。

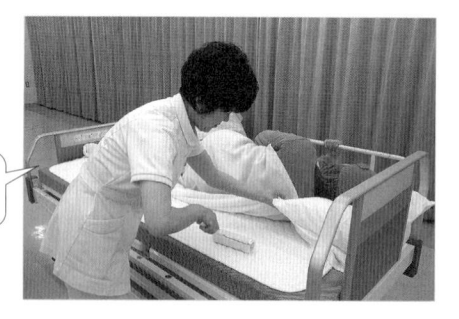

　さらにマットレスパッドをめくり、吉さんの身体の上に置き、マットレスにもローラーをかけ、マットレスパッドを戻します。

> マットレスパッドをめくりますので、少し身体の上にかけさせてくださいね。

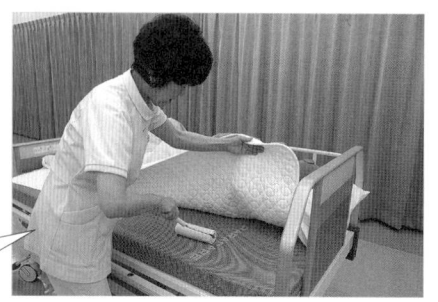

ベッド左側のシーツの作成

⑭ 新しいシーツを頭側、介護者の手前に置き、ベッド左側に広げます。
　右側のシーツの部分は扇子折りにして汚れたシーツの下に入れ込みます。

> 身体の下にシーツを入れますので少し背中の辺りが凸凹します。痛みがあったら教えてください。

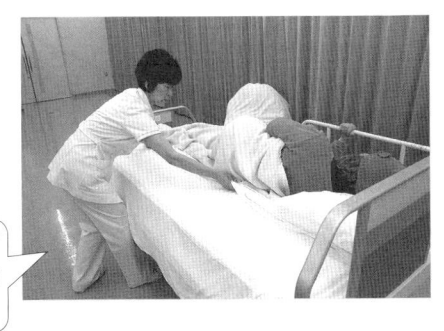

⑮ 左側のベッドメイキングを行います。
　コーナーを作成するときは繊維の方向に沿ってシーツを伸ばし、緩まないように固定します。【p.18「ベッドメイキング」参照】

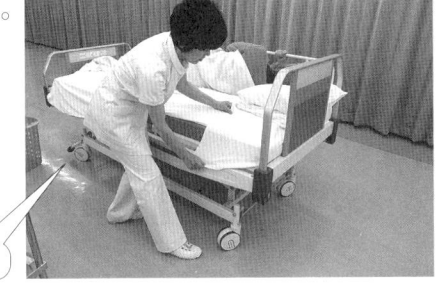

> シーツを敷きますので少し揺れます。

体位変換（仰臥位）

⑯ 介護者は枕を手前に引き、仰臥位になるように促します。

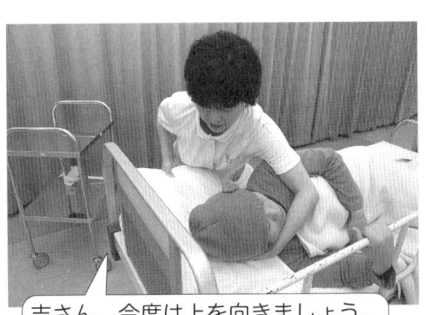

Q 7 参照

> 吉さん、今度は上を向きましょう。

> 気分は悪くありませんか。

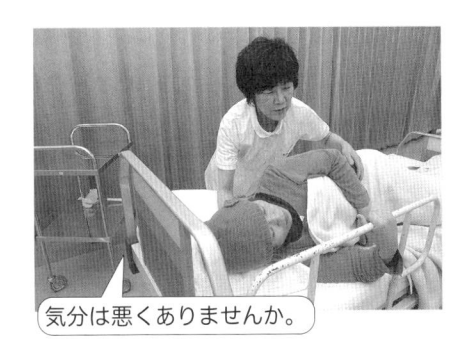

移動

⑰ 足元を通りベッドの右側に戻り、ベッド柵を外します。

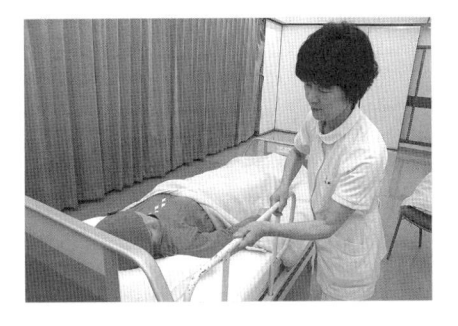

第2部　生活行動を支援する技術

● **右側の汚れたシーツの除去**

⓳ 右側の背部を少し浮かしてもらい、身体の下の汚れた下シーツを外します。

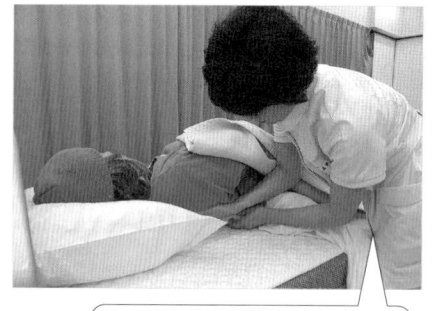

> 背中の下のシーツを外します。

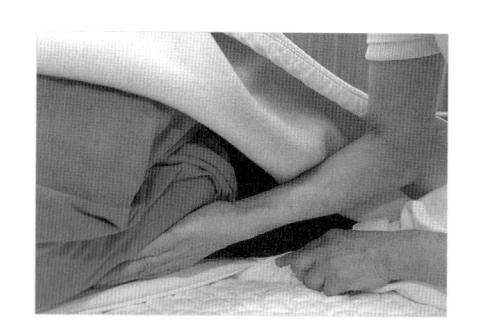

　汚れたシーツ類は皮膚の落屑物などが飛び散らないよう頭側から足側に包み込むように丸めながら外し、ランドリーバスケットに入れます。

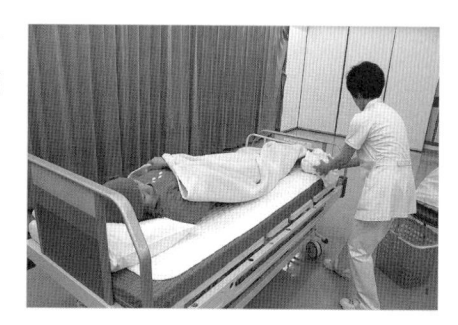

● **右側のシーツ作成**

⓴ 左側と同様に、右側のマットレスパッドとマットレスにロールクリーナーをかけます。吉さんの患側（左）が下にならないよう体位に注意します。

> こちら側もマットレスの掃除をします。

㉑ シーツを作成するときは左側と同様に頭側から作成します。

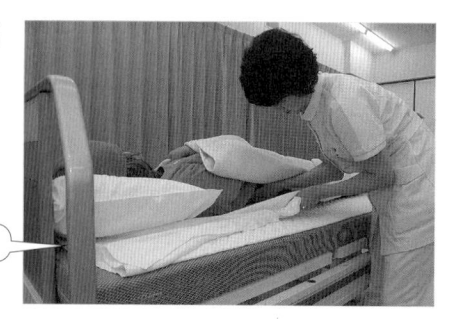

> 今度はシーツを敷いていきますね。

Q8 参照

㉑ 最後にベッドの足側のコーナーを作成する際には、シーツを鷲手でつかみ、対角線の向きにしっかりとシーツを引き、しわを伸ばしてからコーナーを整えます。

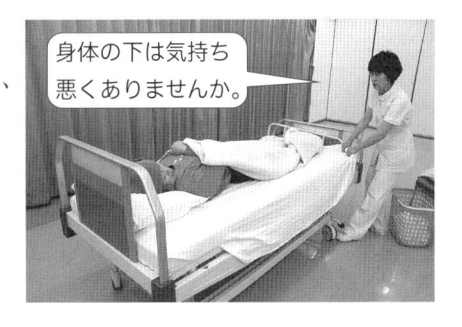

> 身体の下は気持ち悪くありませんか。

㉒ ベッドの中央に戻り、防水シーツは鷲手でしっかりつかみ、しわを伸ばしてマットレスの下に入れます。

> 横のシーツを入れて終わりです。

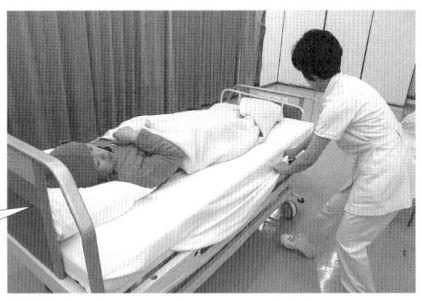

● 掛けものに交換

㉓ 掛けものを綿毛布の上にかけ、吉さんの協力を得て綿毛布を外します。
【❼同様】

> 綿毛布を外して掛けものに替えていきますね。ここを持っていてください。

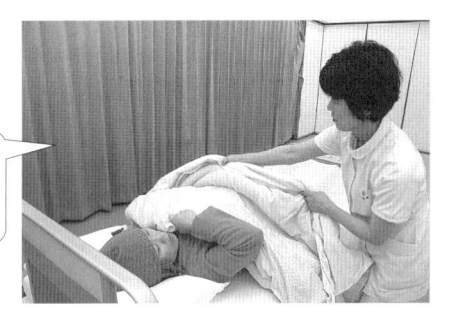

● 確認と環境整備

㉔ 終了したことを告げ、寝心地を確認します。
　床頭台といす、ベッドの高さを元に戻します。窓を閉め、カーテンを開け、室温を調整します。

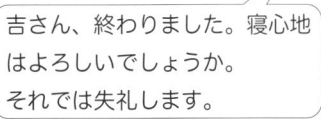

> 吉さん、終わりました。寝心地はよろしいでしょうか。
> それでは失礼します。

スキルアップ Q&A

Q1 ベッドを作業しやすい高さに調節するのはなぜですか。

A 介護者への腰への負担を軽くするためです。介護者は要介護者の安全はもとより介護者自身の安全を確保し効率的に作業する必要があります。正常作動域

第2部　生活行動を支援する技術　39

で作業することにより、最も大きな力で、正確な動作が可能になります。【「図表2-2」、「図表2-3」参照】

図表2-2　最大作業域（上肢全体で届く範囲の作業域）

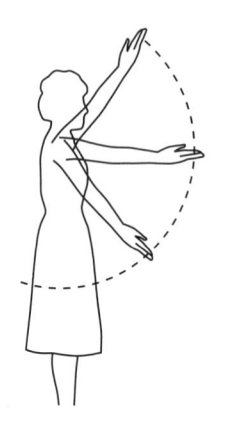

支点：肩→上腕→肘→前腕→手
範囲：頭上40cm、前方60cmくらい
特徴：この範囲では手は届くが肘が伸びきっているため、大きな力、素早い動作はできにくい。
腕を伸ばしているので筋疲労も大きい。

図表2-3　正常作業域（前腕で届く範囲の業域）

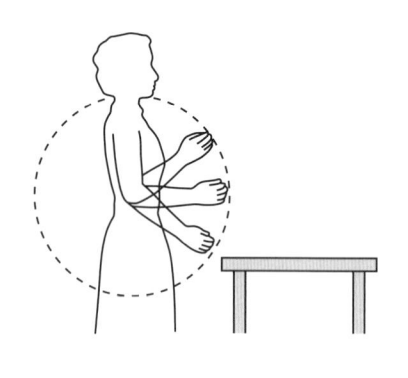

支点：肩と上腕で支えられながら
　　　肘→前腕→手
範囲：顔面から前方40cmくらいまで
特徴：大きな力で、正確な動作が可能。最も望ましい作業域である。
作業姿勢の安定性を維持しやすい。
「テコ」の原理を応用しやすい。
筋疲労も少なくて効率的動作がとれる。

出典：内藤寿喜子・江本愛子『新版看護学全書　第14巻　基礎看護学2　基礎看護技術』メヂカルフレンド社　1992年　p.16

Q2　外した掛けものの手を持ち替えていすにかけておくのはなぜですか。

A　外した掛けものの頭側と足側がかけ直す時に反対にならないようにするためです。掛けものを綿毛布の下で外すとき頭側の部分が外側にくるように4つ折りにたたむことになるので、かけるときは頭側の手前に置いて向こう側、足側とほこりを立てないように静かに広げることができます。

Q3　吉さんの場合、どのようなことを観察する必要がありますか。

A　吉さんは高血圧の薬が変わったこともありますが、循環器系の障害がある場合などにも体位を変換したことによって頭痛やめまいなどが起こることもあるのでよく観察します。

Q4 足元を通って移動するのはなぜですか。

A 移動する場合は、要介護者に対する敬意を示し、できるだけ足元を通って移動するようにします。また、介護者は要介護者の視界に入るように行動し、足音や空気の振動による不快を与えないようにすることが大切です。

Q5 汚れたシーツを身体の下にできるだけ深く差し入れるのはなぜですか。

A できるだけ深く差し込んでおくと、仰臥位（ぎょうがい）になって反対側からシーツを引っ張り出すときに無理なく引き出せます。また、外したシーツを均等に身体の下に入れてないと、要介護者が仰臥位（ぎょうがい）になったときに背部に凹凸があたり、痛みや不快を感じます。

Q6 マットレスやマットレスパッドにロールクリーナーをかけるのはなぜですか。

A ロールクリーナーを使うことによって、マットレスやマットレスパッドの上のゴミやほこりを取るとともに、マットレスパッドとマットレスの間に新しい空気を入れて換気することができます。

Q7 体位を変えた際に、気分を確認するのはなぜですか。

A 平衡感覚は身体の動き、内蔵の感覚などの影響を受けているため、体位を変えた場合はめまいやふらつきがないか十分観察する必要があります。
なお、平衡感覚は2種類の器官につかさどられ、重力の方向に対する身体の傾きは内耳の耳石器、身体の回転は三半規管で感覚されます。乗り物酔いと同じような症状が出ることがあり、頭と眼球の位置情報のズレによって起こります。

Q8 鷲手でつかむとよいのはなぜですか。

A 鷲手でつかむと、介護者の体重をかけてシーツを引っ張ることができるので、力が入りやすく、身体の下のシーツのしわも取れやすくなります。

第2部　生活行動を支援する技術

2 移動

scene 4　ベッド上での体位変換、水平移動、上方移動

〈支援場面〉

○入所して4週間（1か月）後○　　健康度　低 中 高

　吉さんは、先日、転倒し腰痛が発症したため、ベッド上で安静にしている時間が長く、何事にも介助が必要な状態となってしまいました。

　ベッドに臥床している吉さんがベッド下方に自然に下がってきたため、上方移動の介助を行った後、右側臥位（そくがい）の安楽な体位をとる支援を行います。

〈支援のポイント〉

1. 「できる能力」を可能な限り活用して、ベッド上での体位変換、移動の支援を行う。
2. 腰部の安静を保ちながら安楽に行う。
3. ボディメカニクスを活用した支援を行う。

〈必要物品〉

①ビーズクッション　②ベッド柵

支援の方法と言葉がけの例

● あいさつ

Q1 参照

❶ 吉さんと目線を合わせ、名前を呼びながら笑顔であいさつをします。

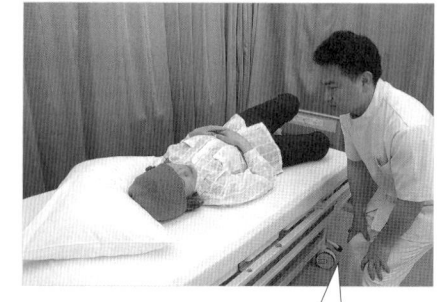

> 吉さん、おはようございます。
> 今日お世話をさせていただきます○○といいます。
> よろしくお願いします。

● 体調確認

❷ 吉さんの様子や体調を確認します。

Q2 参照

> 吉さん、ご気分はよろしいですか。

● 説明と同意

❸ 吉さんにこれから行う介護内容を説明し同意を得ます。

Q3 参照

> 下のほうに下がっているため、上に上がりましょうか。
> 上を向いている時間が長くなったので、右側を向いて寝ていただいてもよろしいでしょうか。
> 私がお手伝いをさせていただきます。

● 排泄の確認

❹ 移動支援の前に、吉さんに排泄の有無を確認します。

Q4 参照

> 動かす前にトイレのほうは大丈夫ですか。

● 物品の点検とセッティング

❺ ベッドの高さを調節し、ブレーキがかかっているか確認します。
　ベッド脇の台にビーズクッションを用意します。

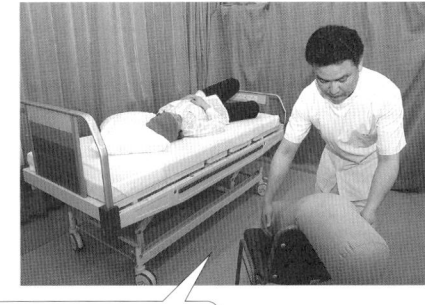

Q5 参照

> 横を向いて寝るときに背もたれに使うクッションをここ（ベッド横の台を示して）に置いてもよろしいでしょうか。

第2部　生活行動を支援する技術

● **上方移動の準備**

Q6 参照
❻ 吉さんの健側（右）に立ち、後頭部を支えて枕を外し、ベッド頭側に斜めに枕を設置します。

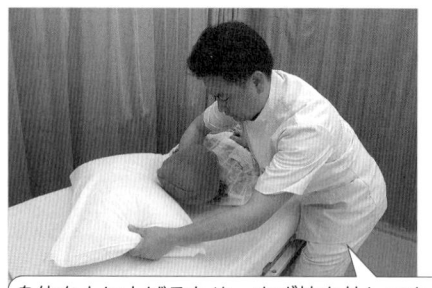

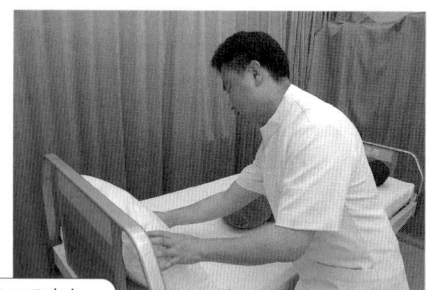

> 身体を上に上げるため、まず枕を外してもよいですか。

Q7 参照
❼ 吉さんに健側（右）の手で患側（左）の手を押さえてもらい、胸の上で両手を交差して組むように、上半身を小さくまとめてもらいます。

> こちらの手（右手を示して）で向こうの手（左手を示して）を押さえるように、胸の上で両手を組んでください。

Q8 参照
❽ 吉さんの健側（右）の膝を立て、踵を臀部に近づかせてもらいます。

> こちらの膝（右膝を示して）をできるだけ高く立てて、踵をお尻に近づけてください。

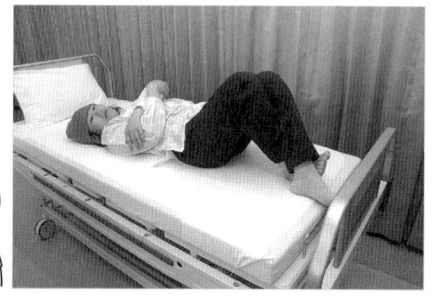

Q9 参照
❾ 介護者の手を吉さんの肩甲骨と臀部またはウエスト（介護者と要介護者の体格により手を入れる箇所は異なります）の位置に入れます。
　介護者の左足先は移動方向（ベッドの上部方向）に向けます。

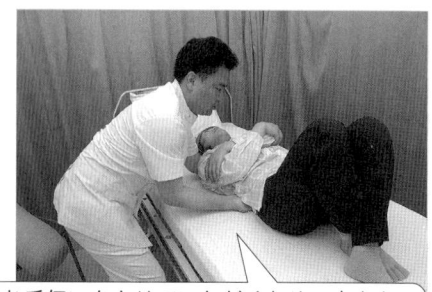

> 上に上がるお手伝いをさせていただくため、吉さんの背中の下に私の両腕を入れさせていただきます。

上方移動

❿ 介護者の重心を低くし、身体をベッド上方へ移動します。この際、吉さんに健側（右）の足でベッドを踏み込んでもらいます。

Q10 参照

> 私のかけ声に合わせて、吉さんは足でベッドを踏み込んでください。

> せーのっ。

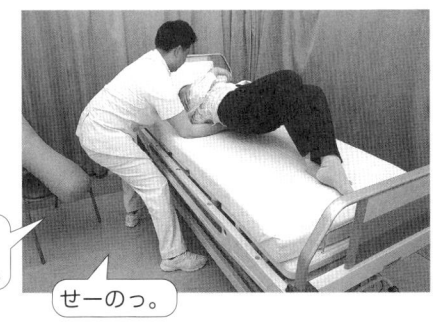

説明と同意

⓫ 吉さんの気分を確認し、次の動作（左側への水平移動と右側臥位）の説明をし、同意を得ます。

Q11 参照

> ご気分が悪かったり、身体で痛い部分はありますか。痛いところを指で指して教えてください。

> それでは、今から身体をベッドの左側に寄って、右側を向いていただきます。

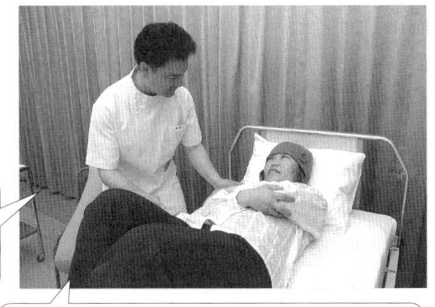

水平移動の準備

⓬ 吉さんの健側（右）に柵を取り付けた後、患側（左）に立ちます。

Q12 参照

> 柵を取り付けますね。

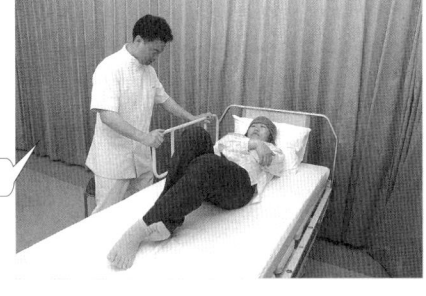

⓭ 吉さんの顔を移動するほう（左側）へ向いてもらいます。

吉さんの後頭部を支え、移動する方向（左側）へ枕をずらします。

Q13 参照

> 顔をこちら（左側を示して）に向けてください。
> 枕を左側にずらします。

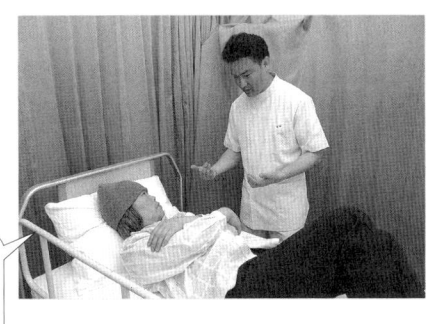

● **水平移動**

⓮　介護者の右肘関節で吉さんの首を、手掌で肩甲骨部を支えます。次に介護者の左腕を吉さんの右側について支柱にします。

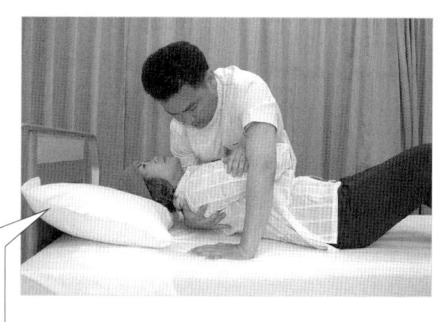

> 身体をベッドの左側に少し寄せるお手伝いをさせていただくため、吉さんの肩の下に私の両腕を入れさせていただきます。

Q14 参照
Q15 参照

⓯　てこの原理を応用して、吉さんの上半身を持ち上げて手前に移動させます。

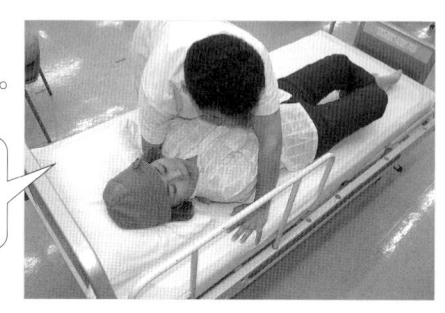

> 私のかけ声に合わせて移動します。では、こちら（左側を示して）に動きますね。

Q16 参照

⓰　吉さんの下半身を移動させるために、要介護者のウエストと大腿部の中央の位置に介護者の手を入れます。その際、吉さんに健側（右）の膝を立てて腰を浮かしてもらうように促します。

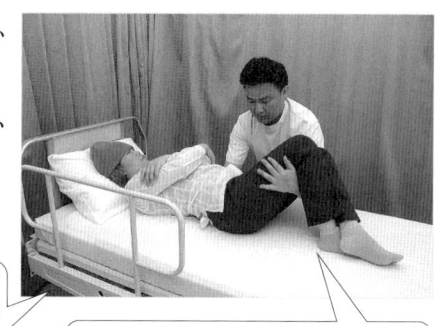

> 腰から足にかけて左側に少し寄せるため、私の手を腰と足の下に入れさせていただきます。

> 手を入れるため、少し腰を浮かしていただけないでしょうか。

Q17 参照

⓱　介護者は脇をしめ、両膝をベッドのサイドバンパーに押しつけながら、腰を斜め後ろに下ろし、吉さんの下半身を移動させます。

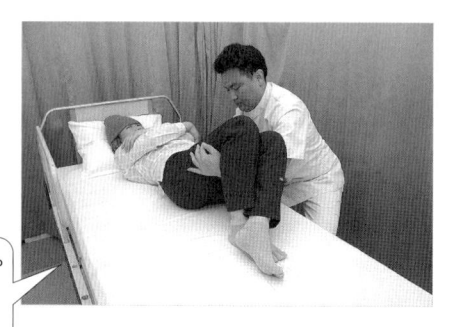

> 私のかけ声に合わせて移動します。では、こちら（左側を示して）に動きますね。

● 側臥位の準備

Q 18 参照

⓲ 吉さんの顔を寝返るほう（右側）へ向いてもらいます。

> 顔を右側に向けていただいてもよろしいですか。

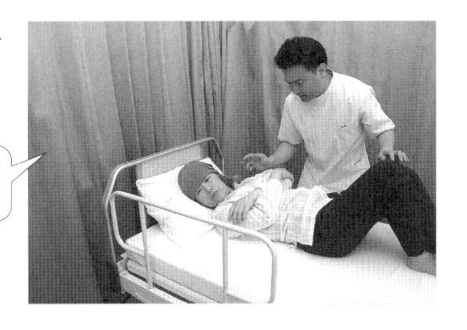

Q 19 参照
Q 20 参照

⓳ 吉さんに健側（右）の膝は自力で立ててもらい、患側（左）の膝を介助にて立て、健側（右）のつま先で患側（左）のつま先を押さえて、立てた膝が崩れないように支えてもらいます。

> こちらの膝（右膝を示して）を立ててください。反対の膝（左膝を示して）はお手伝いします。

> こちらのつま先（右足のつま先を示して）で反対のつま先（左足のつま先を示して）を押さえて、足が崩れないようにしてください。

● 側臥位

Q 21 参照

⓴ 吉さんの肩と膝に手を置き、少し時間差を設けながら膝と肩の順で向こう側に押します。

> 私のかけ声に合わせて、膝から順番に横を向いていただきます。

> せーのっ。

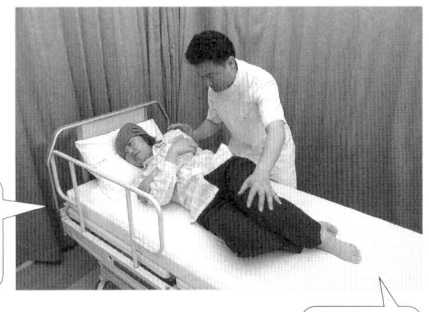

● 安楽な体位

㉑ 吉さんの腰を引き、両手両足が重ならないように、患側（左）の手足を吉さんの頭側にずらして、安楽な姿勢を保持します。

ビーズマットは、吉さんの背部や股の間などに設置します。

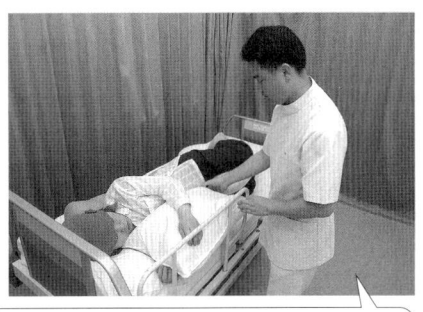

> 身体が楽な体位になれるように整えます。

第2部 生活行動を支援する技術

● 環境整備

㉒ 枕やシーツのしわ等を確認し、必要に応じて整えます。
ベッドの高さを元に戻します。

Q22参照

> ベッドのシーツや枕を整えます。

● 気分の確認

㉓ 気分を確認します。

Q23参照

> ご気分は悪くありませんか。
> これで終わります。
> ゆっくり休んでください。

スキルアップQ&A

Q1 あいさつの際に自己紹介をする必要がありますか。

A 要介護者にとって、自分が誰に支援を受けるのかを知らないのはとても怖いことです。介護者にとっては毎回のことであっても、要介護者にとっては支援のたびに介護者が変わるため、顔や名前を覚えていない可能性があります。

Q2 体調不良を訴えた場合はどのようにすればよいですか。

A まず訴えの原因を確認してください。訴えがあれば、その部位を必ず確認し、出血や腫脹等の変化がないかを把握します。身体の倦怠感や発熱の訴えがあれば、バイタルサインの測定が必要となります。原因を把握したら、速やかに医療従事者に報告してください。

Q3 動作の方法について、事前に説明するのはなぜですか。

A 事前に説明することで、これから行われる支援についての心の準備ができます。また、場合によっては拒否することも可能となり、自己判断を促す働きかけにもなります。

Q4 排泄の訴えがあった場合はどのようにすればよいですか。

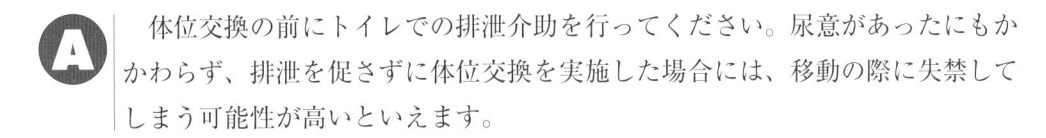

A 体位交換の前にトイレでの排泄介助を行ってください。尿意があったにもかかわらず、排泄を促さずに体位交換を実施した場合には、移動の際に失禁してしまう可能性が高いといえます。

Q5 ベッドの高さやブレーキを確認するのはなぜですか。

A 要介護者がベッドから降りる場合には、要介護者が端座位になった際に両足が床に着くような高さにベッドを調整する必要があります。今回の事例では、吉さんは臥床したままであるため、介護者が介護しやすい高さにすることで、介護者の負担が軽減されます。以上のように、介護の場面に応じて高さを調整することで、ボディメカニクスを活用した安全・安楽な介護につながります。
ブレーキは、安全を確保するため、介護の場面では常にロックされている必要があります。そのため、いつでも確認をする習慣をつけてください。

Q6 枕を外すのはなぜですか。

A 上方移動の際、要介護者の頭部がベッドの端に当たる可能性があるため、枕をクッションの代わりにベッド上方に設置し安全確保につなげています。

Q7 両手を胸の上で組むのはなぜですか。

A まず、身体を小さくまとめることで、要介護者と介護者双方の負担を最小限にして移動介助を行うことができます。これはボディメカニクスを活用した介護方法です。また、麻痺の部分が固定されずに移動介助を行った場合、麻痺側が身体とベッドの間に挟まる等により、怪我をする恐れがあります。安全・安楽に移動介助を行うには、両手を組み、身体を小さくまとめる必要があります。

Q8 膝を立てる理由は何ですか。

A 上方移動を行う際に、「できる能力」を最大限に活用できるように、健側（右）の膝を立てます。介護者が介助を行うと同時に足でベッドを踏み込んでもらえば、要介護者の心身機能も活用しての上方移動が可能となります。今回の事例では、意欲低下により長期臥床となっているため、可能な限り「できる能力」を活用できる機会を提供するようにしましょう。

第2部 生活行動を支援する技術

Q9 介護者の足（移動方向側の足）の向きをベッド上方に向けたのはなぜですか。

A 腰と肩の位置を平行に保ち、身体をねじらずに行うことはボディメカニクスの活用となります。介護者の身体は要介護者の足側から頭側に向かって移動することになるため、腰をひねらずに支援できます。介護者の足先を移動方向に向け、両肩を肩幅程度に広げ、膝を曲げ、腰を落とすことは、よりボディメカニクスを最大限に生かすことができます。

なお、ボディメカニクスとは、介護者の健康保持や要介護者の安全・安楽のために移動時や体位変換時に最小の労力で最大の効果をあげる方法であり、筋肉や骨、関節などを力学的に活用することです。

基本原則として、以下の7点があげられます。
①支持基底面積を広くし重心を低くします。
②骨盤を安定させます。
③要介護者の重心に近づけます。
④大きな筋群を使用し、要介護者を水平に引きます。
⑤てこの原理を活用します。
⑥要介護者の身体を小さくまとめます。
⑦身体をねじらず、腰と肩を水平に保ちます。

Q10 介護者が重心を低くするのはなぜですか。

A 両足を肩幅程度に広げ、膝を曲げて重心（静止時の人体を上下左右および前後それぞれ半身にした中心）を落とした体勢は、基底面積（床に設置している足などに囲まれた面積）が広くとられ、身体の重心が介護者の中心にくるため安定した体位といえます。また、これにより介護者は腰部への負担を最小限に抑えることになります。なお、重心は低いほど安定します。

Q11 右側臥位になる前に左側に寄るのはなぜですか。

A ベッドの中央から側臥位になった場合、向いた側に寄り過ぎてしまい、場合によっては転落する恐れがあります。そのため、ベッド上でのスペースを確保する目的で、事前に側臥位になる反対側への水平移動を行います。今回の事例では右側臥位になるため、事前に左側に水平移動しました。

Q12 患側（左）に介護者が立ったのはなぜですか。

A 　水平移動では手前に引く動作をするため、介護者は、患側（左）に立つ必要があります。

Q13 顔を移動するほうに向けるのはなぜですか。

A 　次の動作を要介護者が意識することができます。その結果、要介護者の「できる能力」の活用に働きかけることにもつながります。

Q14 そのほかの援助方法はありますか。

A 　事例の下半身と同様に、介護者は要介護者の首の下から肩甲骨のあたりと腰の下に手を入れ、両足を広げ、両膝をベッドのサイドバンパーに押しつけ、腰を下ろしながら要介護者の上半身を移動させる方法があります。

Q15 上半身と下半身を別々に移動させるのはなぜですか。

A 　水平移動を行う際、要介護者の身体にはベッドとの間に摩擦力が働きます。そのため、本人の体重と合わせても移動介助を行う際、介護者の腰部には大きな負担が発生します。そのため、上半身と下半身を別々に移動させることで、負担を押さえ、スムーズな介助につながります。

Q16 介護者が手を入れる際に、吉さんに腰を浮かすように促すのはなぜですか。

A 　いかなる場合でも、要介護者の「できる能力」の活用を促すことは大切です。今回の事例では、吉さんは意欲の低下から臥床の時間が長くなっているため、できるだけ維持されている心身の機能を活用する必要があります。

Q17 介護者が両膝をサイドバンパーに押しつけるのはなぜですか。

A 　膝を使用することはボディメカニクスを活用することになります。水平移動のため、要介護者を手前に引くことは、介護者の腰部への負担が大きくなります。そこで、介護者の両膝がサイドバンパーに押しつけられていることで、膝がブロックされた形となり、腰を下ろすと介護者の身体が後ろに下がり、介護者の負担を最小限にした水平移動が可能となります。

第2部　生活行動を支援する技術

Q18 動作を区切る必要がありますか。

A 一連の動作を一度に行った場合、慣性力(動作の際に、その対象にかかる力)が働いてしまい、場合によっては不必要な加速度が生じる可能性があります。その結果、要介護者がバランスを崩すなど負担や危険性が高くなるため、動作は一つずつ、一方向ずつ行う必要があります。

Q19 側臥位になるときに膝を立てるのはなぜですか。

A 膝を立てることでベッドと距離ができます。これによって頂点となる膝を少ない力でも動かすことで、容易に身体を側臥位にすることができます。これはトルクの原理を応用したことになり、要介護者および介護者にとって安全・安楽な体位交換が可能となります。

Q20 患側を下にした側臥位がよくないのはなぜですか。

A 側臥位では、麻痺側を下にしません。その理由は、麻痺側は痛みを感じることができないため、身体の下で手足が無理な体勢になっていたとしても、要介護者本人が自覚できず、結果として創傷につながる恐れがあるからです。

Q21 膝から先に倒すのはなぜですか。

A 膝を先に倒すと腰が回転し容易に側臥位にすることができます。これも要介護者および介護者にとって安全・安楽な体位交換といえます。

Q22 しわ等を確認する理由は何ですか。

A シーツや衣類のしわは、皮膚に部分的な圧力を加えることになるため、その状態が続いた場合には褥瘡を発症させる原因につながります。褥瘡は1度できてしまうと完治するまでにとても時間を要するため、そのようなことがないように、原因となるしわは伸ばすようにしましょう。

Q23 終わりのあいさつは必要ですか。

A 終わりのあいさつにより、終わることを要介護者本人が意識することができ、安心して休むことができます。

scene 5　仰臥位から端座位

〈支援場面〉

○入所して5週間後○　　健康度　低 **中** 高

　吉さんは1週間前に転倒し、腰痛とともに再度転倒することを恐れてベッド上で過ごす時間が長くなっています。しかし、その後徐々に改善がみられるため、介護者は体調をみながら離床の支援を行っています。

　食事の時間となったため、ベッドに臥床している吉さんを食堂まで案内するため、端座位への体位変換を支援します。

〈支援のポイント〉

1. 「できる能力」を可能な限り活用して、仰臥位から端座位への体位変換を支援する。
2. 転倒に注意しながら安楽に行う。
3. 安心して端座位の体位をとれるように、丁寧にゆっくり手順よく支援する。

支援の方法と言葉がけの例

● あいさつ

❶ 吉さんと目線を合わせ、名前を呼びながら笑顔であいさつをします。

> 吉さん、こんにちは。
> 今日お世話をさせていただきます
> ○○といいます。
> よろしくお願いします。

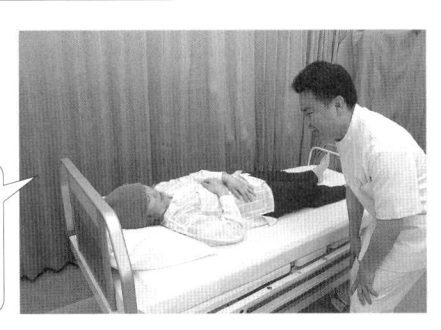

● 体調確認

❷ 吉さんの顔色や腰痛の容態等、体調を確認します。

[Q1参照]

> 吉さん、ご気分はよろしいですか。

● 説明と同意

❸ 吉さんにこれから行う介護内容を説明し同意を得ます。

> もうすぐ昼食になりますので、ベッドから起きていただいてもよろしいでしょうか。私がお手伝いをさせていただきます。

● 排泄の確認

❹ 移動の前に、吉さんに排泄の有無を確認します。

> トイレのほうは大丈夫ですか。

● セッティング

[Q2 参照]
[Q3 参照]

❺ 吉さんが端座位になったときに、膝が直角に折れ、足底が床に着いて安定した座位になるように、ベッドの高さを調節します。

> ベッドに座った際に足が床に着くように、事前に高さを調整してもよいですか。

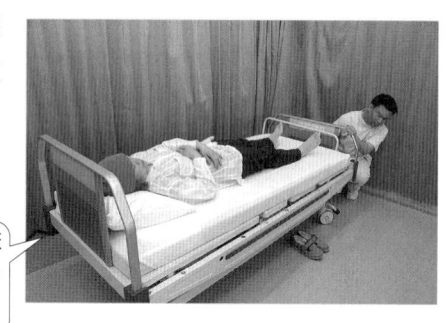

● 準備

[Q4 参照]

❻ 吉さんの健側（右）の足で患側（左）の足をすくい上げてもらいます。

> こちらの膝（右膝を示して）を立てて、つま先を反対側の膝下（左膝を示して）に滑らすように入れてください。

[Q5 参照]

❼ 吉さんの健側（右）の手で患側（左）の手を胸部の前に組んでもらいます。

> こちらの手（右手を示して）で反対の手（左手を示して）を胸の前に置いてください。

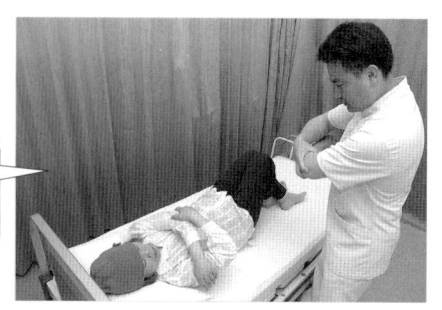

Q6 参照

❽ 吉さんの健側（右）の頭側に柵を取り付けます。

> 吉さんの右側にベッド柵を取り付けてもよいですか。

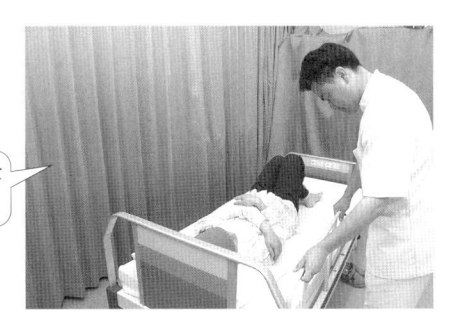

● **側臥位**

Q7 参照

❾ 吉さんの健側（右）の手で柵を握ってもらい、自力で右側臥位になるように促します。

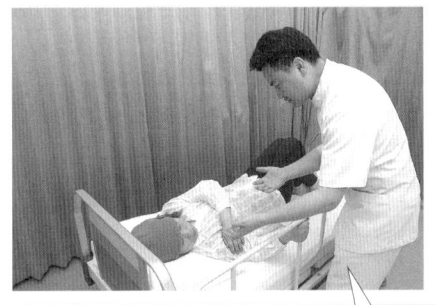

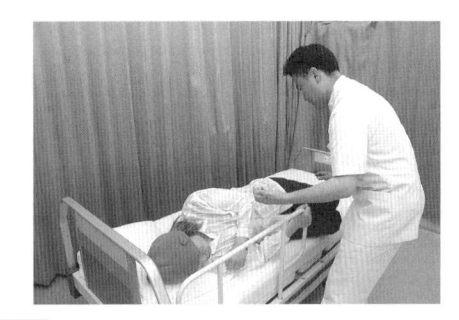

> ベッド柵を右手で握り、吉さんの身体に引き付けるようにしながら身体を右側に向けてください。

● **端座位**

Q8 参照
Q9 参照

❿ 吉さんの両下肢を右側のベッドサイドに出します。
　吉さんに健側（右）の肘でベッドを押すようにしてもらい、介護者は頭と健側の肩を支え、上体の起き上がりを支援します。

> 両足をこちら（右側を示して）に押し出してもよいですか。

> 右肘でベッドを押すようにして上半身を起こしてください。

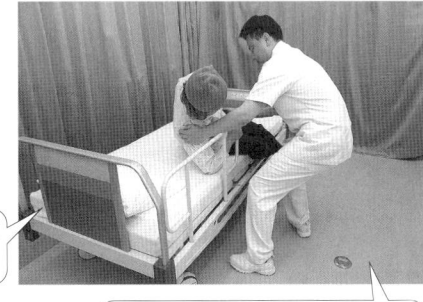

第2部　生活行動を支援する技術　55

❶ 吉さんの座位を安定させるため、両足底が床に着いているかを確認します。

Q10 参照

両足が床に着いていないため、ベッドに吉さんの健側（右）の手を着いて臀部を左右交互に少し前に出してもらいます。

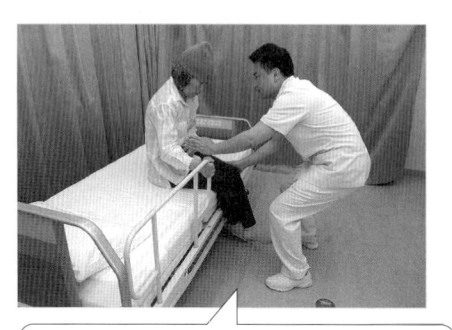

患側（左）が出せない場合は支援します。

> 足が床に着くように、こちらの手（右手を示して）を使って、身体を少し前に動かしていただいてもよろしいでしょうか。

> 左側はお手伝いします。

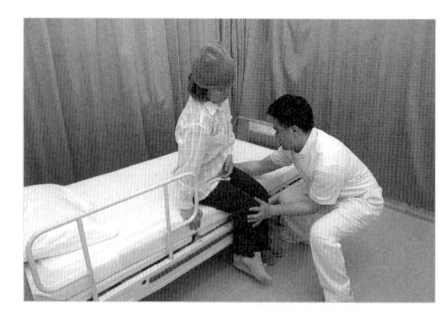

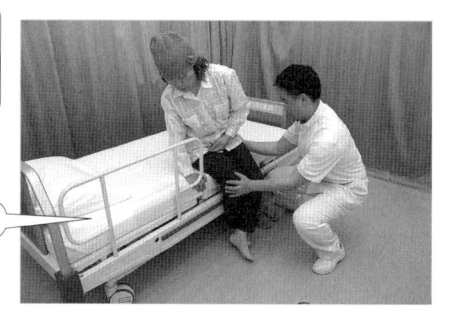

● 気分の確認

Q11 参照

⓬ 吉さんの体調を確認し、終了を告げます。

> 床に足が着きましたね。
> ご気分は悪くありませんか。
> これで終了します。

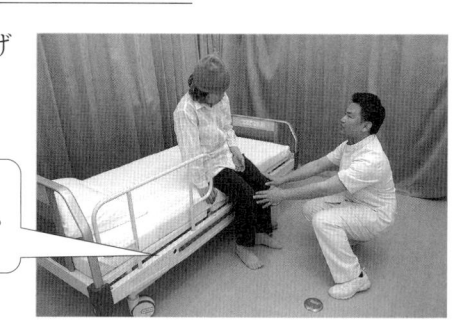

スキルアップ Q&A

Q1 気分の確認をするのはなぜですか。

A これから動作が開始されるため、体調不良であれば実施を見合わす必要があります。吉さんは腰痛のため1週間安静臥床していましたので、体調が変化する可能性があります。この行為が要介護者の尊厳を守ることにつながります。

Q2 事前にベッドの高さを調整するのはなぜですか。

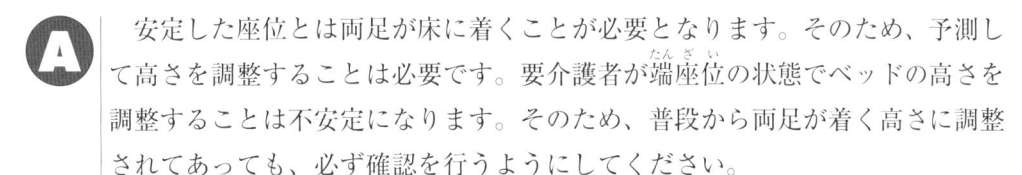

A 安定した座位とは両足が床に着くことが必要となります。そのため、予測して高さを調整することは必要です。要介護者が端座位の状態でベッドの高さを調整することは不安定になります。そのため、普段から両足が着く高さに調整されてあっても、必ず確認を行うようにしてください。

介護では、いかなる場面でも先の動作を予測して、"介護者は無駄な動きをしない"、"要介護者の安全・安楽な体位を確保する"視点が求められます。

Q3 ベッド上での体位の種類を教えてください。

A 体位はいろいろな種類があります。主な種類は以下の通りです。
臥床（寝ている状態）、仰臥位（仰向けに寝ている状態）、側臥位（横向きに寝ている状態）、長座位（足を投げ出して座っている状態）、端座位（ベット端に足を下げて座っている状態）、腹臥位（うつ伏せの状態）、半座位（ベッドを30度程度ギャッヂアップして寝ている状態。ファーラー位ともいう）、起座位（ギャッヂアップ90度して、クッション等を活用することで座る状態）などの種類があります。

Q4 健足で患足をすくい上げるのはなぜですか。

A 患側は要介護者の意思で動かすことができないため、移動の際に身体に巻き込まれる等による怪我を予防するため、できるだけ身体を小さくまとめる必要があるからです。このことはボディメカニクスの原則を活用することにもなります。

Q5 患側の手を胸の前に置くのはなぜですか。

A Q4と同じ理由で、患側への怪我防止の支援となります。

Q6 柵を取り付ける理由は何ですか。

A 柵を取り付けることで、吉さんが健側でそれをつかみ、右側臥位を自力でとることが可能となります。特に吉さんは腰痛で意欲が低下しているため、可能な限り「できる能力」の活用を促し、意欲向上につなげる必要があります。

Q7 左側臥位でもよいですか。

A 側臥位になる場合、麻痺側を下にすると痛みを感じることができないため、移動の際にねじる等による怪我の原因につながる恐れがあります。また、身体機能が麻痺しているため、特に食事の際には患側が下であると誤嚥につながる可能性が高いので注意してください。

Q8 事前に両足をベッドの右側に出すのはなぜですか。

A 吉さんが健側（右）の肘を使って上体を起こす際に、事前に足をベッドサイドに出しておくことで、自力でスムーズに端座位になることができます。

Q9 ベッドの右（左）側は誰から見て判断しますか。

A 一般的に、ベッド上に臥床している人を基準とした状態で左右を判断します。側臥位も同様にあらわします。

Q10 自力で前に出ることを促すのはなぜですか。

A Q6同様、自力での移動を促すことで、「できる能力」を活用し意欲向上につながるように働きかけることが必要です。

Q11 体調を確認するのはなぜですか。

A 起き上がったことにより、起立性低血圧（長時間、臥床していた者が急に起き上がった際に、めまい等の低血圧のような症状が発症すること）等の体調の変化がみられる可能性があるからです。また、身体を起こした際には創傷等ができていないかを確認することも重要です。

scene 6　車いすへの移乗

〈支援場面〉

○入所して6週間後○　　健康度　低 中 高

2週間前に転倒した吉さんですが、その後徐々に回復しているものの、動作

一つひとつに不安を感じています。

　これから施設内のリハビリに参加するため、居室ベッドの端に座っている吉さんに車いすへの移乗を支援します。

〈支援のポイント〉

1．「できる能力」を可能な限り活用して車いすへの移乗ができるように促す。
2．転倒に注意しながら安楽に行う。
3．安心して移乗ができるように、丁寧にゆっくり手順よく促す。
4．車いすや吉さんの足の位置等、次の動作を予測しながら支援する。

〈必要物品〉

車いす

支援の方法と言葉がけの例

● あいさつ

❶ 吉さんと目線を合わせ、名前を呼びながら笑顔であいさつをします。

[Q1参照]

　吉さん、こんにちは。
　今日お世話をさせていただきます
　○○といいます。
　よろしくお願いいたします。

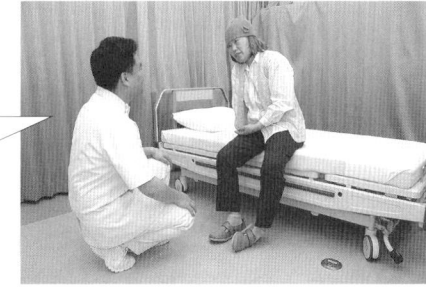

● 体調確認

❷ 吉さんの様子や体調の確認をします。

[Q2参照]

　ご気分はよろしいですか。

● 説明と同意

❸ 吉さんに車いすに移乗してもらい、リハビリ室へ行くことを説明し同意を得ます。

[Q3参照]

　リハビリの時間になりましたので、ご参加いただいてもよろしいでしょうか。

　それでは車いすを準備いたします。

第2部　生活行動を支援する技術

● **排泄の確認**

❹ 移乗支援の前に、吉さんに排泄の有無を確認します。

> 身体を動かす前にトイレのほうは大丈夫ですか。

● **物品の点検とセッティング**

❺ 車いすを準備する際、空気圧やブレーキの具合を確認します。端座位の吉さんの健側（右）に車いすを寄せ、ベッドから約30度に設置し、ブレーキをかけ、フットレストを上げておきます。

Q4 参照
Q5 参照
Q6 参照

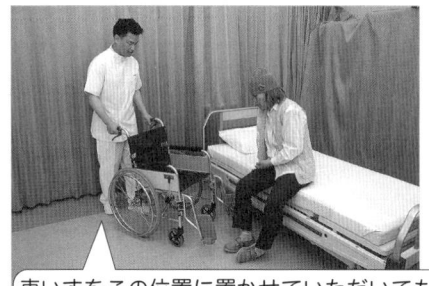

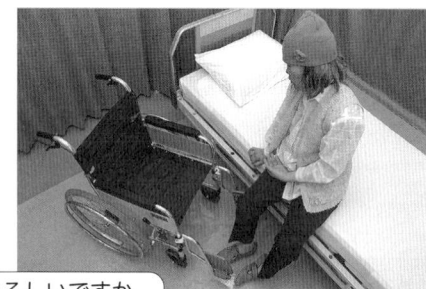

> 車いすをこの位置に置かせていただいてもよろしいですか。

● **立ち上がりの準備**

❻ 履物を履いているか、また両足の踵が床に着いているか確認した後、両足が膝関節より後方に位置できるように、身体を少し前に出してもらいます。

Q7 参照
Q8 参照

> 車いすに移るため、こちらの手足（右手足を示して）を使って浅く座り直していただいてよろしいですか。反対側（左側を示して）はお手伝いいたします。

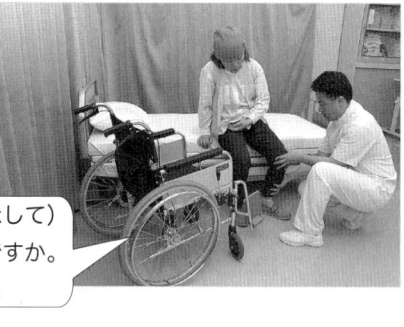

● **車いすへの移乗**

❼ 健側（右）の手で、車いすの右側のアームレストを握ってもらいます。

Q9 参照

> こちらの手（右手を示して）で、車いすの向こう側の肘掛けを持っていただけますか。

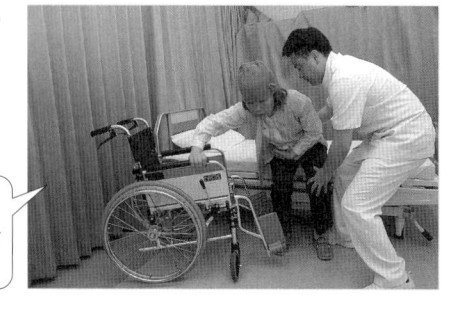

❽ 吉さんにお辞儀をするように前かがみになってもらい、健側（右）の足に体重をかけて立ち上がってもらいます。

　吉さんに臀部を浮かしてもらい、健側（右）の足を軸に回転して車いすに座ってもらいます。

　その際、介護者は吉さんの患側（左）の膝を保護します。

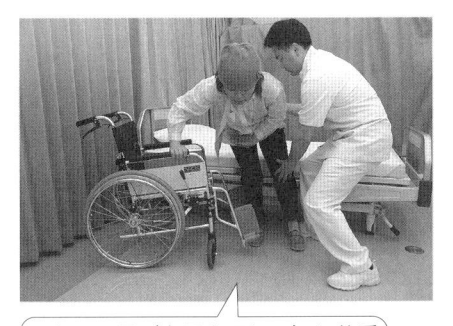

> こちらの足（右足を示して）に体重をかけて腰を浮かしてください。

> そのまま回転して車いすに座ってください。

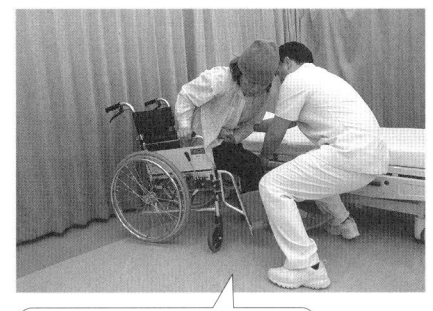

● **姿勢の安定**

❾ 車いすに深く座り直してもらいます。

　吉さんの健側（右）は自力で行ってもらい、患側は介護者が膝と臀部を押すようにして、座位の姿勢を安定させます。

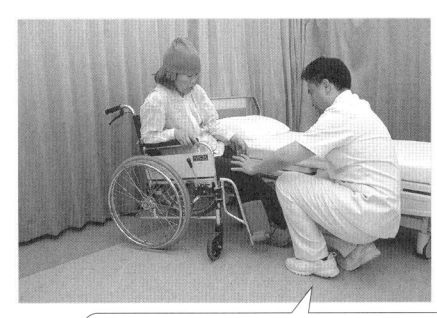

> 深く座り直すように、こちら側（右側を示して）を動かしていただいてもよろしいでしょうか。

> 反対側（左側を示して）はお手伝いいたします。

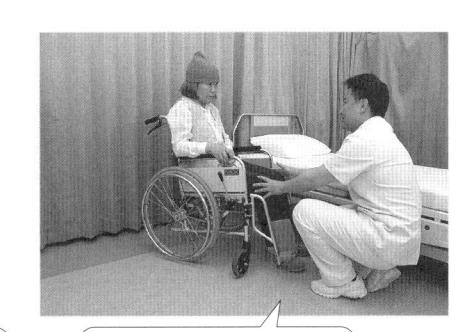

Q13 参照

❿ 吉さんの健側（右）の足で、フットレストを下ろしてもらいます。
　健側（右）の足は吉さんに乗せてもらい、患側（左）の足は介護者が支援します。

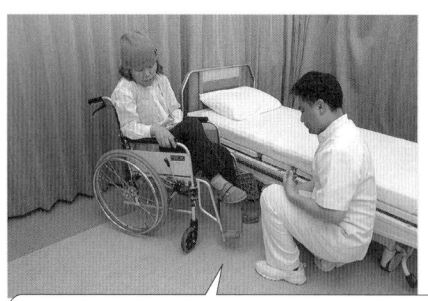

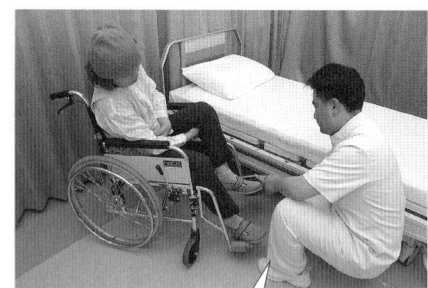

こちらの足（右足を示して）でこの台（フットレストを示して）を下げて足を乗せていただいてもよろしいでしょうか。

左足は介助させていただきます。

● **体調確認**

Q14 参照
Q15 参照

⓫ 吉さんに車いす上での座り心地を尋ね、体調を確認します。
　吉さんの身体を見渡し、特に患側が無理な姿勢になっていないか確認します。

座り心地は悪くありませんか。
どこか痛いところはありませんか。

スキルアップ Q&A

Q1 介助のたびにあいさつは必要ですか。

A 必要です。施設に勤務する介護者には、連続した日々の業務の一場面にすぎませんが、そこで生活をしている要介護者にとっては、人とのふれあいや生活場面が変わるポイントになります。要介護者の自宅に介護者という客が訪ねたことをイメージされるとよいでしょう。

Q2 声をかける際に注意することはありますか。

A 対人援助では、いつでも要介護者本位で取り組まなくてはいけません。体調確認等で声をかける際は、指示的にならないように注意し、また返答に困らないような工夫が必要です。今回の事例では、吉さんは構音障害があるため、返答が「はい」か「いいえ」で答えられるように質問する工夫が必要となります。

Q3 事前に説明をするのはなぜですか。

A 説明を受けた要介護者は、これからの動作を意識することができます。それは、要介護者の「できる能力」を活用するのに有効であり、安全・安楽な介助につながります。また、事前に説明することで、要介護者が次の動作を選択する機会にもつながり、尊厳を守るためにも大切なものといえるでしょう。

Q4 車いすの各部位の名称を教えてください。

A 各部位の名称は図表2－4のとおりです。

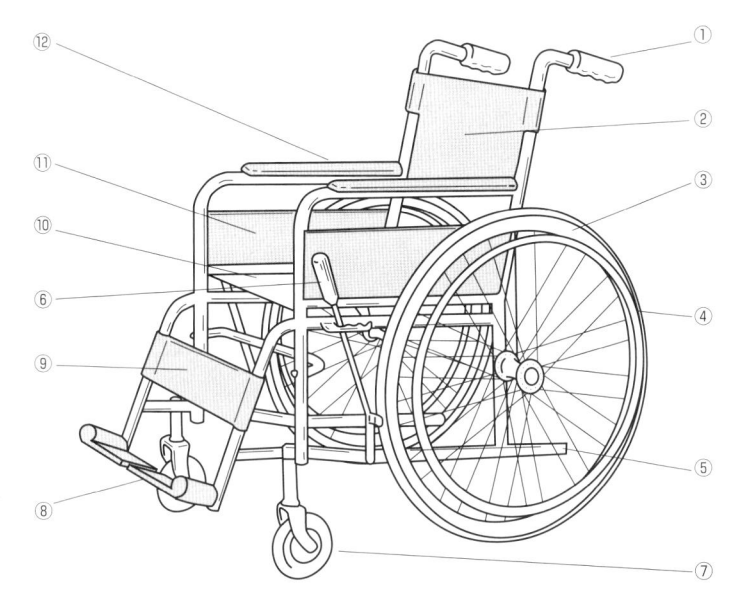

図表2－4　車いすの各部位の名称

①グリップ　②バックレスト（バックサポート）　③大車輪（駆動輪）　④ハンドリム　⑤ティッピングレバー　⑥ブレーキ　⑦キャスター　⑧フットレスト（フットサポート）　⑨レッグレスト（レッグサポート）　⑩シート　⑪スカートガード（サイドガード）　⑫アームレスト（アームサポート）

出典：福祉士養成講座編集委員会編『新版　第3版　介護福祉士養成講座⑫　介護技術Ⅰ』中央法規出版　2006年　p.137を一部改変

Q5 事前に車いすの具合を確認するのはなぜですか。

A 機器の不具合は事故につながる恐れがあります。特に福祉機器を使用する人は要介護の方々であり、事故による影響は健常者に比べ重篤になる可能性が高いといえます。また事故につながらないとしても、使用の際に違和感を抱くことになるため、安全・安楽の姿勢を維持するためにも、事前の確認は重要です。

なお、フットレストを上げないままで乗ることは、そのまま転倒することにつながります。

Q6 車いすを吉さんの健側に、ベッドから30度に置くのはなぜですか。

A 半身麻痺がある場合、健側に20〜45度の角度に設置し、要介護者が前かがみとなって手を伸ばせば、向こう側のアームレストに届く程度の距離に置くようにしてください。また、移乗の際に上げてあるフットレストが、要介護者の足に当たらないように車いすを置く必要があります。今回の事例では、吉さんは左半身麻痺なので、右側に置きました。

Q7 足の位置を確認するのはなぜですか。

A ベッドから車いすへの移乗時に、床が滑ったり、フットレストに足が当たり転倒する危険性があります。それらを防止するために足の位置を必ず確認する必要があります。なお、車いすであっても床は不潔なので、汚染を避けるとともに外傷を防止するために履物を履くようにしてください。履く介助を行う際には、上半身が反り返らないように注意が必要です。

両足が床に着いていなければ、座位の姿勢が不安定といえます。この後の移乗動作で身体を動かすことになるため、安定した体位の維持は重要です。

Q8 移乗の前に浅く座り直したのはなぜですか。

A 人間が立ち上がる際に、無意識に足を膝関節より後方に下げ、お辞儀をするように身体を前に傾け、身体を起こす反動で起き上がる動作を行っています。筋力が衰えた高齢者や、麻痺等の要介護の方が「できる能力」を活用して起き上がるには、人間の自然な動きを意図的に促すことが重要となります。

Q9 車いす右側のアームレストを握るのはなぜですか。

A 要介護者の「できる能力」を活用するために、意図的な前傾姿勢を確保するとともに、握ることで身体が安定します。なお、手前側を持って立ち上がった場合は、途中で向こう側のアームレストに持ち替える動作が必要となり、不安定になります。

Q10 健側に体重をかけて立ち上がるのはなぜですか。

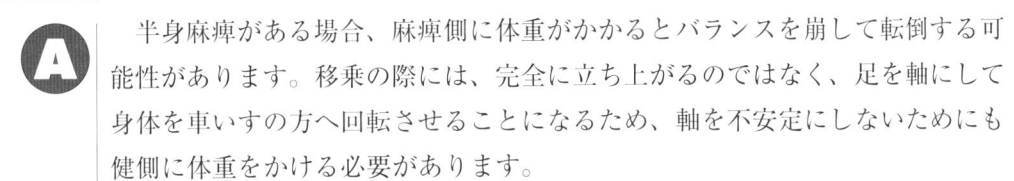

A 半身麻痺がある場合、麻痺側に体重がかかるとバランスを崩して転倒する可能性があります。移乗の際には、完全に立ち上がるのではなく、足を軸にして身体を車いすの方へ回転させることになるため、軸を不安定にしないためにも健側に体重をかける必要があります。

事例では、麻痺側の左膝が前に崩れないように、介護者は左手で吉さんの左膝を押さえ、膝折れを防止しています。

Q11 健側のみ自力で座り直すように促すのはなぜですか。

A 「できる能力」の活用を促すことを目的とし、身体機能の維持向上につなげています。「自立支援」は重要な視点となるため、どの場面であっても「できる能力」に働きかけるようにしなければなりません。

Q12 姿勢を安定させるのはなぜですか。

A 浅く座った状態のままでは、車いすの前方に力が入ってしまい、介助が行いにくいと同時に、車いすから転落する恐れがあるからです。また、要介護者の胸部が圧迫され呼吸がしにくく、さらにはバックレストにもたれかかった背部の局所部分が圧迫されるため、褥瘡の発症につながる恐れもあります。

Q13 フットレストを下ろす際、患側のみ介助するのはなぜですか。

A 「できる能力」の活用を促すことを目的とし、心身機能の維持向上につなげています。介護の仕事にとって「自立支援」は重要な視点となるため、どの場面であっても「できる能力」に働きかけるようにしなければなりません。

Q14 患側が無理な姿勢になるとはどのようなことですか。

A 麻痺があるため、痛みを感じることができず、本人も気がつかないうちに創傷することがあります。特に吉さんは、弛緩性の左半身麻痺があるため、移動の際に吉さんの身体と車いすの間に左手足が挟まる等の危険性があります。

第2部　生活行動を支援する技術

Q15 最後に体調を確認するのはなぜですか。

A 移乗の際に身体を動かしているため、血圧の変動や創傷等、身体の変化がみられる可能性があります。そのため、身体を動かした際には、最後に必ず確認するようにしてください。

scene 7　車いすでの移動

〈支援場面〉

○入所して3週間後○　　健康度（低 中 高）

　吉さんは弛緩性の左半身麻痺や言語障害はありますが、最近は体調よく過ごすことができています。今日は久しぶりに車いすで施設の外を散歩することになりました。

　施設内のフロアで車いすに座っている吉さんを散歩に誘い、野外での安全・安楽な車いすでの移動介助を行います。

〈支援のポイント〉

1. 道路の状況に合わせ、吉さんが安全で安楽な車いす操作を行う。
2. 楽しい雰囲気で過ごせるように支援する。

〈必要物品〉

車いす

支援の方法と言葉がけの例

● あいさつ

❶ 吉さんと目線を合わせ、名前を呼びながら笑顔であいさつをします。

Q1 参照

> 吉さん、こんにちは。
> 今日お世話をさせていただきます
> ○○といいます。
> よろしくお願いします。

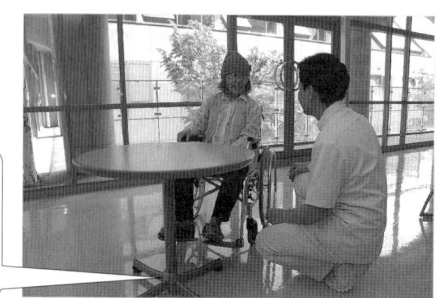

体調確認

❷ 吉さんの様子や体調を確認します。

Q2 参照

> 吉さん、ご気分はよろしいですか。

説明と同意

❸ 車いすを使用して散歩をすることを説明し同意を得ます。

> 今日は体調もよいようなので、車いすで施設の外まで散歩をしませんか。
> 私がお手伝いをいたします。

排泄の確認

❹ 移動介助をする前に、吉さんに排泄の有無を確認します。

Q3 参照

> 外出をする前にトイレのほうは大丈夫ですか。

物品の点検とセッティング

❺ 車いすのタイヤの空気圧、ブレーキの具合を確認します。

Q4 参照
Q5 参照

吉さんが車いすに深く腰掛け、フットレストに足を乗せているかを確認します。

> 車いすのブレーキやタイヤの空気圧を確認してもよろしいですか。

> 車いすに深く腰掛けていますね。
> 足もしっかりと乗っていますね。

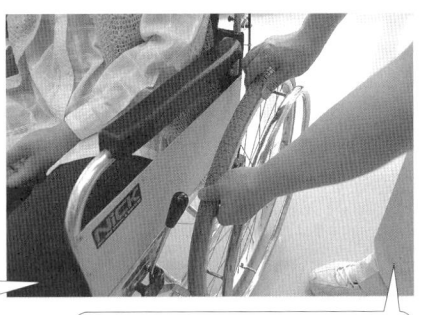

❻ 移動の際に吉さんに声をかけます。

Q6 参照

> それでは車いすを動かします。

第2部 生活行動を支援する技術

● 平面の走行

❼ 介護者は両グリップをしっかりと握って車いすを押します。

Q 7 参照

Q 8 参照

　走行中は、周りの環境の安全を確認しながら、吉さんの腕がアームレストの外に出て大車輪にふれていないか、また足がフットレストから落ちて地面にふれていないか等の体位を確認します。

　人がゆっくり歩く程度の速さで、随時、声かけを行い、楽しい雰囲気づくりに心がけながら走行します。

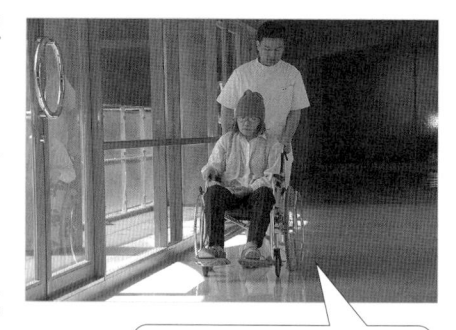

今日はよい天気ですね。
お花が咲いてますね。　等々

● 坂道の走行

❽ 上りの坂道では、進行方向に対して前向きに進みます。

Q 9 参照

　その際、介護者は、グリップをしっかり握り、背筋を伸ばします。また、特に後方側の足に力を入れて（意識して）、速度は平面時よりもゆっくり進むようにします。

坂道を上りますね。

❾ 下りの坂道移動では、進行方向に対して後ろ向きに進みます。

Q 10 参照

　その際、介護者は、グリップをしっかり握り、背筋を伸ばします。また、特に後方側の足に力を入れて（意識して）、速度は上りの坂道よりもゆっくり進むようにします。

坂道を下ります。坂が急なので、後ろ向きで下りますね。

● 段差（上り）の走行

Q11参照

❿　上りの段差では、介護者は片足でティッピングレバーを踏みながらグリップを少し手前に引き、ゆっくり車いすを持ち上げます。持ち上げる高さは、上段にキャスターが乗る程度とし、必要以上に持ち上げません。

　この際、身体全体を使って持ち上げるようにします。

　吉さんには、アームレストをしっかり持ってもらい、できるだけ背もたれに寄りかかるようにしてもらいます。

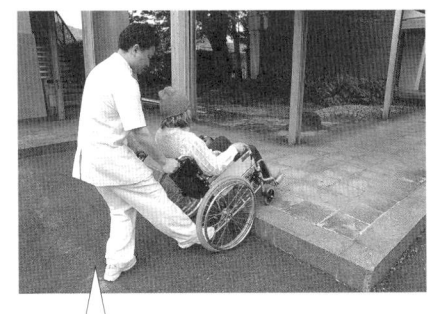

> 段差を上りますね。少し身体が後ろに反ります。

Q12参照

⓫　キャスターが上段に乗ったら、大車輪が上段の角にふれる程度まで前に進み、介護者は車いすに身体を近づけ、背筋を含む身体全体の「大きな筋群」を使用して大車輪が上段に上がるように押し上げます。

● 段差（下り）の走行

Q13参照

⓬　段差（下り）の移動では、進行方向に対して吉さんを後ろ向きにし、介護者が先に段を下り、車いすの大車輪を持ち上げず、段の角を通過しながらゆっくりと下ろします。

> 段差を下りますね。後ろ向きに進みます。
> 後輪が下に降りますので、少し揺れます。

Q14参照

⓭　キャスターが上段の角にふれる程度まで後ろに下げたら、グリップを向こう側に押しながらティッピングレバーを踏みキャスターを持ち上げます。

　車いすが段にふれない程度まで後ろに下げ、車いすを下に降ろします。

> 前輪を下ろします。
> 少し身体が後ろに反ります。

第2部　生活行動を支援する技術　69

● 悪路の走行

⑭ 悪路（凹凸のある道）では、介護者はティッピングレバーを片足で踏み、キャスターを持ち上げ、大車輪に車いすと吉さんの全体重が乗るようにした状態にして進みます（車いすを側面から見て「V」の字の状態になるようにします）。

Q 15 参照

> 道が悪いので、後輪のみで進みます。
> 身体が後ろに少し反ります。

● エレベーターの乗降

⑮ エレベーターに乗るときには、入り口に対して垂直に車いすが乗るようにします。

Q 16 参照

> エレベーターに乗りますね。

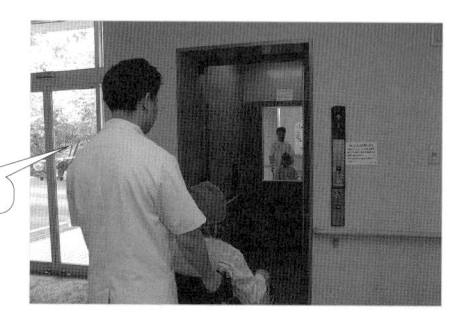

⑯ エレベーターから降りるときには、出口に対して後ろから車いすがまっすぐに降りるようにします。

> エレベーターから降りますね。
> 後ろ向きのままで降ります。

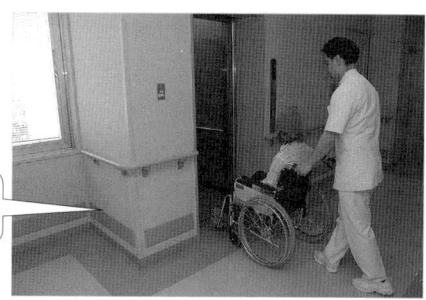

● 気分の確認

⑰ 吉さんに居室に到着したことを伝え、気分の確認をします。

Q 17 参照

> 到着しました。
> ご気分は悪くありませんか。
> これで終わります。

スキルアップ Q&A

Q1 無言で行った場合、どういう状況が予測されますか。

A 無言で支援を受けた要介護者は、介護者の行為に驚きと不安を抱くことが予測されます。要介護者との信頼関係を築いていくためにも、あいさつや支援内容の言葉がけは必ず行いましょう。

Q2 様子の確認は言葉のやり取りのみでよいですか。

A 特に高齢者の場合は、要介護者本人の自覚がなくても、身体に不調がみられる場合もあります。そのため、言葉での確認のみでなく、身体の状態をよく観察して、怪我や発熱の有無等を確認してください。

Q3 排泄確認以外に外出前に行うことはありますか。

A 野外と室内に温度差がある場合には事前に上着を着用したり、ひざ掛けを使用するなど、保温に努めてください。日差しが強い場合は帽子を持参したり、タオル等汗を拭くものを用意したほうがよいでしょう。また、立ち上がることがなくても、外靴に履き替えたほうが外出に対する意識をもつことができます。野外に出ることは、他人の目を意識するよい機会となりますし、そのためにお洒落をすることはよい刺激になります。

Q4 移動介助の前に車いすを点検するのはなぜですか。

A 車いすの状態が悪いと要介護者が安全・安楽に移動することができません。空気圧が少なければ、安楽な走行にはつながらず、ブレーキが悪い場合は事故につながる恐れがあります。特に今回の事例では外出をするため、施設のようにバリアフリー化された環境を走行するわけではないため、万全の状態にしておくことが必要です。

Q5 座り方を確認する必要はありますか。

A 座り方が悪いと、移動の際に車いすからずり落ちたり、背部や臀部に局所的に過剰な圧がかかり、褥瘡が発症する原因となる等の危険が予測されます。それらは要介護者にとって安楽な体位とはいえません。

Q6 要介護者が次の動作をわかっていても説明しなくてはいけませんか。

A 方向転換や停止、発進するとき、要介護者が意識を持たないと転倒し、安全・安楽な支援につながりません。立位や急な方向転換の際には遠心力が働くため（慣性の法則）、転倒の恐れのほか、めまいを起こすことがあります。

Q7 車いす上で予測される事故は何ですか。

A フットレストから足が落ちて床にふれている場合、走行時であれば足がフットレストやキャスターの下に巻き込まれる可能性があります。またアームレスト上の腕が大車輪にふれていれば、創傷の原因となります。これらは特に麻痺側に注意し、声をかけるようにしてください。また安定した座位保持ができない要介護者の場合は、シートから転落する危険性もあるため注意が必要です。

Q8 移動の際に、随時声をかける必要がありますか。

A 介護者が車いすを操作しているときは、要介護者の表情を確認することができません。そのため、声かけの応答から気分や体調等を確認する意味でも、随時声をかける必要があります。

Q9 背筋を伸ばし、後方側の足に力を入れる（意識する）のはなぜですか。

A ボディメカニクスの原理を活用することは、介護者の負担を減らし、要介護者にとって安全・安楽な支援につながります。この場合、手や足の筋力のみで押し上げようとせず、身体全体で車いすを押し上げるようにしてください。

Q10 後ろ向きに走行するのはなぜですか。

A 要介護者が車いすから落ちない体勢を確保する必要があります。傾斜が急な場合、進行方向には下向きの重力が働きますが、車いすの構造上、前方は、それを支えることができません。

Q11 背もたれに寄りかかってもらうのはなぜですか。

A 介護者と要介護者の重心を近づけ、少ない力でキャスターを持ち上げるためです。

Q12 大車輪が上段の角にふれる前に車いすを持ち上げたらどうなりますか。

A 介護者が大車輪を持ち上げた際、床に着いている部分はキャスターのみとなります。しかしキャスターは前後以外に左右にも向きを変えるために安定しません。また介護者にとっては、上段に「押し上げる」ではなく「持ち上げる」ことにつながるため、不必要に負担が大きくなります。

Q13 後ろ向きに降りる必要がありますか。

A 坂道同様、前方から降りた場合、要介護者の身体には前方に力が働くものの、それを支えることは車いすの構造上、困難であるため、転落する危険性が高くなります。大車輪で降りると、少ない力で安全・安楽に降りることができます。

Q14 キャスターを持ち上げる時間に配慮は必要ですか。

A キャスターが持ち上がっている時間は、要介護者にはとても怖い時間となります。また車いすが不安定な体勢となるため、介護者がバランスを崩すと要介護者が転落するなどの事故につながる可能性があります。以上により、キャスターを持ち上げている時間は最低限になるような配慮が必要です。

Q15 悪路での走行で車いすを「V」の字にするのはなぜですか。

A キャスターの車輪は小さく、ここから伝わる振動は、車いす上の要介護者には何倍にも大きくなります。また、キャスターは前後左右に駆動する仕組みとなっているため、悪路に車輪が挟まるなどにより、走行不能になる可能性があります。以上の理由により、大車輪のみで走行するほうが、要介護者にとって安全・安楽を確保することにつながります。

Q16 正面から垂直に乗り降りするのはなぜですか。

A エレベーターの床は、建物との間に数cmの隙間があります。この隙間は、キャスターを横にすると挟まる可能性があるため、それを防ぐために車いすはエレベーターに対して垂直に出入りする必要があります。なお、エレベーター内正面に設置されている鏡は、車いすの利用者がエレベーターから降りる際に、鏡によって後方確認ができることを目的として設置されています。これを活用すれば、後ろ向きでも安全に降りることが可能となります。

第2部 生活行動を支援する技術

Q17 外出後に注意することは何ですか。

A 外気にふれたため、体調の変化には注意が必要です。夏場の暑い時期であれば必ず水分補給をしてください。特に、吉さんには脳梗塞の既往があるため、水分補給をこまめに行う必要があります。また、寒い季節ならば暖房などにより保温に努めてください。必要に応じてバイタルサインを確認するほうが望ましいです。また、車いすや靴裏の泥を室内に持ち込まないように、事前に払い落としておきましょう。

scene 8　杖歩行

〈支援場面〉

○入所して3週間後○　　健康度 低 中 高

　吉さんは弛緩性の左半身麻痺や言語障害はありますが、最近は体調もよく在宅復帰をめざしてリハビリに余念がありません。理学療法士の指導のもとに、4点支持杖を使用しての歩行練習を定期的に行っており、今では介護者の付き添いがあれば、日常生活上でも短距離での杖歩行が可能となっています。
　今日は吉さんの体調がよいため、フロアのいすに腰かけている吉さんに食堂までの杖歩行の支援を行います。

〈支援のポイント〉

1. 安全な立位や杖歩行を支援する。
2. 「できる能力」を可能な限り活用した杖歩行を支援する。
3. 意欲が向上するような声かけをして見守る。

〈必要物品〉

4点支持杖

支援の方法と言葉がけの例

● あいさつ

❶ 吉さんと目線を合わせ、名前を呼びながら笑顔であいさつをします。

> 吉さん、こんにちは。
> 今日お世話をさせていただきます
> ○○といいます。
> よろしくお願いします。

● 体調確認

❷ 吉さんの様子や体調を確認します。

> 吉さん、ご気分はよろしいですか。

● 説明と同意

Q1 参照

❸ 歩行練習をかねて、杖を使用して食堂まで移動することを吉さんに説明し同意を得ます。

> もうすぐ食事の時間となります。
> 今日は体調もよいようなので、杖を使って私と一緒に食堂のいすまで歩いていきませんか。
> 私がお手伝いをいたします。

● 排泄の確認

Q2 参照

❹ 歩行練習の前に、吉さんに排泄の有無を確認します。

> トイレのほうは大丈夫ですか。

第2部 生活行動を支援する技術

● **物品の点検とセッティング**

❺ 4点支持杖の先の滑り止めがすり減っていないか、グリップは破損していないかを確認し、吉さんが立ち上がった際の健側（右）の足小指の前、外側15cmのところに置きます。

Q3 参照
Q4 参照

杖の長さは、吉さんが立ち上がった際に、腰辺りにグリップがあり、肘の屈曲が150度程度となるようにします。

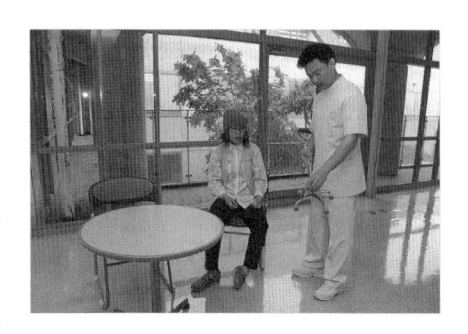

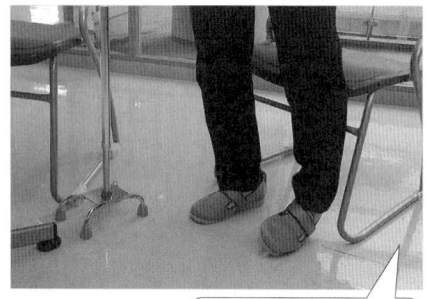

杖をここに置きます。

● **立ち上がりの準備**

❻ 歩行に適した履物を履いているか、また足が床に着いているかを確認します。

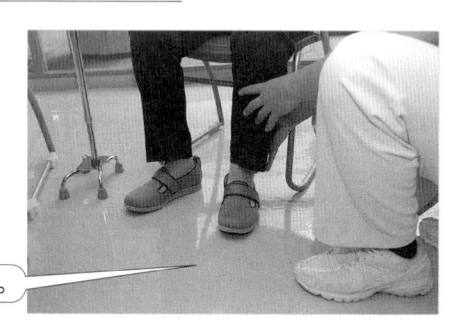

床に足が着いていますね。

❼ 立ち上がりの前に両足が膝関節より後方に位置できるように、身体を少し前に出してもらいます。

Q5 参照

立ち上がるために、こちらの手足（右手足を示して）を使って浅く座り直していただいてもよろしいですか。

こちら（左側を示して）はお手伝いいたします。

❽ 吉さんに、両足を後ろに引いて膝を曲げてもらいます。

Q 6 参照

> こちらの足（右足を示して）を少し後ろに引いていただけますか。
>
> こちらの足（左足を示して）はお手伝いいたします。

Q 7 参照

❾ 介護者は吉さんの患側（左）に並んで立ち、右足を吉さんの患側（左）の踵の後ろに置きます。
　介護者の左手は吉さんの患側（左）の大腿に当てます。右手は吉さんの背中を押さえます。

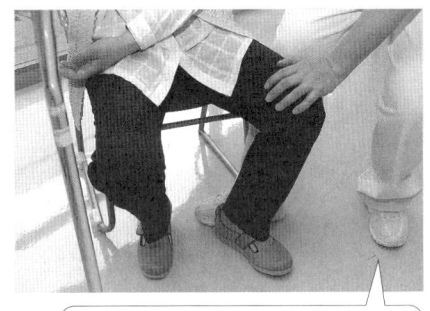

> 立ち上がりのために、こちらの手足（左手足を示して）を補助いたします。

● 立ち上がり

Q 8 参照

❿ 介護者のかけ声とともに立ち上がります。
　その際、介護者の右手は吉さんの背中を押さえ、頭をお辞儀をするように前傾させます。左手は大腿を押さえ、吉さんの膝が伸びる支援をします。

> それではお辞儀をするように立ち上がります。

Q 9 参照

⓫ 吉さんが膝関節を伸ばして立ち上がった後、介護者は大腿に当てていた左手を胸郭に、背中に当てた右手は臀部に動かし、押さえることで身体を安定させます。

第2部　生活行動を支援する技術　77

● **体調確認**

Q10 参照

⑫ 吉さんの気分を確認します。

> ご気分は悪くありませんか。

● **杖歩行**

Q11 参照

⑬ 吉さんに杖を健側（右）足小指の前外側15cmのところに置いてもらい、歩行を開始するように促します。
　右手で吉さんの体幹を支え、左手で吉さんの患側（左）上肢を支えます。

> そちらの手（右手を示して）で杖を握ってください。
> それでは一緒に歩きましょう。

Q12 参照
Q13 参照

⑭ 歩行の順番は、「杖」、「患側（左）の足」、「健側（右）の足」の順に運べるように支援します。

> 私の話す順番に足や杖を出してください。
> 杖、左足、右足…（繰り返します）。

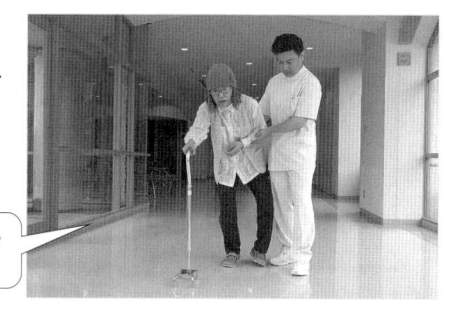

Q14 参照

⑮ 吉さんの顔の表情などを観察しながら杖歩行を支援し、随時、気分を確認します。

> 大丈夫ですか。
> もうすぐ到着です。等々

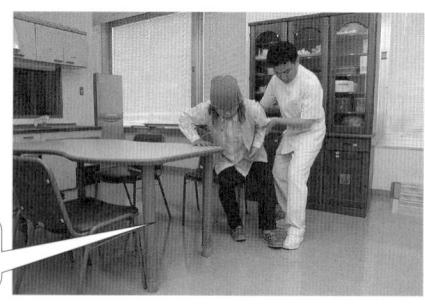

● **気分の確認**

⑯ 食堂に到着したことを伝え、気分の確認をします。

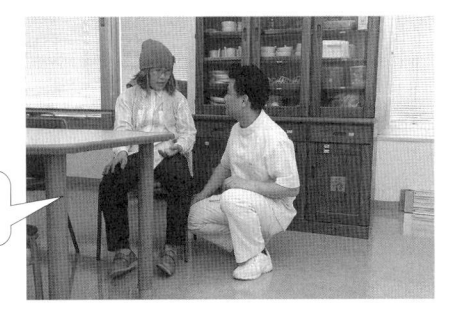

食堂に到着しました。
ご気分は悪くありませんか。

スキルアップQ&A

Q1 リハビリの時間以外で歩行練習をする必要がありますか。

A 体調がよければ、日常生活の中でリハビリの機会を取り入れてもよいでしょう。生活内での目的を意識しながらのリハビリとなるため、大変効果的です。

Q2 トイレまでの歩行練習は有効ですか。

A 日常生活で繰り返される行為の中にリハビリを取り入れることは有効ですが、トイレの場合には、切迫性の有無を確認する必要があります。リハビリには時間もかかり、身体に力も入るため、失禁の原因につながる可能性もあります。

なお、失禁の原因として、①腹圧性尿失禁（咳やくしゃみなど、腹部に圧力を加えた際の失禁）、②切迫性尿失禁（尿意を催した際、我慢できない失禁）、③溢流性尿失禁（残尿がじわじわと出る失禁）、④反射性尿失禁（脊髄損傷などによりおこる失禁）、⑤機能性尿失禁（尿意には異常ないが、運動機能などによる失禁）があります。

Q3 4点支持杖の利点は何ですか。

A 4点支持杖は、ほかの杖と比べ、支点が4つあるため安定しています。歩行が不安定な方に有効な杖といえますが、T字杖にくらべ重量があり、また場所をとるため、狭い空間での使用には適していません。

Q4 杖にはどのような種類がありますか。

A 杖は身体状態に合わせて、T字杖、4点支持杖（4脚杖）、ロフストランド杖、サイドウォーカー（ウォーカーケイン）、松葉杖などがあります。

第2部　生活行動を支援する技術

Q5 全介助で身体を前にずらす方法はありますか。

A 介護者が要介護者の左右の臀部を両手で挟み、左右を交互に少しずつ前にずらす方法があります。これは体重の重い方や筋力低下傾向にある方など、自ら十分に体動できない場合に行うので、今回の事例では不向きです。

Q6 両足を後ろに引くのはなぜですか。

A 人間が立ち上がる際の自然な動きとして、足を膝関節より後方に下げ、お辞儀をするように身体を前に傾けて、身体を起こす反動で起き上がる動作を行っています。この動作を意図的に促すことで、要介護者の「できる能力」を活用することになります。【p.60「車いすへの移乗」参照】

Q7 吉さんの患側の踵と大腿を介護者が補助するのはなぜですか。

A 半身麻痺の方が立ち上がる際、患側の足は力が入らないため、患側へ転倒する可能性があります。そこで、立ち上がりの自然な動きから、踵は後方に、膝は前方に力の方向が働くことになるため、介護者は事前にその部分を保護することで転倒予防につながります。

Q8 立ち上がりの際、吉さんの背中を押して前傾させたのはなぜですか。

A 人間が立ち上がる際の自然な動きの中で、Q6の「お辞儀をするように身体を前に傾ける」と「身体を起こす反動で起き上がる」ことを意図的に促すために背中を押して重心を移動させます。そのため、必要以上に押し起き上がりの妨げにならないように注意してください。

Q9 介護者が胸郭や臀部を押さえることで身体を安定させる必要はありますか。

A 立位が不安定な方が介護者の支援によって立ち上がった場合、身体が前方方向にふらついてしまい、転倒などの事故につながる可能性があります。そのため、胸郭と臀部を押さえ、立位を安定させる必要があります。

Q10 立位時に気分の確認をする必要がありますか。

A 急に立ち上がると血圧が下降してしまい、めまいやふらつき等の症状の「起立性低血圧」が起こることがあります。特に安静臥床が必要であるなど、普段、立ち上がる機会の少ない方であれば、その可能性は高いため、立位時の気分確認は必要です。

Q11 杖歩行の支援で介護者の立ち位置で注意することは何ですか。

A 半身麻痺の要介護者が転倒する場合は、患側に転倒します。そのため、介護者は患側に立ち、要介護者の身体を支えるようにしてください。その際、要介護者の患側の上肢を安易に支えているのみでは、転倒時に患側の脱臼につながる可能性があるため、要介護者の腰に安全ベルト（要介護者の腰にベルトを巻き、それを把持して支援できるようにするもの）を着用している場合には、肩とそのベルトを把持するようにしてください。

Q12 杖歩行の足の運び方は、場面によって違いがありますか。

A 障害物の有無を含む平面と階段の下りでは、事例のように「杖」、「患側の足」、「健側の足」の順でよいですが、階段の上りでは、「杖」、「健側の足」、「患側の足」の順で足を運ぶように支援をしてください。

Q13 杖歩行の方法には種類がありますか。

A 杖と患側の足を同時に前に出す（2動作）歩行と、杖と患側の足と健側の足を別々に前に出す（3動作）歩行があります。

Q14 表情やふらつきなどを随時、観察する必要がありますか。

A 普段、歩行をされていない要介護者であれば、歩行動作は不安定な動作になるため、疲労などによる転倒につながる可能性があります。そのため介護者は、周りの安全を確認するとともに要介護者の様子も随時観察する必要があります。疲労がみられるようでしたら、無理をせず、休息をとるようにしてください。

3 更衣

scene 9　スウェットスーツからパジャマへの交換

〈支援場面〉

○入所して3週間後○　　健康度　低 中 高

　吉さんは弛緩性の左半身麻痺や言語障害はありますが、最近は体調もよく在宅復帰をめざしてリハビリに余念がありません。今日も夕飯の後に自分で歩行練習をしてきたところです。

　これから入浴するためにバイタルサインの測定を済まし、スウェットスーツを着たまま脱衣室でいすに座っています。

　入浴前の脱衣の支援を行い、入浴後の前開きパジャマの着衣の支援を行います。なお、脱衣室には手すりがありません。

〈支援のポイント〉

1. 「できる能力」を可能な限り活用して更衣を見守る。
2. 肌の露出を最小限に留め、効率よくできるよう見守る。
3. 健側から脱ぎ、患側から着る原則に基づき、状況に応じた支援をする。
4. 患側に転倒しないように注意深く見守り、側を離れない。
5. 達成感により、意欲の向上につながるよう働きかける。

〈必要物品〉

①スウェットスーツ1組　②パジャマ1組　③ランドリーバック　④バスタオル1枚　⑤背もたれのあるいす

支援の方法と言葉がけの例

● あいさつ

❶　吉さんと目線を合わせ、名前を呼びながら笑顔であいさつをします。

> 吉さん、こんにちは。今日お世話をさせていただきます○○といいます。よろしくお願いします。

● 説明と同意

Q1 参照

❷ ≪入浴前≫
　吉さんの患側（左）に立ち、これから入浴することを説明し同意を得ます。

> 吉さん、お風呂の準備ができました。ここで服を脱いでお風呂に入りたいと思いますがよろしいでしょうか。

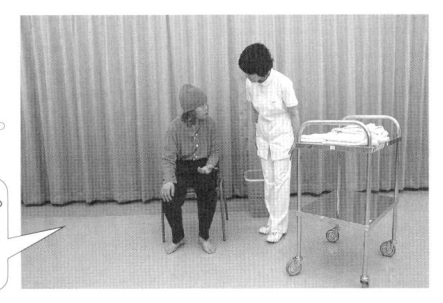

● 排泄の確認

❸ 脱衣の前に、吉さんに排泄の有無を確認します。

> 吉さん、おトイレはよろしいですか。

● トレーナーの脱衣

Q2 参照

❹ 吉さんに健側（右）の手で前身頃や後身頃をできるだけたくし上げてもらいます。

> 吉さん、トレーナーを脱ぐので、こちらの手（右手を示して）で後身頃をできるだけ上のほうにたくし上げていただけますか。

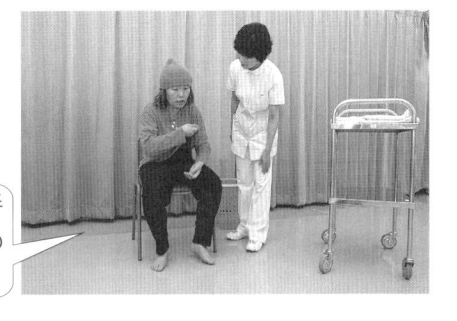

Q3 参照

❺ 吉さんの健側（右）の手でトレーナーの後ろ襟首を持って引っ張り、首を抜いてもらいます。

> 次に、そのままここ（たくし上げた背中のトレーナーを後ろの襟首と一緒に重ねた部分を示して）をつかんで首を抜いていただけますか。

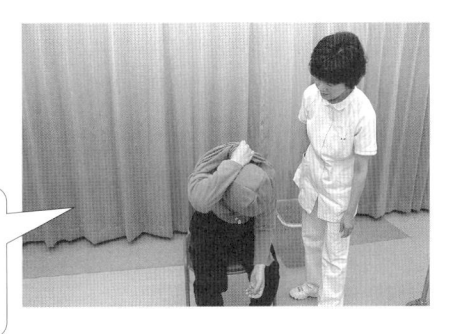

第2部　生活行動を支援する技術　83

Q4 参照 ❻ 吉さんの首を抜いた健側（右）の手の動作の流れの中で、患側（左）上肢の袖も脱ぐことができそうなため、安全に脱衣できるように見守り支援します（自立支援）。

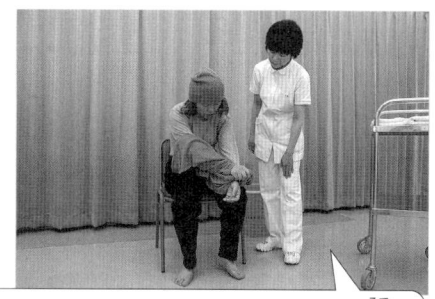

> それでは、こちらの手（右手を示して）でこの袖口（左袖口を示して）を引っ張って腕を抜きましょう。

Q5 参照 ❼ 健側（右）の脱衣は、介護者が吉さんの上肢の袖口を把持して袖を抜きます。

　脱衣後は、速やかに吉さんの身体をバスタオルで覆います。

> こちらは私もお手伝いします。

● **ズボンの脱衣**

Q6 参照 ❽ 健側（右）の足から脱ぎ始めます。

　いすに座ったまま、吉さんの健側（右）の手を使って、腰を浮かしながら、膝下までズボンを下げてもらいます。

> 吉さん、今度はズボンを脱ぎましょう。
> 座ったままでいいので、腰を浮かしてこちらの手（右手を示して）で右側のズボンを下げてください。

　次に患側（左）の腰を浮かしてもらいます。

　介護者は、吉さんが転倒しないように健側（右）の肩を支え、吉さんには健側（右）の手で患側のズボンをできるところまで下げてもらいます。

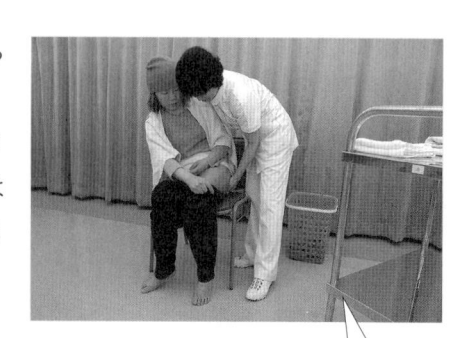

> 次はこちらのズボン（左側のズボンを示して）を脱ぎましょう。
> 私が身体を支えていますので、こちらの手（右手を示して）でできるところまでズボンを下げていただけますか。

❾ 健側（右）の足は自分で脱いでもらうように促し、患側（左）の足は介護者が支援してズボンを脱ぎます。

> 次に、こちらの手（右手を示して）でズボンを脱ぎましょう。
> 左側はお手伝いしますね。

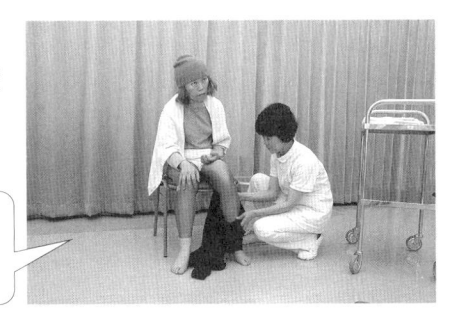

この後、浴室に移動し、入浴します。

● 体調確認

❿ ≪入浴後≫
バスタオルをかけていすに座っている吉さんの患側（左）に立ち、入浴後の様子を観察したり、体調の確認をします。

> 吉さん、お風呂は気持ちよかったですか。

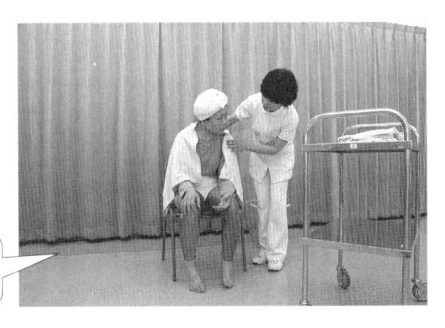

● 説明と同意

⓫ 更衣することを説明し同意を得たうえで、着替える衣服の確認をします。

Q 7 参照

> これからパジャマを着るお手伝いをさせていただいてよろしいでしょうか。

> こちらのパジャマでよろしいですか。

● パジャマ（上衣）の着衣

⓬ 吉さんの膝の上に、裾が手前で前身頃が上になるようにパジャマを広げます。

Q 8 参照

> 吉さん、パジャマを膝の上に置きますね。

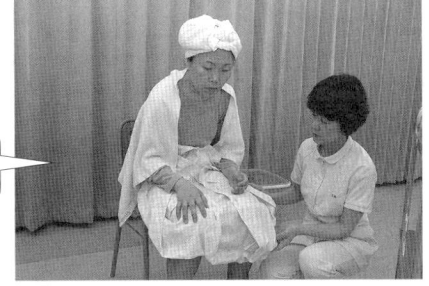

第2部　生活行動を支援する技術　85

Q 9 参照

⓭ 吉さんの健側(右)の手で、患側(左)上肢の袖を通してもらいます。

> 吉さん、こちらの手（右手を示して）で左側の袖を通してください。

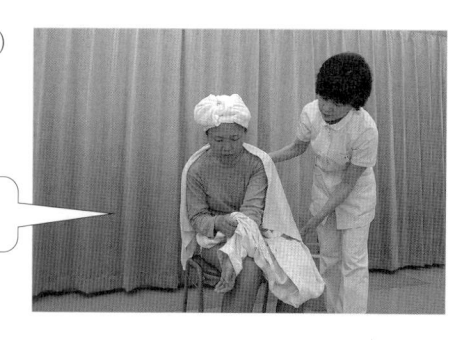

Q 10 参照

⓮ 吉さんの健側（右）の手でパジャマの襟元をつかみ、肩まで着てもらいます。

> パジャマの襟をつかんで肩まで上げてください。

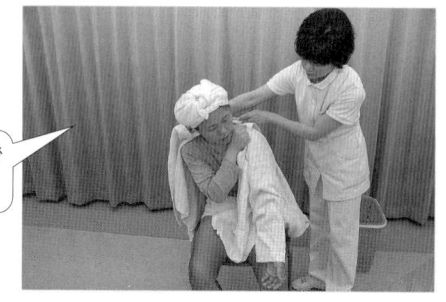

Q 11 参照

⓯ 吉さんに健側（右）の上肢をパジャマの袖に通してもらいます。
　介護者は、後身頃を広げて背部を覆い、健側（右）の上肢を通しやすいように把持します。

> 今度は右手を通しましょう。

Q 12 参照

⓰ 吉さんの健側（右）の手でボタンを留めてもらいます。できないところは支援します。

> 吉さん、パジャマのボタンを留めましょう。お手伝いさせていただいてよろしいですか。

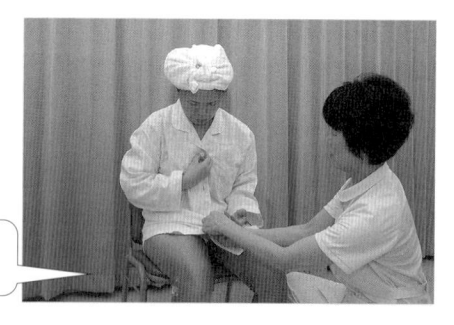

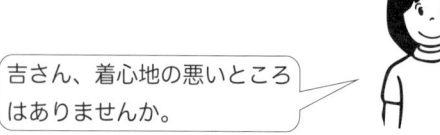

⓱ パジャマの襟元、肩、裾などを整え、着心地を確認します。

> 吉さん、着心地の悪いところはありませんか。

● パジャマ（ズボン）の着衣

⑱ 患側（左）の足から履き始めます。

吉さんの健側（右）の手で、患側（左）の下肢を健側（右）の膝の上に乗せてもらいます。患側（左）のズボンから履いてもらいます。

介護者は床に清潔なズボンがふれないように注意し、吉さんが転倒しないように見守ります。

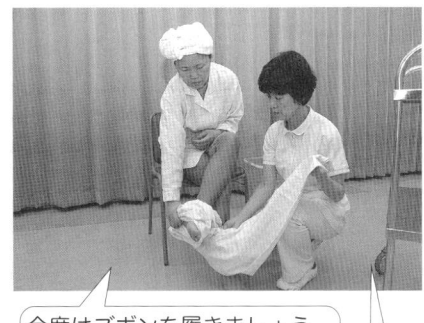

Q13 参照
Q14 参照

> 今度はズボンを履きましょう。

> まず、こちらの足（左足を示して）を膝の上に乗せてズボンを履きましょう。右手で左足を持ち上げてください。
> 次に、こちらの手（右手を示して）でズボンをできるだけ上まで上げましょう。

⑲ 次に健側（右）の足を履きます。

吉さんに健側（右）の手で膝の上の患側（左）の下肢を下ろしてもらいます。

> 膝の上の足を下ろしていただけますか。

次いで、健側（右）大腿を持ち上げてもらい、たぐり寄せたズボンに足を入れてもらいます。

> こちらの手で太ももを持ち上げていただけますか。
> 足を通しますね。

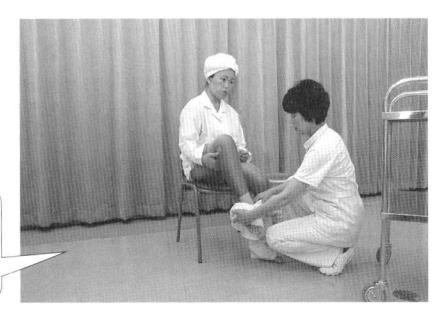

⑳ 健側（右）の手でズボンをできるだけ上のほうまで上げてもらいます。

Q15 参照

> こちらの手（右手を示して）で、できるだけ上のほうまでズボンを上げてください。

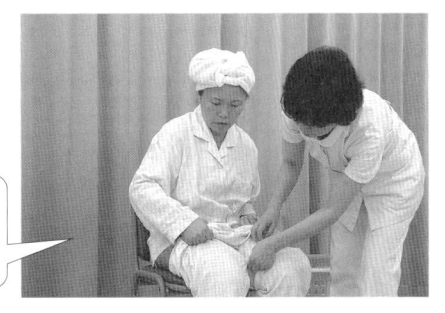

第2部　生活行動を支援する技術　87

㉑　介護者の肩につかまってもらい、立位になります。

Q16参照

> では、ズボンを腰まで上げますので、わたしの肩につかまって立ち上がりましょう。
> 気分はよろしいですか。

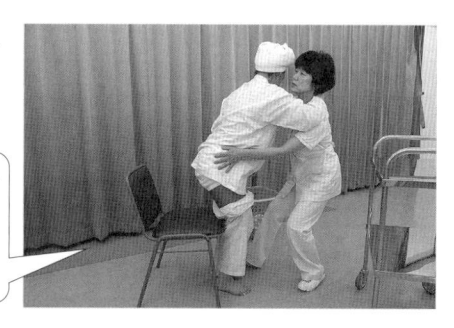

　吉さんの体幹を支え、立位を保持します。
　吉さんの健側（右）の手で届くところのズボンは自分で上げてもらい、手の届かない部分は支援します。

> ご自分でできるところはお願いします。
> 手が届かないところはお手伝いします。

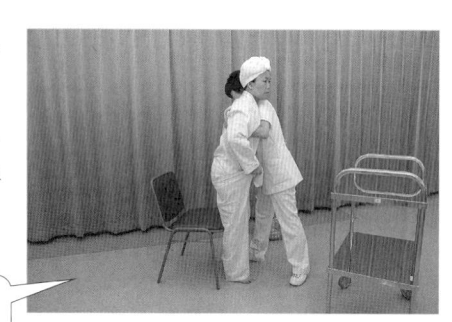

● 着心地の確認

㉒　パジャマの上衣をズボンの上に出すか、中に入れるか希望を聞き、着心地や気分を確認します。

> パジャマはズボンの上に出してよろしいですか。
> どこか着心地の悪いところはありませんか。

● 体調の確認

㉓　入浴後の健康状態を把握するためにバイタルサインの測定を行います。【p.236「健康状態の観察とバイタルサイン」参照】

Q17参照

> 吉さん、お風呂の後の血圧を測ります。

● 水分補給

㉔　入浴後の脱水を防ぐために水分補給を行います。

Q18参照

> 吉さん、お風呂に入って汗をかいたので、お水はいかがですか。

> それではごゆっくりなさってください。

スキルアップ Q&A

Q1 座位の場合、介護者は患側に立つのはなぜですか。

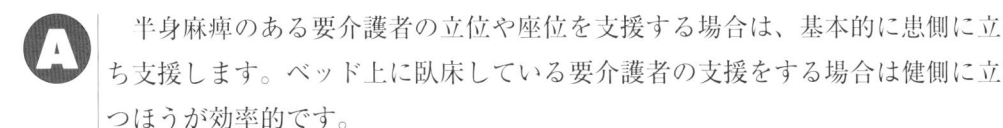

A 半身麻痺のある要介護者の立位や座位を支援する場合は、基本的に患側に立ち支援します。ベッド上に臥床している要介護者の支援をする場合は健側に立つほうが効率的です。

立位や座位の場合、患側に身体が傾いても自分で身体を支えることができません。そのため介護者は患側に立ち転倒を予防する必要があります。

Q2 要介護者自身にトレーナーを脱いでもらうように促すのはなぜですか。

A 人は誰も他人の世話になることは好みません。可能な限り「できる能力」を活用する機会を提供し、自身でできることは行ってもらうことによって自立心を高めるように働きかけることが大切です。

Q3 半身麻痺があってもほとんど自分でできる方の場合、介護者はどのような支援を行えばよいですか。

A 今回の事例では、吉さんの健康度が高く、吉さん自身に行ってもらうことが多いので、介護者は直接支援することはあまりありませんが、吉さんの脱衣の行為をよく観察し、転倒や危険の防止に努めます。そのほか、わかりやすく行為の説明をすることも大切な支援技術です。

Q4 患側から脱ぐ支援を行ってもよいですか。

A 半身麻痺がある場合、基本的には脱健着患の原則に基づき健側から脱ぎ、患側から着ます。しかし、必ず脱健着患で行わなくてはならないということではありません。患側は麻痺や拘縮、痛みなどにより可動域が狭くなっていることが多いので、健側から脱ぎ、患側から着ると苦痛や危険が少ないのです。自立度が高い要介護者の場合は患側から脱いだほうが脱ぎやすい場合があります。また、ゆとりがある上着の場合は先に患側を脱いでから最後に首を脱ぐという方法や、健側の袖を脱いでから、首を脱ぐ方法もあります。要介護者の状況や衣服のデザインや伸縮性などに応じて判断することが大切です。

第2部 生活行動を支援する技術

Q5 脱衣した後はどんなことが大切でしょう。

A 脱衣した後は肌が露出するので、保温とプライバシーの保護の目的でバスタオルなどで覆います。

Q6 この方法以外にも方法はありますか。

A もちろんいろいろな方法があります。ここに上げた方法はほんの一例にすぎませんが、ほかにも健側の足を使って脱ぐ方法もあります。今回の事例では、座位のままズボンを脱ぎましたが、介護者が端座位から立位への支援を行い、ズボンを脱いでもらってもよいでしょう。

要介護者の状態やそのときの状況、希望などを考慮したうえで、支援のポイントをしっかり押さえて行うことが大切です。

Q7 着替える衣服の確認をするのはなぜですか。

A 要介護者自身の衣類であることに間違いがないかを確認することはもちろんですが、自分の好みの衣類を身につけることで、自分らしさを表現したり、気分転換をすることができます。要介護者の主体性や自立心を高めるように働きかけるためにも、衣類を選択する機会を提供することが大切です。

Q8 吉さんの膝の上にパジャマを置いたのはなぜですか。

A 吉さんは左半身麻痺がありますが、体調のよいときは時間をかければ、着替えはできます。自尊心が強く、他人からの指示を嫌うので、吉さんの「できる能力」を活用できる環境を整えて、必要なときにのみ支援するよう配慮します。

Q9 拘縮がある場合はどのように支援をしたらよいですか。

A 患側から通すと無理なく着衣することができます。四肢に拘縮がある場合は衣類を通しにくいので、関節を下から支え、要介護者がスムーズに更衣できるように支援します。

Q10 時間がかかっても吉さんに着てもらうほうがよいのですか。

A 　吉さんは自尊心が強いので時間がかかっても自分で着てもらうほうがよいですが、気温が低いときや、思うようにできない場合には臨機応変に支援します。

Q11 　介護者は、支援しやすいように健側（右）に移動したほうがよいですか。

A 　いいえ、介護者は吉さんの転倒を防止するために必ず患側（左）に立って支援する必要があります。

Q12 　どのようなタイミングで支援したらよいですか。

A 　風呂上がりなので、特に冬場などは湯冷めしないように肌の露出を防ぐ必要があります。できないところはもちろん、吉さんが上のほうからボタンをかけ始めたら吉さんに了解を得たうえで、下のほうから行うようにします。

Q13 　患側の下肢が膝の上に乗らない場合は、どのようにすればよいですか。

A 　患側に関接の拘縮や疼痛などがあって膝の上に上がらない場合や、困難な場合は介護者が足を持ち上げたり、ズボンを下げるなどの支援をします。

Q14 　床に清潔なズボンがふれないようにするには、どのようにすればよいですか。

A 　床には、さまざまな細菌がいるので、清潔な衣類が床にふれてしまうと、細菌に汚染される危険性があります。そのため、ズボンを介護者の腋に挟んだり、裾から介護者の手を入れたりして工夫します。

Q15 　ズボンを上のほうまで上げるのはなぜですか。

A 　立ち上がってズボンを引き上げるときに、ズボンが下のほうにあると手が届きにくいのでできるだけ上に上げておきます。

Q16 　立位でズボンを上げる場合は、どのような点に注意が必要ですか。

A 　立位が不安定な場合は、身体を壁や手すり等のしっかり固定されたものに寄りかかって立位を保持することが望ましいですが、何もつかまるものがない場合は、介護者が要介護者の身体をしっかり支える必要があります。その際、介護者は基底面積を広く取り、安定した姿勢で要介護者を支えます。

第2部　生活行動を支援する技術

Q17 入浴後にバイタルサインを測定するのはなぜですか。

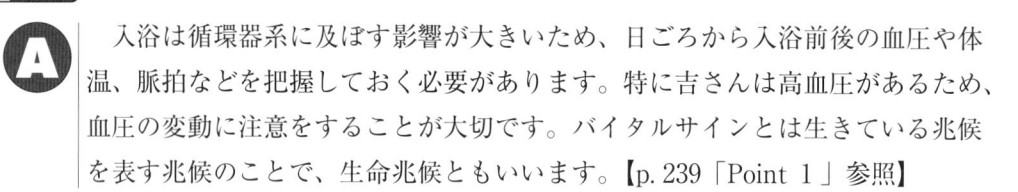

A 　入浴は循環器系に及ぼす影響が大きいため、日ごろから入浴前後の血圧や体温、脈拍などを把握しておく必要があります。特に吉さんは高血圧があるため、血圧の変動に注意をすることが大切です。バイタルサインとは生きている兆候を表す兆候のことで、生命兆候ともいいます。【p.239「Point 1」参照】

Q18 水分補給をするのはなぜですか。

A 　入浴すると血液循環がよくなり、発汗が多くなったり、血液が濃縮されたりするため体内の水分が不足しがちになります。一般的に、高齢者は体内の水分量が少ないため、脱水を起こしやすく、こまめに水分補給をする必要があります。特に、吉さんは脳梗塞の既往もあるため脱水に注意する必要があります。
　なお、脱水による症状は、特に細胞内液の減少では口渇、頭痛、幻覚、痙攣、意識障害などがあります。また、細胞外液の減少では皮膚弾力の低下、粘膜皮膚の乾燥、体重や血圧の低下などがみられます。

scene 10　ゆかた寝巻きの交換

〈支援場面〉

○入所して 10 週間後○　　　健康度　低 中 高

　吉さんは、最近胃腸かぜ様の症状が続き、体力が消耗し、食事や排泄もベッド上で行っています。そのため、このごろはゆかた寝巻きを着ています。
　今朝は解熱しましたが、昨晩は 38.0℃ まで発熱し、夜中に多量の発汗があったので、寝衣の交換を希望しています。
　吉さんは左半身に弛緩性麻痺があるため、患側（左）の上下肢は力が入らないので、患側（左）を保護し、身体の下にならないように配慮して支援します。

〈支援のポイント〉

1. 体力を消耗させないように安静を保ちながら寝巻きの交換を行う。
2. 肌の露出を最小限に留め、効率よく介助する。
3. 健側から脱ぎ、患側から着る原則に基づき、着脱を支援する。

〈必要物品〉

①寝巻き（2組み）　②ランドリーバック

支援の方法と言葉がけの例

● **あいさつ**

Q1 参照

❶ 吉さんと目線を合わせ、名前を呼びながら笑顔であいさつをします。

> 吉さん、おはようございます。今日お世話をさせていただきます○○といいます。よろしくお願いします。

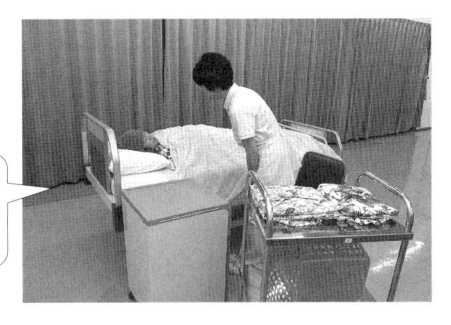

● **体調確認**

Q2 参照

❷ 吉さんの様子や体調の確認をします。

> 吉さん、お熱が下ってよかったですね。

● **説明と同意**

Q3 参照

❸ 更衣をすることの説明を行い同意を得たうえで、着替える寝巻きの確認をします。

> これから寝巻きの交換をお手伝いさせてもらいますが、よろしいでしょうか。どちらの寝巻きがよろしいですか。

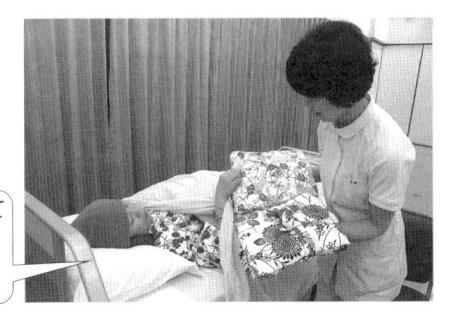

● **排泄の確認**

Q4 参照

❹ 更衣の前に排泄の有無を確認します。

> 着替える前におトイレは大丈夫ですか。

● 準備

❺ 吉さんの健側（右）に立ち、上掛けを外す了解を得て、ほこりが立たないように足元に扇子折りにします。

> 上掛けを外して足元に置きますがよろしいでしょうか。

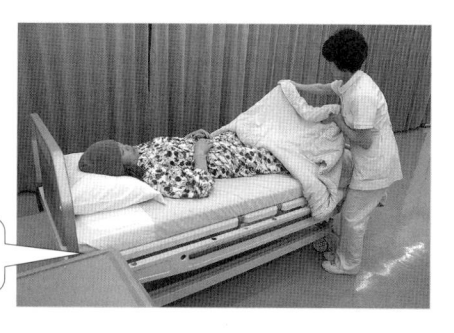

❻ 着替える寝巻きを吉さんの患側（左）に縦長に広げます。

Q 5 参照

> 着替えの寝巻きをベッドの上に置かせてくださいね。

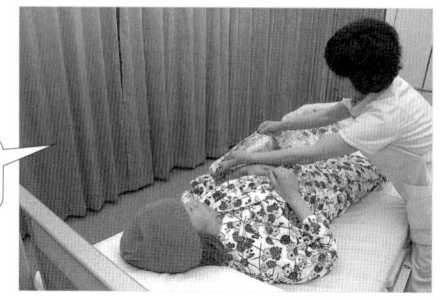

● 脱衣

❼ 健側（右）の手で寝巻きの紐を外してもらうように促し、前身頃から寝巻きを外して右腕の袖から抜きます。

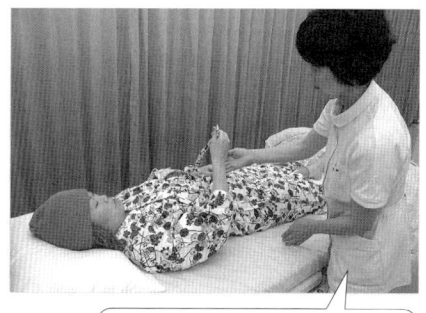

Q 6 参照
Q 7 参照

> こちらの手（右手を示して）で紐をといていただけますか。

> 次に袖を脱ぎましょう。失礼します。

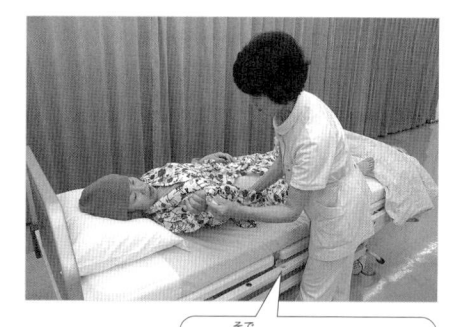

外した部分はできるだけ背中の奥のほうに内側に丸めるように入れます。

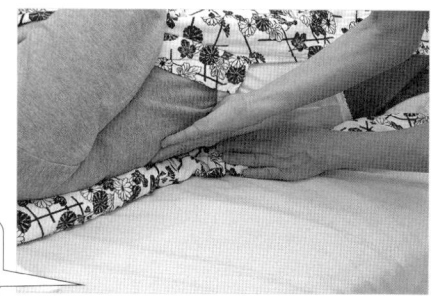

Q 8 参照

> 身体の下に脱いだ寝巻きを入れます。

❽ 吉さんを右側臥位にして、左肩も脱がせて寝巻きを取り除きます。

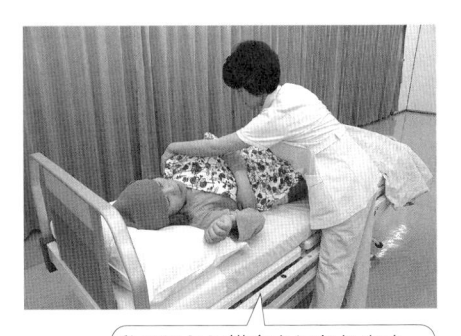

> 私のほうに横向きになります。

> 着ていた寝巻きを脱ぎましょう。

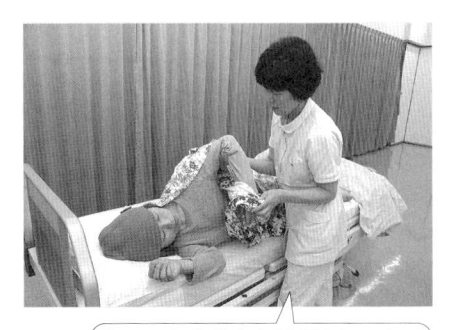

❾ 肌の露出を避けるために、着替える寝巻きを広げて左半身を覆います。

> 寒いので寝巻きで覆っておきましょうね。

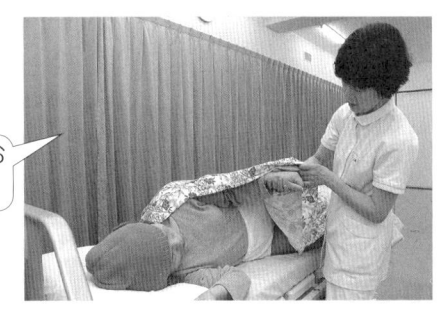

● 着衣

❿ 着替える寝巻きの患側（左）の袖を通し、肩山や背縫いを合わせしわを伸ばして寝巻きを着せます。残りの部分は身体の下に入れ込みます。

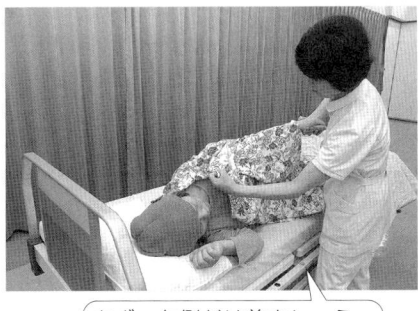

> まず、左側だけ着ましょう。
> お手伝いします。

第2部　生活行動を支援する技術

Q12参照

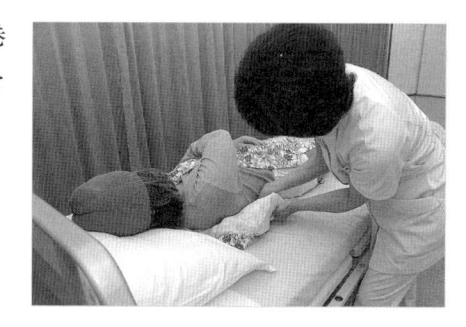

⓫ 仰臥位に戻して身体の下から寝巻きを引き出し、健側（右）の腕に袖を通します。

次は仰向けになって右側も着ましょう。

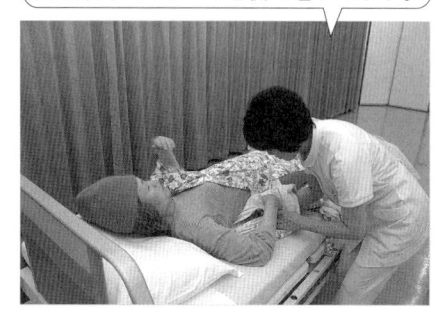

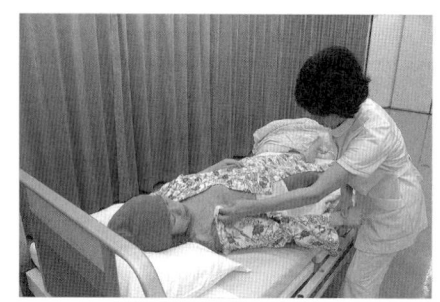

Q13参照

⓬ 寝巻きの襟元を介護者から見て、「ソ」の字（右前）になるように整えます。

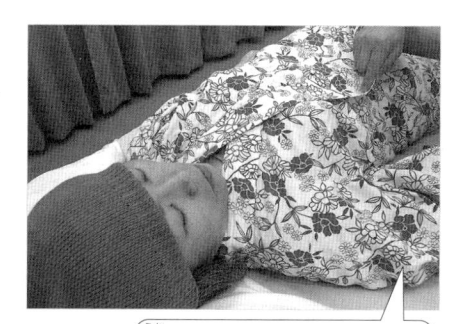

襟元はきつくありませんか。

Q14参照

⓭ 右膝を立てて腰を上げてもらい、寝巻きのしわを伸ばしてから、紐を蝶結びにします。

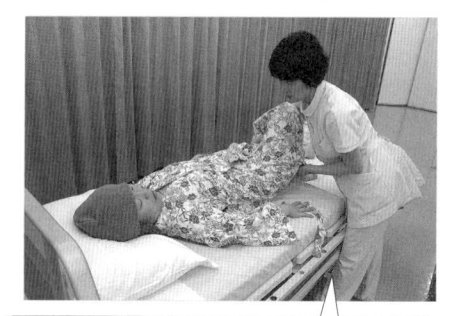

右の膝をできるだけ高く立ててください。
足の裏でベッドを踏み込んで、腰を少し上げてください。
下の寝巻きを整えます。

● **着心地の確認**

⓮ 寝巻きを整え、着心地や気分を確認し、上掛けをかけます。

Q15 参照

> 気心地は悪くないですか。
> ご気分はよろしいでしょうか。
> それでは、ごゆっくりなさってください。

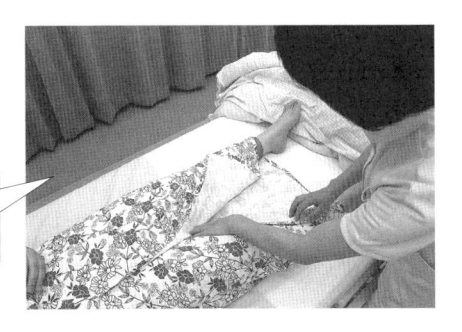

スキルアップQ&A

Q1 目線を合わせるのはなぜですか。

A 要介護者に目線を合わせ、笑顔であいさつすることで要介護者に敬意を示し、リラックスした雰囲気をつくります。また、吉さんに自分の名前を伝えることで安心して介助を受けてもらえるようにします。

Q2 どのように体調を確認しますか。

A 体調を確認するときは要介護者の一番新しい情報をもとに、症状や部位の変化、顔色や声、表情などに注意しながら確認します。言葉のみの確認とせず、皮膚のかさつきや熱感、発汗状態など、手でふれながら一般状態を観察することが重要です。なお、吉さんは簡単な言葉しか話せないので、答えやすい質問の内容にする必要があります。

Q3 説明や、着替える寝巻きの確認と選択をしてもらったのはなぜですか。

A 要介護者の尊厳を保持し、自立を支援するためです。これから更衣を行うことを説明し、同意を得ることで、要介護者の自立心を高め、協力も得やすくなります。また、好みの寝巻きを選択してもらうことでおしゃれをする楽しみを持ってもらうことができます。

なお、寝巻きの利点としては、手術後や体力の低下など、寝たきりの状態で、寝衣を汚染する頻度が高い場合や、尿カテーテルを留置していたり、点滴やドレーン類が挿入されていたりする場合などに着替えが簡便になります。

第2部 生活行動を支援する技術

Q4 排泄の有無を確認するのはなぜですか。

A 着替えた後に排泄意を催した場合、寝たままの状態で排泄介助すると衣類が汚染することも考えられます。臥床している時間が長い方や排尿困難で残尿が多い方は体位を変えたときに尿が漏れることがあります。

Q5 着替える寝巻きを左側に広げるのはなぜですか。

A 掛けものを外してあるので、寝巻きを脱いだときに肌が露出することになります。吉さんの横に寝巻きを広げておくことですぐに吉さんを覆うことができて保温やプライバシーの保護ができます。

Q6 右肩から脱ぐのはなぜですか。

A 健側は肘や肩の関節は自由に動くので脱ぎやすいのですが、患側は痛みや脱臼の危険があるため無理な肢位をとることができないため右肩から外します（脱健着患）。

Q7 麻痺側はどのように支えるとよいですか。

A 吉さんの左上肢は弛緩性麻痺のため力が入らず、だらりと下に垂れてしまいます。また、脱臼を起こす危険性もあります。そのため、前腕の下から保護するように支え、上から引っ張ることのないようにします。

Q8 外した寝巻きを背中の奥のほうに入れるのはなぜですか。

A 右側臥位になったときに寝巻きが身体の下になっている部分が多いと、引き抜くときに大きな力が必要になることや、寝巻きと皮膚の間で摩擦が起き、皮膚を損傷する危険性があります。

Q9 右側臥位になるのはなぜですか。

A 吉さんは左半身麻痺があるため左側の知覚や運動機能に障害があります。麻痺側は、痛みや違和感に対する感覚が鈍いため、身体の下になった際に脱臼や骨折、皮膚の損傷などを起こす危険性もあります。そのため基本的には患側を下にしない側臥位をとります。

Q10 寝巻きで左半身を覆うのはなぜですか。

A 保温とプライバシーの保護の目的で、肌を露出しないように寝巻きを身体の上に広げて覆います。タオルケットやバスタオル等を使用してもよいです。

Q11 患側（左）の袖から通すのはなぜですか。

A 吉さんは左半身麻痺があるので無理な肢位をとると、脱臼や疼痛を起こす危険があります。そのため、患側を保護しながら袖を通すことができるように左袖から先に通します。

Q12 身体の大きい要介護者はどのようにすれば右腕が通しやすくなりますか。

A 右側の寝巻きの肩を下げ、右肘をできるだけ曲げて足の方向に向かって腕を通すことで無理なく通すことができます。

Q13 寝巻きの襟を「ソ」の字に合わせ、紐は蝶結びにするのはなぜですか。

A 日本では、左前身頃の上に右前身頃を重ねたり（左前）、紐を縦結びにしたりすると、宗教上忌み嫌う習慣があるからです（故人に着物を着せる場合は身頃を左前にし、紐は縦結びにします）。

Q14 寝巻きのしわを伸ばすのはなぜですか。

A 寝巻きのしわによって皮膚に血行障害がおき、褥瘡の原因になります。
長時間の局所圧迫によって皮膚のすぐ下の毛細血管が閉じ、その部分に栄養が行きわたらないため、皮膚やその周辺の組織が死滅する状態のことを褥瘡といいます。なお、褥瘡とは一般的には床ずれといいます。

Q15 外観を整え着心地を確認するのはなぜですか。

A 吉さんは左半身麻痺があるので、着心地に不快な部分があっても自分で整えることができません。また、吉さんは言語障害があり簡単な会話しかできないため、介護者は吉さんの声や表情からも着心地を確認することが大切です。

第2部　生活行動を支援する技術

4 身体の清潔

scene 11　ストレッチャー浴

〈支援場面〉

○入所して4週間（1か月）後○　　健康度　低 中 高

　吉さんは、先日転倒し腰痛が発症したため、ベッドに安静臥床している時間が長くなっています。吉さんが入浴を希望し、医師からの許可も出たため、今日は吉さんの不安に配慮してストレッチャー浴での入浴を行います。

　衣類を脱いで入浴用ストレッチャー上に臥床している吉さんを、ストレッチャー浴での入浴の支援を行います。

　なお、吉さんのプライバシーを確保するため、身体には浴用タオルとバスタオルを重ねてかけてあります。

　介護者は2人（主担当：A、補助：B）で支援を行います。

〈支援のポイント〉

1. 「できる能力」を可能な限り活用してストレッチャー浴の支援をする。
2. 腰部の安静を保ちながら安楽に行う。
3. 火傷や転落等に注意して、安全な入浴を支援する。
4. プライバシーや羞恥心に十分配慮する。

〈必要物品〉

①石鹸　②ハンドタオル（身体用、陰部用）　③バスタオル　④洗身用ストレッチャー　⑤浴用タオル　⑥シャンプー・リンス　⑦バケツ

支援の方法と言葉がけの例

● あいさつ

❶　A：ストレッチャー上に臥床している吉さんと目線を合わせ、名前を呼びながら笑顔であいさつをします。

> 吉さん、こんにちは。
> 今日お世話をさせていただきます
> ○○といいます。
> よろしくお願いします。

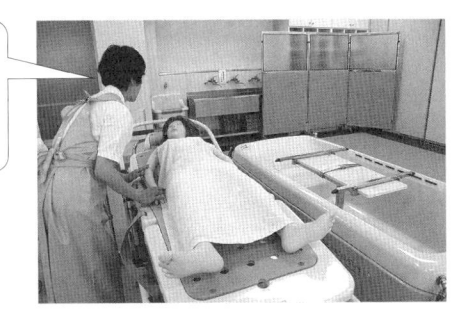

● **体調確認**

❷ A：吉さんの様子や体調を確認します。

> 吉さん、ご気分は
> よろしいですか。

● **説明と同意**

❸ A：吉さんにストレッチャーで入浴することを説明し同意を得ます。

Q1 参照

> これから身体を洗って、こちらの浴槽でお湯に
> 入っていただいてもよろしいでしょうか。
> 私がお手伝いをさせていただきます。

● **排泄の確認**

❹ A：入浴支援の前に、吉さんの排泄の有無を確認します。

> トイレのほうは
> 大丈夫ですか。

● **物品の点検とセッティング**

Q2 参照
Q3 参照
Q4 参照

❺ A：手が届く範囲に台車が用意され、その上にハンドタオル、浴用タオル、バスタオル、石鹸、シャンプーが置かれているか、ストレッチャーのストッパーはロックされているか、介護者Bとストレッチャーを挟んで対面して配置しているか、浴槽にお湯は入っているか、お湯は適温かなどを確認します。

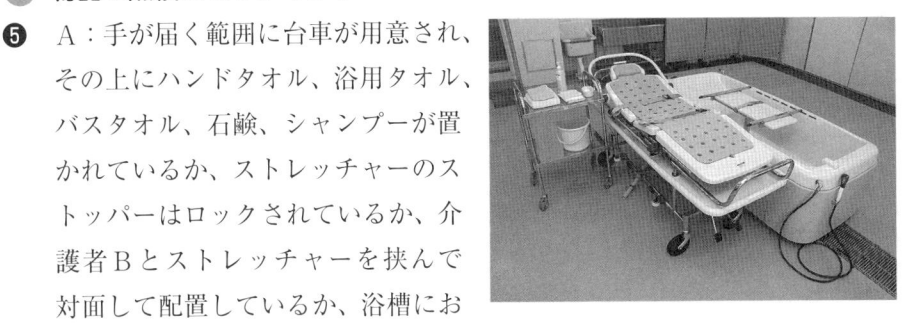

第2部 生活行動を支援する技術

● プライバシー保護

❻ A：吉さんの身体にかけてあったバスタオルを取り除き、胸から陰部にかけて浴用タオルで覆われていることを確認します。

Q 5 参照

● かけ湯

❼ A：自身の前腕内側にお湯をかけ、湯温の確認をします。

Q 6 参照
Q 7 参照

　その後、吉さんの健側（右）の前腕内側にて湯温の確認をしてもらい、了承の後に身体の末梢から中枢に向かって徐々に肩までかけます。

　この際、自身の指や片方の手背を常にシャワーの湯につけて、湯温の変化がわかるようにします。

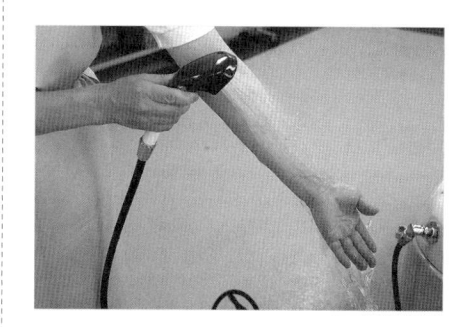

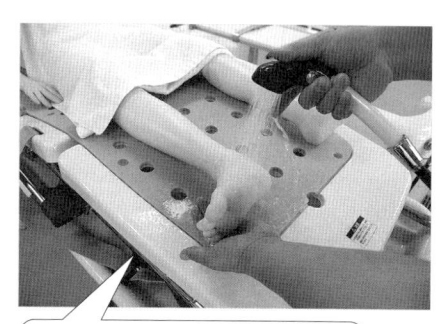

> お湯の温度はこれで良いですか。
> 足から順番にお湯をかけますね。

● 陰部、臀部の洗浄

❽ A：ハンドタオル（陰部用）に石鹸をつけ、陰部と臀部を洗浄します。
【p.131「清拭と身じたく」参照】

Q 8 参照

> 陰部と臀部を洗います。

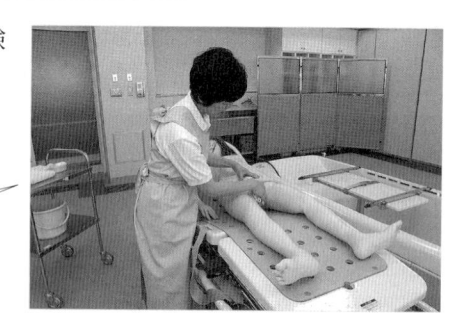

● 安全確認

❾ A：吉さんの同意を得て、身体をベルトで固定します。吉さんに安全バーを握るように促します。

Q 9 参照

> 安全のためにベルトをしてもよろしいですか。
> こちらの安全バーをこちらの手(右手を示して)で持ってください。

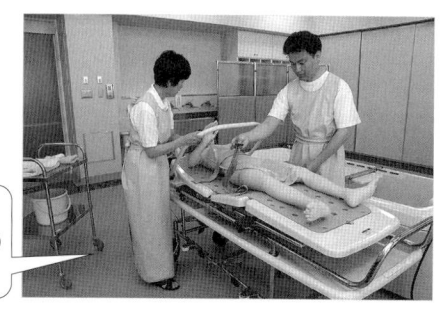

● 説明と同意

❿ Ａ：吉さんの気分の確認を行い、支障がなければお湯につかることと、その方法（入浴用ストレッチャーを昇降機浴槽に接続させ、昇降機浴槽にスライドする）を説明し、同意を得ます。

Q10 参照

> ご気分は悪いところはありませんか。
> これから、こちらの浴槽に移動してお湯に入っていただきます。
> 移動の際は、身体が揺れますので注意してください。

● 湯温確認

⓫ Ａ：昇降機浴槽内の湯温を、ストレッチャー浴の温度計の数値とともに、自身の指などで直接お湯にふれて確認します。

Q11 参照

● 浴槽の接続

⓬ ＡＢ：入浴用ストレッチャーを昇降機浴槽に接続させ、ストッパーをロックします。

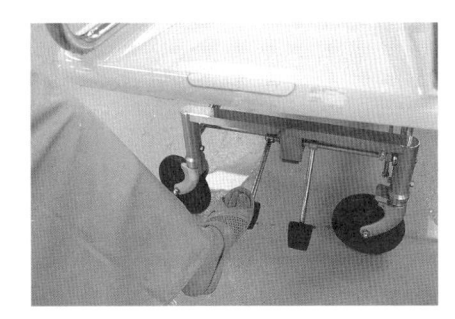

Q12 参照

● 浴槽への移動

⓭ Ａ：介護者Ｂが昇降機浴槽の反対側に立ったことを確認し、入浴用ストレッチャーを昇降機浴槽にスライドさせます。
Ｂ：昇降機浴槽の反対側に立ち、介護者Ａがスライドしたストレッチャーを受け取り、昇降機浴槽上にロックされたか確認します。

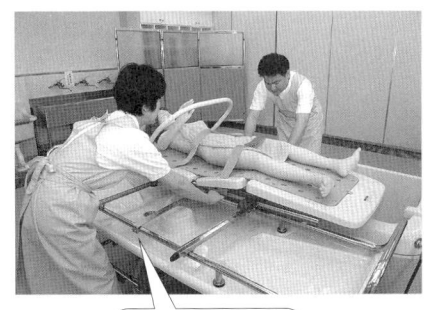

Q13 参照

> 浴槽に移ります。

第2部　生活行動を支援する技術　103

● **昇降機浴槽の操作**

Q14 参照

⑭ A：吉さんのベルトを外し、健側（右）の前腕内側に浴槽内のお湯をかけ、湯温を確認してもらいます。

　昇降機浴槽を操作し、浴槽を段階的に上昇させ、身体がストレッチャーと浴槽に挟まっていないかなどを確認しながら心臓の高さまでお湯につかるようにします。

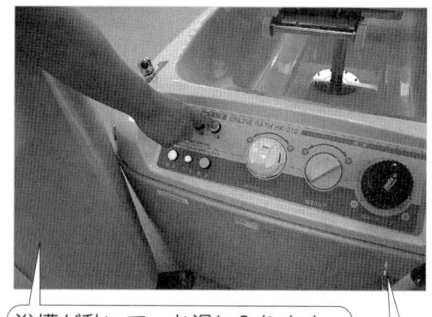

> 浴槽が動いて、お湯に入ります。
> お湯加減はよろしいですか。
> もう少し浴槽が上がります。

● **安全・体調の確認**

Q15 参照

⑮ A：吉さんの身体がずり落ちていないか、体調は悪くないかなどを確認します。

Q16 参照

⑯ AB：吉さんがお湯につかっている間、顔色に変化がないかなどを確認し、様子をみながら上下肢のマッサージを行います。

　お湯につかる時間は5分程度が望ましいです。

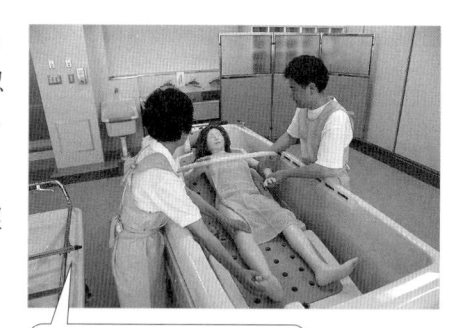

> ご気分は悪くないですか。

● **昇降機浴槽の操作**

Q17 参照

⑰ A：吉さんにお湯から出て入浴用ストレッチャーに移ることを伝え、同意を得たら昇降機浴槽を操作し、浴槽を段階的に下降させます。

　この際、吉さんの身体がストレッチャーと浴槽の間に挟まっていないか確認します。

> そろそろお湯から出ていただいてもよろしいですか。
> 浴槽を下げて、あちらのストレッチャーに移っていただきます。

> 身体が少し重く感じると思いますので、気分が悪くなったら教えてください。

● ストレッチャーへの移動

⑱ ＡＢ：吉さんが浴槽から完全で出たことを確認したら、入浴用ストレッチャーが昇降機浴槽に接続されて、ストッパーがロックされているのを確認し、介護者は昇降機浴槽と入浴用ストレッチャーの両側に配置します。

吉さんの同意を得て、身体をベルトで固定します。吉さんに安全バーを握ってもらい、ストレッチャーをスライドさせます。

この際、受けての介護者Ａは、吉さんがストレッチャーから落ちないように注意します。

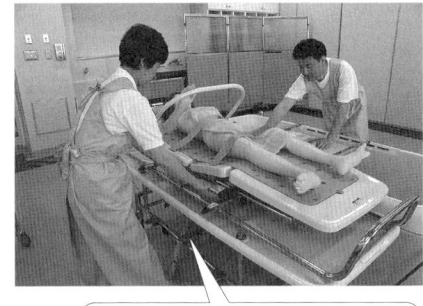

> ストレッチャーに移る際は、揺れますのでご注意ください。

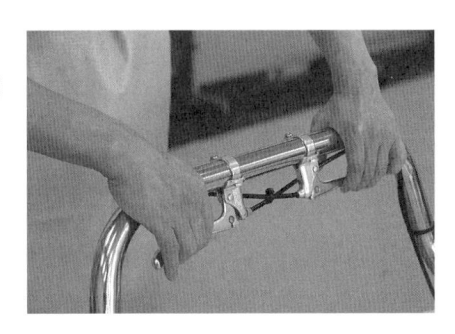

⑲ ＡＢ：介護者の手元の操作により、入浴用ストレッチャーと昇降機浴槽のロックを解除し、入浴用ストレッチャーを浴槽から離します。

● 洗髪

⑳ Ｂ：洗髪では、吉さんの同意のもと、仰臥位（ぎょうがい）の状態から頭部のみを下げます（ヘッドレストを下げます）。

> 髪を洗いますので、頭の部分を下げてもよろしいですか。

Ｑ⑱参照

第２部 生活行動を支援する技術

㉑ B：吉さんの顔面にハンドタオルを乗せ、シャワーで頭部に湯をかけます。
髪になじんだところで介護者の手にシャンプー液を取り、手になじませます。吉さんの頭髪にシャンプー液をつけ、泡立てます。

Q 19 参照

洗髪は頭部の側頭部から頂頭部に向かって洗うようにします。随時、声をかけて体調を確認します。
A：吉さんの身体が冷えないように、全身にシャワーをかけます。

> 顔が濡れないようにタオルを置いてもよろしいですか。お湯をかけます。

> シャンプーで洗います。

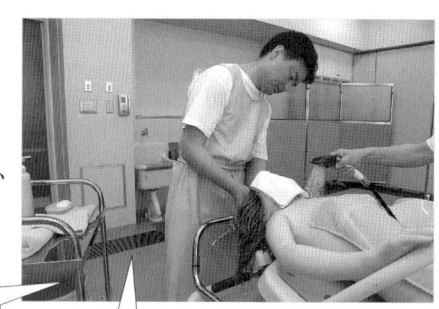

㉒ B：シャワーにて頭部の泡を洗い流します。リンス等は吉さんの好みに応じて同様の方法で実施します。

Q 20 参照

> お湯で流します。
> リンスを使いますか。

● 洗顔

㉓ B：ハンドタオル（身体用）をお湯で濡らし、吉さんの顔の清拭を行います。【p.127「清拭と身じたく」参照】

> 顔をタオルで拭きます。

● 洗身介助

㉔ A：吉さんの右側に立ち、ハンドタオル（身体用）に石鹸をつけた状態で手渡し、吉さんにできるところは洗ってもらいます。
吉さんが自力でできない部分は支援します。この際、同時に皮膚や気分の観察を行います。

Q 21 参照
Q 22 参照
Q 23 参照

B：吉さんの左側に立ち、常に自身の指などで湯温を確認しながら、シャワーで吉さんの身体を温めつつ石鹸を落としていきます。

> このタオルでできるだけ自分の身体を洗っていただけますか。

> 手の届かない部分等は私がお手伝いをします。

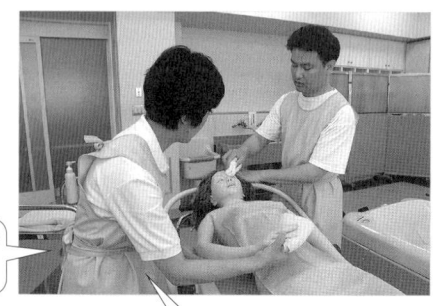

㉕ Ａ：吉さんに背中を洗うことを伝え、右側臥位にして身体を対面で支えます。
Ｂ：吉さんの背中を洗います。

> 背中を洗うため、右側を向いていただいてもよろしいですか。

> 私がお手伝いをさせていただきます。

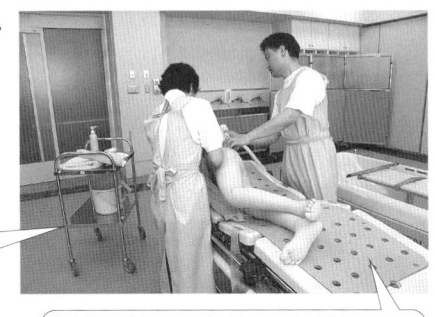

● 入湯

㉖ Ａ：吉さんの体調を確認し、再度お湯に入る支援を行います。【❾～⓲同様】

● 上がり湯

㉗ ＡＢ：吉さんに上がり湯を行うことを説明し、同意を得たら全身にシャワーをかけます。

> シャワーをかけてもよろしいですか。

● 湯上がり支援

㉘ Ａ：吉さんの身体上にある濡れたタオルを取り除き、乾いたタオルを乗せます。

> 濡れたタオルを新しいタオルと交換してもよろしいですか。

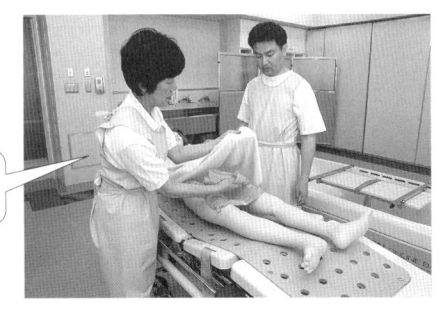

● 気分の確認

㉙ Ａ：体調を確認し、ストレッチャー浴が終了したことを伝えます。

> 気分が悪いことはありませんか。これで終わります。お疲れさまでした。

> 身体を拭いて着替えが済みましたら、お茶などの水分をお持ちします。

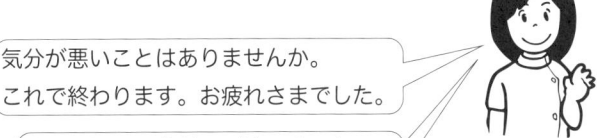

スキルアップQ&A

Q1 説明をする際に注意することはありますか。

A 介護者にとっては日常的に行っている行為であっても、常に分かりやすく丁寧に説明することが求められます。要介護者にとっては初めてであったり、認知症などにより、入浴の方法を忘れている場合が予測されるからです。今回の事例では、吉さんは転倒後の入浴でもあり、ストレッチャー浴が初めてであることが予測されるため、吉さんの不安に配慮して声をかけてください。

Q2 介護者の手の届くところに物品を用意するのはなぜですか。

A 介護者の支援を行っている間に、必要物品をその都度、取りに行く「無駄な動き」が生じないようにするためです。特に入浴時は要介護者の肌が露出しているため、事故のリスクが高く、介護者は常に要介護者から目を離さないような事前の準備が必要です。

Q3 介護者が吉さんの左右に配置されているのはなぜですか。

A ストレッチャーはベッドに比べ幅が狭く、また柵もないために、要介護者が身体を動かす際に転落する可能性があります。それを予防するために、介護者は左右に配置する必要があります。

Q4 お湯の適温は何度ですか。

A 夏場は38〜39℃、冬場は40℃前後が適温といわれています。ただし、要介護者本人の好みもあるため、希望を聞き心身の状況を確認しながら調整してください。

Q5 プライバシーに配慮して大きなタオルで覆ってはいけませんか。

A 大きなタオルで覆うことは適しません。要介護者はプライバシーに配慮するため、身体をタオルで覆った状態で湯につかります。湯の中では特に感じませんが、湯から上がるときに、水分を含んだタオルの重みと水中の浮力から開放された重力は、要介護者に大きな重さとなり負担となります。そのため、重さを少しでも減らすために浴用タオルで身体を覆うほうが望ましいといえます。

Q6 前腕内側で湯温を確認するのはなぜですか。

A 身体のほかの部分に比べ、比較的温度を感じやすいからです。

Q7 末梢から中枢に向かってお湯をかけるのはなぜですか。

A 足などの心臓に遠い部分（末梢）から心臓（中枢）に向かってお湯をかけることで、湯温に身体が徐々に慣らすことができるため、心臓の負担を最小限にすることができるからです。

Q8 最初に陰部と臀部を洗うのはなぜですか。

A 個人の浴槽であれば、身体を軽く流してからお湯に入ることもありますが、施設の浴槽では複数の方が利用するため、お湯をできるだけ汚さないようにするための配慮が必要となります。

Q9 ベルトで身体を固定することは身体拘束になりませんか。

A ストレッチャーをスライドさせる際には大きく揺れるため、転落防止のためにもベルトで身体を固定することは安全対策として必要です。しかしそれ以外の場面では、介護者が付き添うことで事故防止が可能となり、無駄にベルトを着用する必要はありません。また浴槽内では浮力が働き、ベルトで締めつけられ、腹部が圧迫されるため、リラックスした入浴を行うことができなくなります。

Q10 洗身で気分が悪くなることはありますか。

A 洗髪では頭が多少でも揺れるため、体調確認は必要です。またストレッチャー浴を利用する方は虚弱な方が多いので、その都度、体調を確認する必要があります。

Q11 温度計の数値のみの確認ではいけませんか。

A 温度計は数値を測定するまでに時間を要し、また壊れている場合もあります。そのため介護者の肌でも確認し、二重にチェックすることで要介護者の安全な入浴につながります。

Q12 入浴用ストレッチャーを昇降機浴槽に接続固定した後、さらにストッパーをロックする必要はありますか。

A 入浴時の事故は大事故に発展するおそれがあるため、二重のチェックは必要です。この場合、接続がトラブルで外れてしまってもストッパーをしていることで要介護者の転落防止につながります。

Q13 介護者が反対側に立つ理由は何ですか。

A スライドさせた際、浴槽中央で止まらずに反対側に滑ってしまい、そこから転落する可能性があります。昇降機浴槽は入浴用ストレッチャーが左右に移動できるように設計されている場合が多いため、このようなトラブルは十分に予測されます。本来は浴槽中央でロックされる設計ですが、機械は故障もあるため、過信しないようにしましょう。

Q14 浴槽を段階的に上昇させるのはなぜですか。

A お湯の温度には個人差があるため、確認してもらうことと、身体が機械に挟まった場合、速やかに発見し対応できるようにするためです。特に患側は要介護者本人も気がつかないうちに挟まってしまい、創傷につながる可能性があるため、介護者が注意を払う必要があります。

Q15 浴槽内で身体がずり落ちることはありますか。

A お湯の中では浮力が働くため体重が10分の1の軽さになります。特に臥床した状態での入浴では、身体を支えることができないため、ずり落ちるなど、最悪の場合は溺水につながることもあり、注意が必要です。少しでも支えられるように「手すりにつかまってもらう」、「膝が曲げられるようにする」、「浴槽と足底の間に当てものをして身体を支えられるようにする」ことが大切です。

Q16 お湯の中でマッサージをする理由は何ですか。

A 身体を温めることで関節が動かしやすくなり、拘縮している部分をマッサージすると緩慢になります。さらに血行が促進しリラックス効果が高まります。また、安全確認のために見守りは必要ですが、何もしないで見られていてはリラックスできないため、マッサージなどを行うことで自然に見守ります。

Q17 お湯から出た際に身体が重く感じられるのはなぜですか。

A お湯の中では浮力が働いているため、体重が10分の1の軽さになります。しかし、昇降機浴槽が下降するときに胸腹部に水圧がかかるとともに、お湯から出ると本来の重力がかかるため身体が重く感じられます。

Q18 頭を下げるのはなぜですか。

A 洗髪の際に目にシャンプーが入ることは要介護者にとって不快であり、拒絶反応によりストレッチャーから転落する事故に発展する可能性もあります。そのため、お湯が顔にかからないように頭を下げます。頭部を下げられない場合にはシャンプーハットを活用する方法もあります。

Q19 洗髪の際に側頭部から頭頂部に向かって洗うのはなぜですか。

A 頭皮（毛根部）を十分に洗うことができるように、側頭部から頭頂部に向かって洗うと、汚れを落としやすくなります。

Q20 シャンプー以外は好みでよいですか。

A 現代ではリンスやトリートメント等を使用するのは男女問わず当たり前になっていますが、昔の時代はそうではなく、石鹸のみで頭を洗う方もみられます。その方の生活習慣を尊重した支援をしてください。

Q21 ストレッチャー浴でも要介護者自身に洗ってもらう必要がありますか。

A いつでも要介護者本人の「できる能力」を活用できるような働きかけは、介護を行う上で必要な支援となります。特に吉さんの場合は、転倒したばかりであるため、意欲向上の意味も含めて、できることは促していく必要があります。

Q22 介護者1名が常にシャワーを吉さんにかけているのはなぜですか。

A 気化熱により、身体を洗っている間にも身体は冷えてきます。そのため常に身体を温めることを目的としてシャワーをかける必要があります。
気化熱とは、身体についている湯が気体に蒸発する際の熱です。このとき、身体の熱も一緒に奪われてしまいます。

第2部 生活行動を支援する技術

Q23 主担当が右側に立つのはなぜですか。

A 右側臥位(そくがい)にしたときに、常に吉さんの顔や様子を観察する役割があるからです。

Q24 洗身をする際の注意点は何ですか。

A 可能な限り「できる能力」を活用するため自力で洗える部分は促すようにしてください。しかし狭いストレッチャー上では転落する可能性があるため、介護者は常に安全に対する支援が必要になります。

Q25 乾いたタオルに交換したのはなぜですか。

A 身体についている湯が蒸発する際に、身体の熱も一緒に奪われてしまい、そのために身体が急激に冷えてしまいます(気化熱)。それを防ぐためにタオルで身体を覆う必要があります。

Q26 入浴後に注意することはありますか。

A バイタルサインを確認することで異常がないかチェックします。また入浴後は脱水傾向にあるため、必ず水分補給を行い、30分程度は安静にしてください。

scene 12　家庭浴槽での入浴

〈支援場面〉

○入所して7週間後○　　健康度　低 中 **高**

3週間前の転倒以降、吉さんの体調は徐々に安定してきました。手すりにつかまれば、立ち上がりが自力でできるようになったため、在宅復帰に向けて家庭浴槽での入浴の練習をすることにしました。

吉さんは、バスタオルを身体に巻いて、浴槽のシャワーチェアに腰かけています。

〈支援のポイント〉

1. 火傷や転倒等に注意して安全な入浴を支援する。
2. 「できる能力」を可能な限り活用し、家庭浴槽での入浴を支援する。
3. 意欲が向上するような声掛けをして見守る。
4. プライバシーや羞恥心に十分配慮する。

〈必要物品〉

①シャワーチェア　②バスボード　③滑り止めマット　④バスチェア　⑤石鹸
⑥ハンドタオル（洗身用、陰部用）　⑦バスタオル　⑧浴用タオル　⑨バケツ

支援の方法と言葉がけの例

● あいさつ

❶ 吉さんと目線を合わせ、名前を呼びながら笑顔であいさつをします。

Q1 参照
Q2 参照

> 吉さん、こんにちは。
> 今日お世話をさせていただきます
> ○○といいます。
> よろしくお願いします。

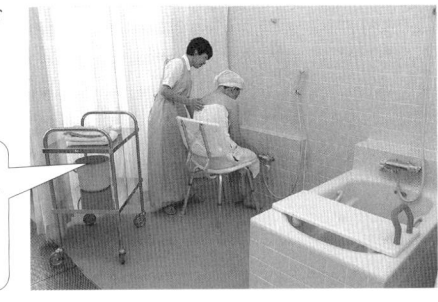

● 体調確認

❷ 吉さんの様子や体調を確認します。

Q3 参照

> 吉さん、ご気分はよろしいですか。

● 説明と同意

❸ 吉さんにシャワーチェアで身体を洗い、入浴することを説明し同意を得ます。

Q4 参照

> このまま身体を洗って、こちらの浴槽（家庭浴槽を示して）にてお湯に入っていただきますが、よろしいでしょうか。
> 私がお手伝いをいたします。

第2部　生活行動を支援する技術　113

● **排泄の確認**

❹ 入浴支援の前に、排泄の有無を吉さんに確認します。

> トイレのほうは大丈夫ですか。

● **物品の点検とセッティング**

❺ シャワーチェアは安定しているか、バスボードは浴槽にしっかり固定され適切な位置に設置されているか、浴槽の中にバスチェアと滑り止めマットは敷いてあるか、湯は適温（約40℃）か、湯量は適切（浴槽の7分目）かを確認します。

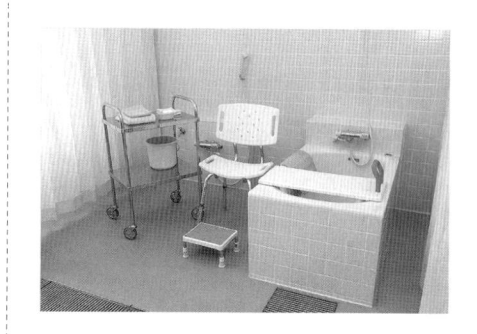

Q5 参照
Q6 参照
Q7 参照

● **かけ湯**

❻ 介護者の前腕内側にお湯をかけ、湯温の確認をします。

Q8 参照
Q9 参照

その後、吉さんの健側（右）の前腕内側にて湯温の確認をしてもらい、了承の後に身体の末梢から中枢に向かって徐々に肩までかけます。この際、介護者の指や片方の手背を常にシャワーの湯につけて、湯温を確認します。

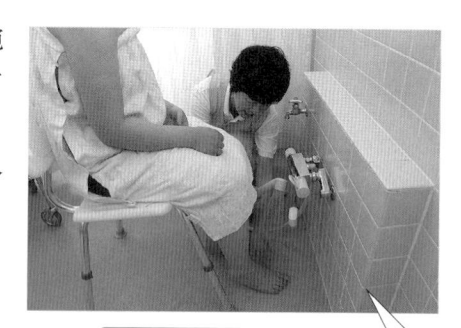

> お湯の温度はこれでよいですか。
> 足から順番にお湯をかけますね。

● 移動

❼ 吉さんの立ち上がりと、バスボードへの移乗を支援します。【p.60「車いすへの移乗」参照】

> こちら（バスボードを示して）に移っていただいてもよろしいでしょうか。私がお手伝いいたします。

❽ 吉さんに健側（右）の足に重心をかけ、少し前かがみになってもらい、臀部をバスボードに乗せるように促します。

Q 10 参照

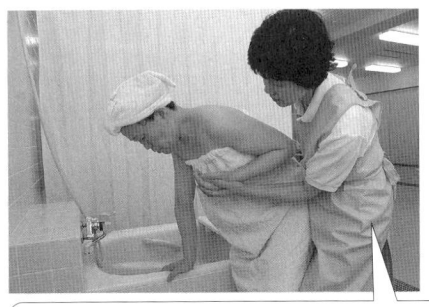

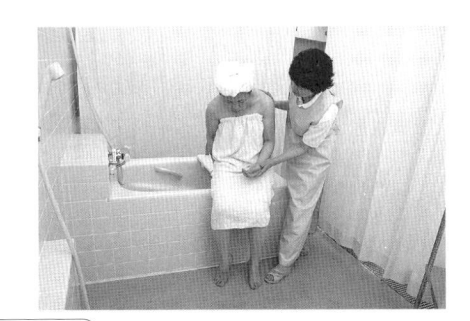

> こちらの足（右足を示して）に体重をかけながら、浴槽のボードに乗り移っていただけますか。

❾ 吉さんに健側（右）の足を先に入れてもらいます。患側（左）の足は健側（右）の手で持ち上げて浴槽に入れるように促します。吉さんが転倒しないように見守り、必要に応じて患側（左）を介護者が支援します。

Q 11 参照

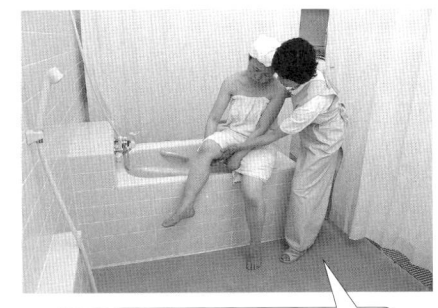

> こちらの足（右足を示して）を先にお湯に入れてください。

> こちらの足（左足を示して）は、手で持ち上げてお湯に入れてください。

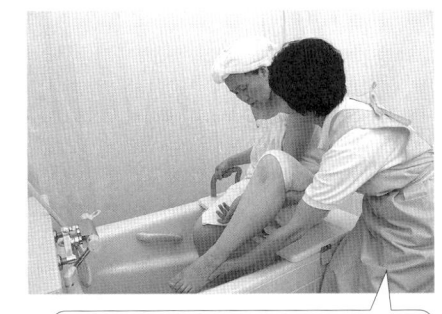

❿ 吉さんに健側（右）の足に重心をかけてもらい、健側（右）の手で正面の台につかまってもらい、体を支え前かがみになって腰を浮かすように促します。

Q12 参照
Q13 参照

その後、バスボードを外すことを説明して、速やかに外します。

> こちらの足（右足を示して）に重心をかけ、正面の台につかまって前かがみになって腰を浮かしてください。

> 私がバスボードを外します。

● 入湯

Q14 参照

⓫ 吉さんの腰部を両側より支え、ゆっくりと浴槽の湯内のバスチェアに腰かけてもらいます。

> ゆっくりお湯の中のいすに腰かけてください。

Q15 参照
Q16 参照

⓬ 吉さんがお湯につかっている間、表情や状態の観察を行い、気分を確認しながら見守ります。
　5分程でお湯から出るように促します。

> お湯加減はよろしいですか。

> そろそろお湯から出ましょうか。

● 移動

Q17 参照

⓭ 吉さんに健側（右）の足を少し引き、健側（右）の手で手すりにつかまってもらい、前傾姿勢で立ち上がるように促します。介護者は左後方に立ち、吉さんが臀部を持ち上げた際には、吉さんの腰部を支えます。
　介護者は、バスボードを置くことを伝え、吉さんが腰をかがめた状態のときに置きます。

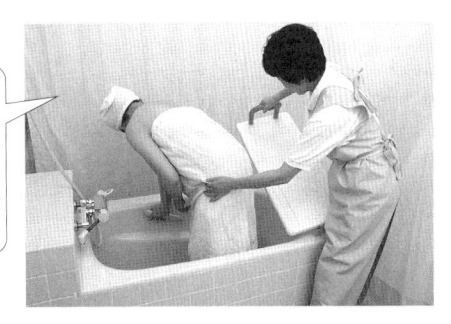

> こちらの足（右足を示して）を引いて、
> 手すりにつかまって前傾姿勢でゆっくり
> 立ち上がってください。
> 後ろにボードを置きますので、そのまま
> お待ちください。

❹ 吉さんがバスボードに座ったことを確認後、右手をバスボードについてもらい、浴槽から出るほう（左側）に寄ってもらいます。

吉さんに健側（右）の手でバスボードの手すりをつかんでもらいます。

介護者が患側（左）の足を浴槽から出し、吉さんに健側（右）の足を出してもらうように促します。この際、介護者は、吉さんが転倒しないように見守ります。

座位が安定していることを確認した後、シャワーチェアへの移動を支援します。

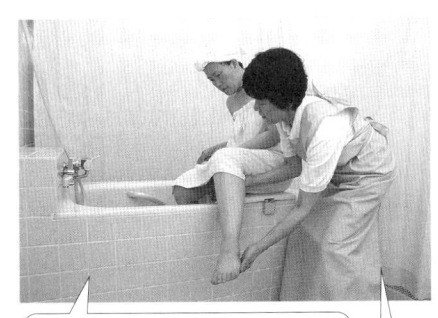

Q 18 参照

> こちらの手（右手を示して）をバ
> スボードについて、身体を出る
> ほう（左側）に寄せてください。
>
> こちらの手（右手を示して）で
> 手すりにつかまってください。

> こちらの足（左足を示して）を
> 湯の外に出します。
>
> こちらの足（右足を示して）は
> ご自分で湯から出していただい
> てもよろしいですか。

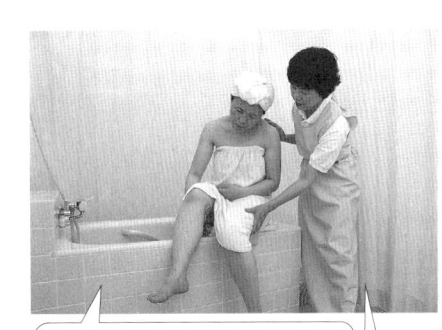

● **洗身**

❺ 吉さんの患側（左）に立ち、ハンドタオル（洗身用）に石鹸をつけた状態で吉さんに手渡し、できるところは洗ってもらいます。

Q 19 参照

> このタオルでできるだけ自分の
> 身体を洗っていただけますか。

第2部　生活行動を支援する技術　117

Q20 参照
Q21 参照

　　吉さんが自力で洗えない部分は、介護者が洗います。この際、腋や抱縮している関接部位など皮膚が密着している部分の洗い残しに注意します。また、同時に吉さんの皮膚や気分の観察を行います。

> 手の届かない部分等は私がお手伝いをします。

Q22 参照

⓰　吉さんの患側（左）に立ち、ハンドタオル（陰部用）に石鹸をつけ、吉さんに手渡し、陰部を洗い流すように促します。

> このタオルでこちらを洗っていただけますか。

Q23 参照

⓱　吉さんの手についた石鹸をシャワーで流した後、健側（右）の手で洗面台や手すりにつかまり、腰を浮かしてもらいます。
　　この際、介護者は、吉さんの患側（左）を支えながらハンドタオル（陰部用）で臀部を洗います。

> お尻を洗いますので、こちらの手すりにつかまって少し立ち上がっていただいてもよろしいでしょうか。

Q24 参照

⓲　吉さんの臀部の石鹸を介護者がシャワーで流した後、再び吉さんにシャワーチェアに座ってもらいます。

> お尻を洗い流しましたので、もう一度、ゆっくりいすに座っていただいてもよろしいでしょうか。

⓳　介護者は、シャワーの湯温を確認します。【❻同様】
　　吉さんの了承を得た後、身体に石鹸が残らないよう皮膚が密着しているところや背部なども十分に流します。

> シャワーのお湯の温度はこれでよろしいでしょうか。身体の石鹸を流します。

● 入出湯

⑳ 家庭浴槽に移動し、お湯に入る支援を行います。【❼〜⓮同様】

Q25 参照

● 気分の確認

㉑ 吉さんの身体にバスタオルをかけて、簡単に水分をぬぐい、吉さんの様子や体調を確認します。

Q26 参照
Q27 参照

> 吉さん、ご気分はよろしいですか。

スキルアップ Q&A

Q1 浴室内の適温は何度ですか。

A 室温は26〜28℃に設定するのが望ましく、浴槽の湯気やシャワーを流すことで温度を高めます。最近では、浴室に暖房器具が設置されている場合もあります。なお、脱衣室の室温も同じに保つことが望ましいです。

Q2 タオルで身体を覆うのはなぜですか。

A 浴室では肌が露出するため、プライバシーに配慮するとともに、防寒のためにバスタオルで身体を覆います。そのほか、かけ湯や洗身の際にもプライバシーに配慮して、陰部をタオルで覆う行為は、要介護者の尊厳を守ることにつながります。

Q3 入浴前の体調確認で注意することは何ですか。

A 入浴によって循環器系や呼吸器系に負荷がかかりますので、バイタルサインを測定する必要があります。体温が37.0℃以上もしくは平熱の±0.5℃以上の場合や高血圧のある場合は、医療従事者と相談しましょう。

Q4 シャワーチェアとはどのようないすですか。

A 足には滑り止めがついており、浴室で使用するに適したいすです。座位保持が可能な方が利用します。

Q5 健側に浴槽がくるようにシャワーチェアを置くのはなぜですか。

A 浴槽の湯に足を入れる際、健側から先に入る必要があります。理由としては、まず湯温を確認できることと、お湯の中では浮力が働くため、健側でないと踏ん張れないためです。以上により、健側から湯に入れるよう、シャワーチェアを事前に配置する必要があります。

Q6 浴槽内の湯量を7分目にするのはなぜですか。

A 心臓の位置より高く湯につかると、心肺機能に負荷がかかるため、事前に7分目位にします。ただし、要介護者本人の生活習慣や好みがあるため、それらに配慮した湯量にしてください。

Q7 バスボードやバスチェアはどのようなものですか。

A バスボードは家庭浴槽の上に座れるように渡す板です。浴槽に固定できるように裏側にさんがついています。バスチェアは、浴槽内で腰をかけられことを目的とした、浴槽に入る程度の大きさのいすです。

Q8 要介護者の陰部に汚れが目立つときはどうしたらよいですか。

A シャワーのかけ湯のみでは十分に汚れが落ちないので、石鹸で洗う必要があります。

Q9 末梢から中枢に向かってお湯をかけるのはなぜですか。

A 足など心臓から遠い部分（末梢）から心臓（中枢）に向かってお湯をかけることで、湯温に身体が徐々に慣らすことができるため、心臓への負担を最小限にすることができます。

Q10 バスボードを使用しないで家庭浴槽に入る方法はありますか。

A 浴槽の脇に設置したシャワーチェアから片足ずつまたいで浴槽に入る方法があります。この場合はシャワーチェア上で要介護者の身体の向きを浴槽側に変える必要があるため、回転盤（円状の板の上で、身体をスムーズに回転させることができる福祉用具）を活用するとスムーズに向きを変えることができます。

Q11 健側から浴槽に入るのはなぜですか。

A Q5と同じ理由で、健側の足で、湯温の確認を行うことや、湯につかる際の浮力に対して、踏ん張る必要があるからです。

Q12 バスボードを外すのはなぜですか。

A バスボードを外さなければ、湯につかる際に身体の向きを変えなければなりません。吉さんは手すりにつかまれば立位の保持が安定する状態ではあるものの、浴槽内での移動は最小限にする必要があります。そのため、バスボードは外さなければなりません。

Q13 入浴時の移乗支援で介護者はどのように身体を支えたらよいですか。

A 吉さんのように移乗が自力で行える場合は、介護者は患側を支える程度でよいでしょう。不安定な方に対しては、腰部に安全ベルト（要介護者の腰部に巻き、それを介護者がつかむことで安全に支援ができる福祉用具）を利用する方法があります。

Q14 バスチェアに腰かける理由は何ですか。

A 半身麻痺の方や身体機能が低下している方の場合、いすを使用することでスムーズな立ち上がりや座位保持が可能となります。吉さんも同様であり、バスチェアを使用することで、安全・安楽な入浴につながります。

Q15 お湯に入る時間を5分程度としているのはなぜですか。

A お湯に入ることで、血液循環が活性化されるとともに身体が疲労します。そのため、要介護者には負担を最小限にする必要があるため、お湯につかる時間は5分程度を目安にしてください。洗身の時間も含めて、20分程度で入浴を終了したほうが要介護者の負担を最小限にすることができます。

Q16 お湯の適温は何度ですか。

A 好みを優先することも大事ですが、一般的に健常者では、夏場は37～39℃、冬場は40℃前後が適温といわれています。また、42℃以上の高温浴の場合は交

第2部　生活行動を支援する技術

感神経を刺激し、38℃の微温浴は副交感神経を刺激するので、慢性の便秘のある吉さんの場合は、微温浴が望ましいでしょう。

Q17 介護者が引き上げないで湯から出ることは可能ですか。

A 湯の中では浮力（湯の中にある物体が、重力と反対側にかかる力）が働き、体重は10分の1程度になります。そのためバスチェアに座っており、健側の足の位置が安定し、手すりを使用することで立ち上がることは可能になります。

Q18 患側の足を湯から出す際、要介助で行うのはなぜですか。

A 湯に入るときと違い、身体が疲労していることが予測されます。自力で患側の足を湯から出すために、手すりから健側の手を離すと、バランスを崩して転倒する恐れがあります。そのため、湯から出る際は介助を行います。

Q19 できるところを自力で洗ってもらうのはなぜですか。

A 吉さんは在宅復帰に向けて家庭浴槽を使用しています。身体機能も健側（右側）の上肢は安定しているため、可能な限り「できる能力」を活用し、心身機能維持および向上をめざすことが望まれます。

Q20 皮膚や気分の確認をする必要がありますか。

A 入浴時は皮膚観察ができる機会となります。発赤や傷などを確認し、異常があれば医療従事者に報告する必要があります。また、体調の変化を常に確認し、異常があれば入浴を中止するなど、速やかに対応するようにしてください。

Q21 皮膚が密着しているところを特に注意するのはなぜですか。

A 腋や拘縮している関節部位など皮膚が密着している部分は汚れが溜まりやすい一方で、洗いにくい場所でもあります。そのため、その部分に細菌が繁殖し異臭や皮膚障害が起こらないように、入浴時にはよく洗うようにしてください。拘縮の場合は、無理に動かすと骨折につながることがありますが、湯の中では関節が柔らかくなるため、入浴時に洗うのは効果的な方法となります。

Q22 介護者が患側に立つのはなぜですか。

A 半身麻痺の要介護者がバランスを崩す場合、患側に転倒することが予測されます。そのため、事故を予防する意味で患側に介護者は立って介護します。

Q23 陰部と臀部の洗う順番はありますか。

A 臀部は特に不潔な部分であり、臀部を洗ったハンドタオルで陰部を洗うと、尿道から大腸菌が入り込み、感染症を起こす恐れがあります。特に女性は男性に比べて尿道が短いため、感染症が発症しやすく、また膣に菌が入ることを防ぐ意味でも、陰部から臀部に洗うようにしてください。

Q24 石鹸を流してから座る必要がありますか。

A 石鹸が残っていると滑りやすく、転倒の原因になります。そのため、床やいすで身体との接触面には、必ず石鹸が残っていないようにしてください。

Q25 上がり湯をかけなくてもよいですか。

A 日本の風呂文化は、浴槽の湯を交換せずに複数の人間が入ることで、湯が汚れているため、身体についた汚れを洗い流す意味で上がり湯をかけました。そのため、湯を個別に交換したり、個人用の浴槽の場合には上がり湯は必要ないと思われます。しかし昔の入浴方法を尊重することで、その時代の要介護者が満足されることが予測されるなら、上がり湯をかけたほうがよいでしょう。

Q26 すぐにバスタオルをかけたのはなぜですか。

A 身体についている湯が蒸発する際に、身体の熱も一緒に奪われてしまい、そのために身体が急激に冷えてしまいます（気化熱）。それを防ぐためにタオルで身体を覆う必要があります。

Q27 入浴後に注意することはありますか。

A バイタルサインを確認することで異常がないかチェックします。また入浴後は脱水傾向にあるため、必ず水分補給を行い、30分程度は安静にしてください。

第2部 生活行動を支援する技術

scene 13　清拭と身じたく

〈支援場面〉

○入所して11週間後○　健康度 低 中 高

　吉さんは1週間程前に胃腸かぜ様の症状が発症し、ベッド上にて安静にしています。

　吉さんの症状が軽快しているため、今日は病床での全身清拭と顔剃り（髭剃り）や耳掃除を行うことにしました。

　吉さんは、すでに掛け布団を綿毛布に交換しています。

〈支援のポイント〉

1. 冷感や体力の消耗による疲労感を与えないよう保温に注意し、効率よく支援する。
2. 全身に無理な物理的刺激（切傷や圧迫、温熱）が加わらないように安全に汚れを落とす。
3. 全身の血液循環を促進させるとともに、爽快感を与えられるように清拭を行う。
4. 皮膚や粘膜を傷つけないように、耳掃除や顔剃りを行う。

〈必要物品〉

①石鹸　②ピッチャー(ボトルややかん等)　③タオル類(バスタオル2枚、フェイスタオル2枚、ハンドタオル1枚、陰部用タオル、蒸しタオル)　④洗面器(すすぎ用)　⑤温度計　⑥新聞紙または雑巾　⑦安全カミソリ(T字型)　⑧耳かき　⑨綿棒　⑩ディスポーザブル手袋　⑪プライバシーカーテンもしくはスクリーン(つい立て)　⑫綿毛布

支援の方法と言葉がけの例

● あいさつ

❶ 吉さんの右側に立ち、目線を合わせ、名前を呼びながら笑顔であいさつをします。

> 吉さん、こんにちは。今日お世話をさせていただきます○○といいます。よろしくお願いします。

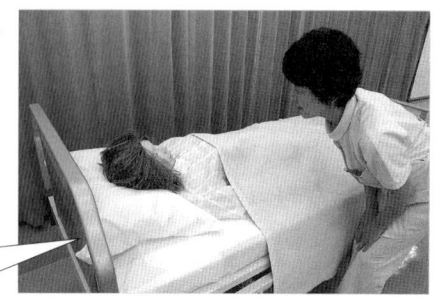

● 体調確認
❷ 吉さんのバイタルサインや顔色等により体調を確認します。

> 吉さん、ご気分はよろしいですか。

● 説明と同意
❸ 吉さんにこれから行う介護内容を説明し同意を得ます。

> 今日は体調もよいようなので、ベッド上で全身の清拭や耳掃除等を行いたいと思いますが、いかがでしょうか。私がお手伝いをさせていただきます。

● 排泄の確認
❹ 清拭の前に吉さんに排泄の有無を確認します。

> トイレのほうは大丈夫ですか。

● 物品の準備
❺ 物品について、欠陥がないか確認し、ワゴンに入れて、介護者の手が届くようにベッド脇に設置します。

● **環境の整備**

❻ 吉さんの同意により、プライバシーカーテンを閉めます。もしくはスクリーン（つい立て）を置きます。
　室温を24℃前後に調整します。また、ベッドを作業しやすい高さに調整します。

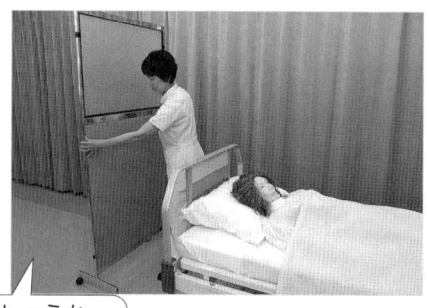

> つい立てを置いてもよろしいでしょうか。
> ベッドの高さを調整してもよろしいですか。

● **セッティング**

❼ 吉さんの掛け布団が綿毛布に交換されていることを確認した後、吉さんの首周りから胸部にかけてバスタオルで覆います。

（Q2 参照）
（Q3 参照）

> 掛け布団は交換されていますね。
> バスタオルを首元にかけます。

❽ 洗面器にすすぎ用のお湯を入れ、吉さんに支援の順番として、「①耳掃除」、「②顔剃り」、「③清拭（顔→上肢→体幹→下肢→陰部および臀部）」を説明します。

> まず、耳掃除を行います。次にお顔を剃ります。
> その後は顔、腕、身体、足、陰部や臀部の順に清拭を行います。

● **耳掃除**

❾ 吉さんの健側（右）の耳から始めます。鼓膜を傷つけないように、介護者から見える範囲の外耳道（入り口から1cm程度）のみ耳かきと綿棒で掃除します。

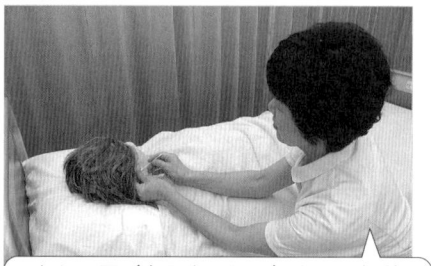

（Q4 参照）
（Q5 参照）
（Q6 参照）

> こちらの耳（右耳を示して）から耳掃除を行います。痛いときには教えてください。

> 痛くありませんか。

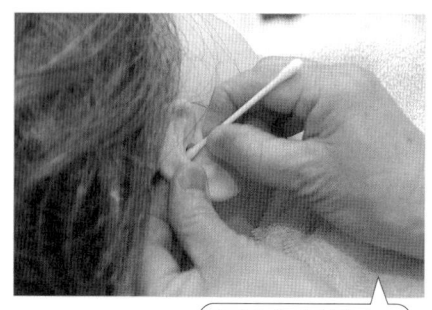

● **顔剃り**

Q7 参照

❿ 吉さんに説明した後、蒸しタオルをしぼり、顔の剃る部分に数分当てます。

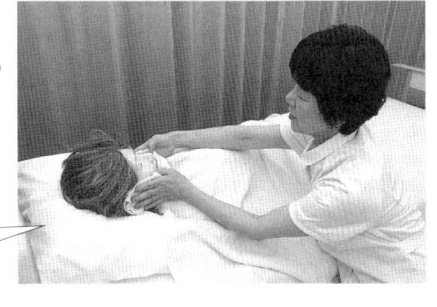

　　顔を剃る部分を蒸しタオルで少し温めます。

Q8 参照
Q9 参照

⓫ 介護者は手袋を着用し、片手で吉さんの皮膚を伸ばしながら髭の生える方向に沿って安全カミソリ（T字型）を使用します。

　　顔剃り後は、手袋を外し、手洗いをします。

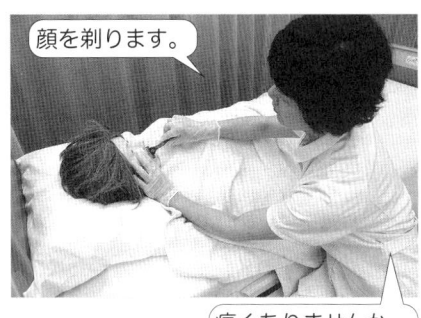

　　顔を剃ります。

　　痛くありませんか。

● **顔の清拭**

⓬ 吉さんの顔を清拭するため、蒸しタオルを小さくたたみます。

　　清拭は、①目、②額、③鼻、④頬、⑤口、⑥下顎、⑦耳の順番で行います。

Q10 参照
Q11 参照
Q12 参照

①：目頭から目じりにかけて拭き、1度使用した面で2度拭かないようにします。

②〜⑥：順番に左右それぞれを「3」の字を描くように、一筆で拭きます。

⑦：耳介や耳の後ろも丁寧に拭きます。
以上を2〜3回繰り返します。

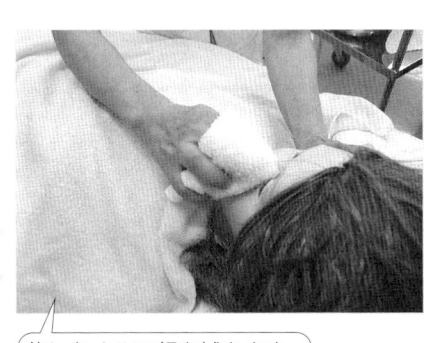

　　蒸しタオルで顔を拭きます。

● **上半身の脱衣**

Q13 参照

⓭ プライバシーに配慮して、吉さんの上半身の脱衣を支援します。【p.94「ゆかた寝巻きの交換」参照】

　　最初に清拭を行う健側（右）の上肢を綿毛布から出します。

　　身体を拭きますので、上着を脱いでいただいてもよろしいですか。私がお手伝いいたします。

第2部　生活行動を支援する技術

⓮　健側（右）上肢の下にバスタオルを敷きます。

> バスタオルを腕の下に敷きます。

● 上肢の清拭

⓯　蒸しタオルに石鹸をつけ、健側（右）の指先（末梢）から腋窩（中枢）にかけて清拭を行います。この際、清拭のタオルは肌から離れないようにし、指の間など肌が重なる部分も丁寧に洗います。

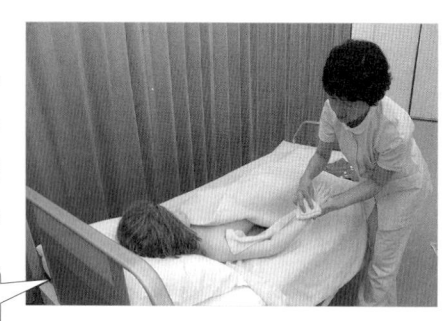

Q 14 参照
Q 15 参照
Q 16 参照

> 右腕を拭きます。痛いところはありませんか。

⓰　蒸しタオルで、⓯の順番で石鹸を十分に拭き取り、乾いたタオルで水分を拭き取ります。拭き終わったら、敷いてあるバスタオルで再度十分に水分を拭き取ります。
　患側（左）の上肢も同様の方法で清拭を行います。

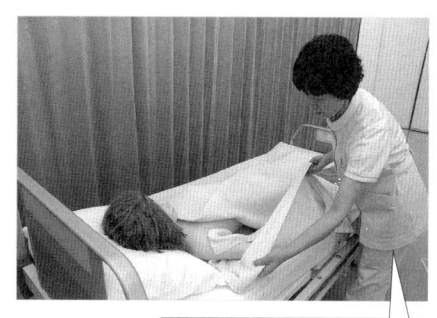

Q 17 参照

> 腕の石鹸を拭き取ります。

● 前胸部の清拭

⓱　綿毛布を下方へ折り返し、バスタオルで上肢、腹部を覆います。
　蒸しタオルに石鹸をつけ、前胸部の清拭を行います。この際、清拭のタオルは肌から離れないようにします。

Q 18 参照

　①頸部から胸部上側、②頸部から両肩部、③胸部の形状に沿って、内側より円を描くように清拭します。
　蒸しタオルで①〜③の順に石鹸を十分に拭き取り、乾いたタオルで水分を拭き取ります。

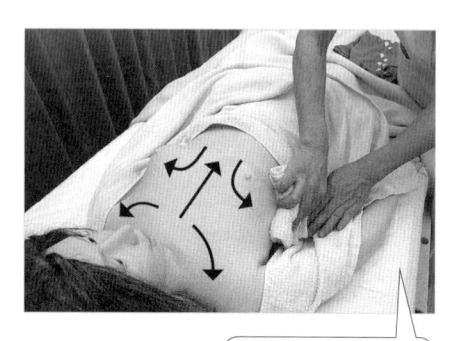

> 首や胸を拭きます。

⑱ バスタオルで前胸部を覆い、蒸しタオルに石鹸をつけ、腹部の清拭を行います。この際、清拭のタオルは肌から離れないようにします。

Q 19 参照

臍部を中心に、介護者からみて「の」の字を描くように清拭を行います。
蒸しタオルで石鹸を十分に拭き取り、乾いたタオルで水分を拭き取ります。

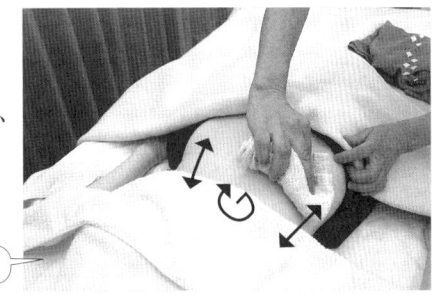

お腹を拭きます。

● 仰臥位から側臥位、半腹臥位

⑲ 背部の清拭を行うため、介護者は吉さんの右側から、対面法での半腹臥位への体位変換を支援します。
綿毛布を上方に上げ、腹部、前胸部を覆います。

Q 20 参照

背中を拭きますので、右の手足を使って右側を向いてください。

安定するように腰を少し引いてください。

● 背部の清拭

⑳ 蒸しタオルを広げ、背中全体に当て、その上からバスタオルで覆うようにして、数分間背中を温めます。

Q 21 参照

タオルで背中を温めます。

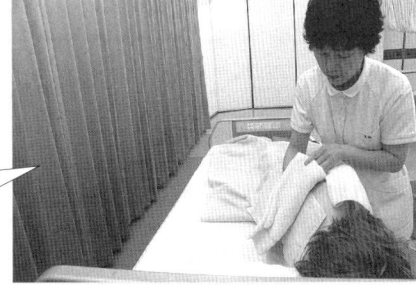

㉑ 蒸しタオルに石鹸をつけ、背部の清拭を行います。この際、清拭のタオルは肌から離れないようにし、拭き残しがないように注意します。

Q22 参照

頸部から肩甲骨にかけてと、背骨の周辺は頸部から腰部にかけて、上下に拭きます。

　肩甲骨から両背部にかけては、らせん状に拭きます。

　蒸しタオルで、上記の順番で石鹸を十分に拭き取り、乾いたタオルで水分を拭き取ります。

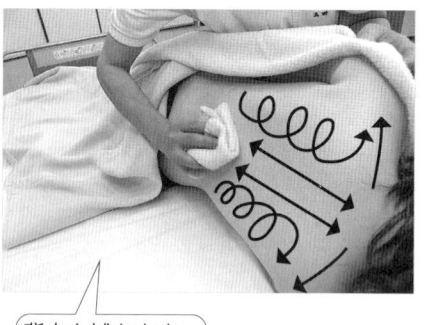

> 背中を拭きます。

● **上半身の着衣**

㉒ 吉さんに仰臥位(ぎょうがい)になってもらい、新しい上衣の着用を支援します。【p.95「ゆかた寝巻きの交換」参照】

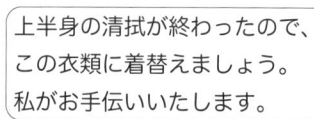

> 上半身の清拭が終わったので、この衣類に着替えましょう。私がお手伝いいたします。

● **下半身の脱衣**

㉓ プライバシーに配慮して、下半身の衣類の脱衣を支援します。

> 身体を拭きますので、ズボンを脱いでいただいてもよろしいですか。私がお手伝いいたします。

㉔ 吉さんに健側（右）の膝を立て、腰を浮かしてもらいます。
　腰が浮いたところで介護者は、吉さんのズボンとパンツを素早く下ろします。

Q23 参照

> ズボンを下ろすため、こちらの膝（右膝を示して）を立てて、腰を浮かしてください。

Q24 参照

㉕ 吉さんに健側（右）の膝を曲げてもらい、健側（右）のズボンとパンツを脱いでもらいます。

介護者は、患側（左）のズボンを脱がせ、素早くバスタオルで下半身全体を覆います。

> こちらの膝（右膝を示して）を曲げて、ズボンとパンツを脱いでください。
>
> 反対側（左側を示して）はお手伝いいたします。

● 下肢の清拭

㉖ 最初に清拭を行う健側（右）の下肢をバスタオルから出します。

㉗ 吉さんに健側（右）の膝を立ててもらいます。

蒸しタオルに石鹸をつけ、健側（右）の足先から膝、膝から大腿部にかけて清拭を行います。この際、清拭のタオルは肌から離れないようにし、指の間など肌が重なる部分も丁寧に洗います。

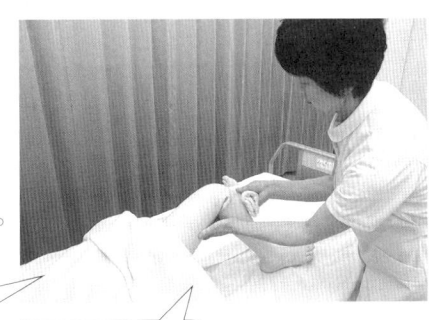

> 右膝を立てていただいてもよろしいですか。
>
> 右足を拭きます。
>
> 痛いところはありませんか。

㉘ 蒸しタオルで、㉗の順番で石鹸を十分に拭き取り、乾いたタオルで水分を拭き取ります。

患側（左）の下肢も同様の方法で清拭を行います。

> 足の石鹸を拭き取ります。
>
> 左足も拭きます。

● 陰部、臀部

㉙ 介護者は陰部用のタオルに変えて清拭を行います。

陰部から臀部の方向で、中央、両側の順に清拭を行います。

臀部は、外側から内側に、左右それぞれ円を描くように清拭を行います。

第2部　生活行動を支援する技術

❸⓿ 清拭終了後は、新しい下着とズボンの着用を支援します。

吉さんの踵をしっかりと把持して履かせます。

> 下半身の清拭が終わったので、この衣類に着替えましょう。私がお手伝いいたします。

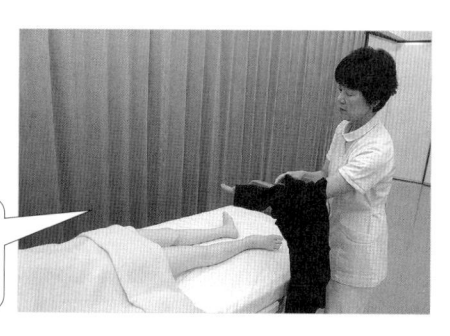

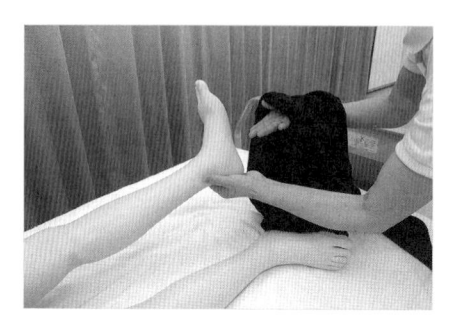

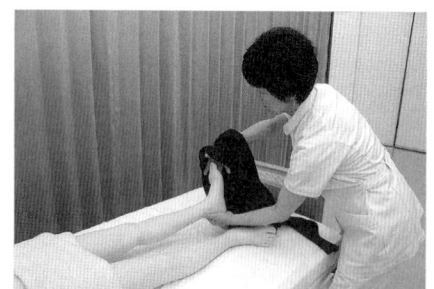

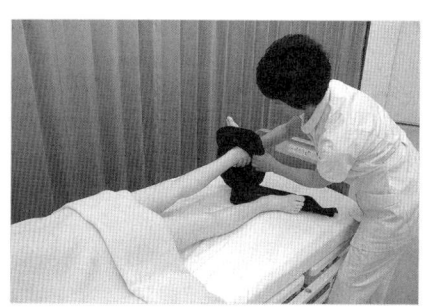

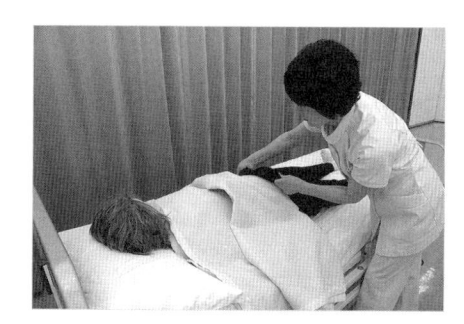

● **身じたく**

❸❶ バスタオルを外し、掛け布団に変え、体位を整えます。

プライバシーカーテンを開けます。もしくはスクリーン（つい立て）を外します。

ベッドを元の高さに戻します。

> 清拭が終了したので、掛け布団を戻します。ベッドを元の高さに戻します。

● **気分の確認**

❸❷ 体調を確認し、終了を告げます。

> ご気分は悪くありませんか。どこか痛いところはありませんか。
> これで終了します。

スキルアップ Q&A

Q1 在宅等で蒸しタオルを準備できない場合はどうしたらよいですか。

A 福祉施設では、蒸しタオルをつくる機器が整っていることが多いですが、蒸しタオルを用意できない在宅等では、お湯に浸した清拭タオルをしぼり清拭を行うとよいでしょう。その際、バケツは2つ（洗い用・すすぎ用）用意します。清拭タオルが肌にふれる時点で42℃が保てるように、冷めることを考慮して50℃程度のお湯を準備するとよいでしょう。

Q2 掛け布団を交換するのはなぜですか。

A 清拭は周りが濡れる恐れがあるため、掛け布団をそのまま使用することは避け、綿毛布やタオルケットなどに交換してください。また、清拭は肌を露出する支援であるため、プライバシー保護と防寒を目的としてバスタオルを要介護者にかけるようにしてください。

Q3 清拭の順番は、顔、上肢、体幹、下肢、陰部および臀部にするのはなぜですか。

A 清拭を含め洗身では、清潔な部分から不潔な部分にかけて洗うようにしてください。タオルを交換しても、下肢から顔に向かって洗うことは要介護者にとって不快な思いをされることが予測されます。

Q4 耳垢が固まっており、取れない場合はどうしたらよいですか。

A 耳垢が外耳道（外の音が鼓膜まで伝わる部分）に固まっている場合、無理に耳かき等で取ろうとすると外耳道を傷つける可能性があります。耳垢の固まりを取り除く方法は、綿棒に少量のベビーオイルをつけ、それによって耳垢を湿らせてから取る方法があります。状況によってはピンセットを用います。入浴後は耳垢が柔らかくなるため取り除きやすくなります。それと同様の方法として、蒸しタオルを耳介（外に広がり、音を拾うようになっている部位）にしばらく当てる方法もあります。あまりひどい場合には耳垢塞栓になる可能性があるため、耳鼻科の受診が必要となります。

Q5 健側から耳掃除をするのはなぜですか。

A 耳掃除は、要介護者からは死角の部分での支援となるため、要介護者にとっては不安が大きいといえます。そこで健側から実施することで、耳掃除の力加減などを体験してもらうことができ、麻痺側の支援に安心感をもってもらうことになります。

Q6 耳掃除の際、外耳道の入り口から1cm程度のみとするのはなぜですか。

A 自浄作用によって、奥の耳垢は入り口付近に排出されます。そのため入り口付近（1cm程度）の掃除が適切です。ちなみに耳掃除の頻度は2〜3週間に1度が適切であり、頻繁に行うと外耳道の皮膚を傷つける危険性があります。

Q7 顔を剃る前に蒸しタオルを当てるのはなぜですか。

A 蒸しタオルを当てることで、皮膚の弾力性が増し、また髭は柔らかくなります。このため皮膚の負担を少なくして剃ることができます。

Q8 介護者が手袋を着用するのはなぜですか。

A 血液や体液などにふれる可能性がある場合には、感染を予防する目的で手袋の着用が求められます（スタンダードプリコーション）。顔剃り（髭剃り）では、安全カミソリ（T字型）を使用するため、皮膚の損傷により出血する可能性もあるために、手袋の着用が必要となります。

Q9 髭を逆剃りをしてはいけませんか。

A 逆剃りは要介護者の皮膚が損傷する原因となるため、行わないようにしてください。

Q10 目の清拭で、タオルの同じ面を使用してはいけないのはなぜですか。

A 結膜炎などの感染症にかからないように、別の部位に使用したタオルや左右の清拭でも、同じタオル面での清拭は避けてください。

Q11 清拭の際、蒸しタオルをどのように使用しますか。

A 蒸しタオルを手のひらに入るくらいコンパクトにたたんで使用します。清拭の際にたたんで使用することでタオル面を管理しやすくし、同じ面で2度拭きしないようにします。

Q12 顔清拭で石鹸を使用しないのはなぜですか。

A 顔はほかの身体部分に比べ肌が敏感であり、また目に対する刺激にもなるため、基本的には石鹸は使用しません。しかし、汚れが目立つ場合などは使用することもあります。その際には、蒸しタオルで丁寧に拭き取るようにします。

Q13 健側から清拭を行うのはなぜですか。

A 健側から行うことで、蒸しタオルの温度や清拭の強さ等の希望を要介護者が判断することができます。これは、ほかの入浴の際と同じ理由となります。【p.102「ストレッチャー浴」、p.114「家庭浴槽での入浴」参照】

Q14 身体の末梢から中枢にかけて清拭をするのはなぜですか。

A 清拭は身体の汚れを落とすと同時にマッサージ効果も期待できます。そのため、事例のように身体の指先（末梢）から腋窩（中枢）の方向で刺激することで、心臓に向けて血液の循環をよくするために行います。

Q15 清拭タオルを肌から離さないのはなぜですか。

A 清拭を行っている間、身体が冷えることを予防することは重要です。清拭タオルが肌から離れると、清拭タオルが冷え、再度肌にふれる際に要介護者自身の体温が奪われることになるため、実践の際は極力離さないようにします。

Q16 石鹸より手軽に汚れを落とす方法はありませんか。

A 清拭剤を使用することがあります。これは石鹸と違い泡立てずに使用ができ、拭き取りが不要のものもあります。介護者や要介護者の負担が少なく爽快感を得ることができます。

Q17 速やかに水分を拭き取るのはなぜですか。

A 肌の露出は要介護者にとっては寒さを強く感じます。特に清拭をした後は、皮膚の熱が気化熱として奪われます。そのため、速やかにバスタオルで水分を拭き取るようにしてください。

Q18 頸部から胸部や肩部に清拭を行うのはなぜですか。

A Q14と同じ理由で、心臓に向けて血液の循環を考えた方向になります。なお、頸部とは、首を示す医学用語です。

Q19 腹部を「の」の字を描くように清拭を行うのはなぜですか。

A 「の」の字を描くことは腸の走行に合わせることになります。温熱や圧迫による刺激を腸に与えることにより蠕動運動を促します。

Q20 対面法で行うのはなぜですか。

A 対面法は、介護者側に要介護者の正面を向ける側臥位のことで、事例では、体位の安定を確保しやすい半腹臥位(半分うつぶせ)への体位変換を支援することで、清拭の際の顔の表情をみることができるようにしています。特に吉さんは腰部の痛みもあり、体位を変えたり清拭を行う際の表情を観察することは大切です。

なお、介護者に要介護者の背中を向ける側臥位を対面法といいます。

Q21 背中に蒸しタオルを当てるのはなぜですか。

A 血液循環をよくするとともに、背部の汚れが落ちやすくなります。背部以外の部位では、手浴や足浴がそれに変わる方法として効果的です。

Q22 背部の清拭の際に注意することは何ですか。

A 清拭を行う対象の方は、臥床時間の長いことが予測されます。そのため、背部や臀部に褥瘡などができていないかを確認してください。もし異常などが見つかった際には、支援終了後に医療従事者に報告し、対応を依頼してください。

Q23 吉さんに腰を浮かしてもらうのはなぜですか。

A 吉さんの「できる能力」を可能な限り活用して支援を行うことで、心身機能低下の予防にもつながります。なお、要介護者が対麻痺（両下肢の麻痺）であったり、腰痛を患っているなどの理由で腰部を上げることができない場合には、身体を左右に向けながら着脱の支援を行ってください。

Q24 ズボンとパンツの着脱で注意することはありますか。

A 上着の着脱同様、脱ぐときは健側から、着るときは患側から行うことで、要介護者の安楽な支援につながります。【p.92「ゆかた寝巻きの交換」参照】

scene 14　病床での洗髪

〈支援場面〉

○入所して11週間後○　　健康度　低 中 高

　吉さんは1週間程前に胃腸かぜ様の症状が発症し、ベッド上にて安静にしています。

　吉さんの症状が軽快しているため、今日は病床での洗髪支援を行うことにしました。

〈支援のポイント〉

1. 冷感や体力の消耗による疲労感を与えないよう、保温に注意し、効率よく支援する。
2. 頭皮の血液循環を促進させるとともに、爽快感を与えられるように洗髪を行う。
3. 頭部に無理な物理的刺激（衝撃や圧迫、温圧）が加わらないように保護しながら、安全に汚れを落とす。

〈必要物品〉

①ケリーパッド　②バケツ大（かけ湯用・汚水用の2つ）　③ピッチャー（ボトルややかん等）　④タオル類（バスタオル2枚・浴用タオル3枚・ハンドタオル1枚）　⑤防水シーツ　⑥シャンプー、リンス　⑦耳栓　⑧温度計　⑨ドライヤー　⑩ヘアーブラシ　⑪クッション　⑫新聞紙または雑巾　⑬プライバシーカーテンもしくはスクリーン（つい立て）

支援の方法と言葉がけの例

● **あいさつ**

❶ 吉さんの右側に立ち目線を合わせ、名前を呼びながら笑顔であいさつをします。

> 吉さん、こんにちは。今日お世話をさせていただきます○○といいます。よろしくお願いします。

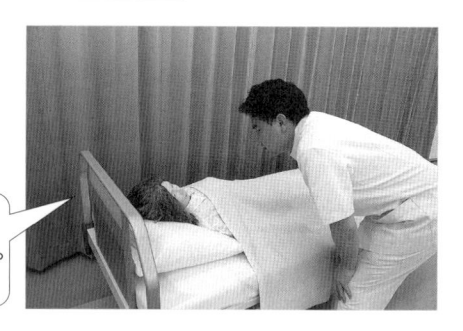

● **体調確認**

❷ 吉さんのバイタルサインや顔色等により体調を確認します。

> 吉さん、ご気分はよろしいですか。

● **説明と同意**

❸ 吉さんにこれから行う介護内容を説明し同意を得ます。

> 今日は体調もよいようなので、ベッド上で頭を洗おうかと思いますが、いかがでしょうか。私がお手伝いをさせていただきます。

● **排泄の確認**

❹ 洗髪の前に吉さんに排泄の有無を確認します。

> トイレのほうは大丈夫ですか。

● **物品の準備**

❺ 物品に破損がないか確認し、ワゴンに入れて、介護者の手が届くようにベッド脇に設置します。

Q1 参照
Q2 参照
Q3 参照

ケリーパッドに入れる空気は3分の2程度にします。また、バケツに入れるお湯はかけ湯用であるため、冷めることを考慮して、42～43℃のお湯を用意し、使用時には適温の40℃になるようにします。

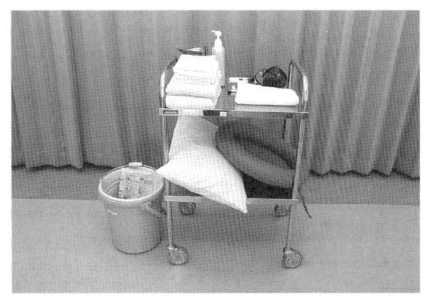

環境の整備

❻ 吉さんの同意により、プライバシーカーテンを閉めます。もしくはスクリーン（つい立て）を置きます。

室温を24℃前後に調整します。

また、ベッドを作業しやすい高さに調整します。

「つい立てを置いてもよろしいでしょうか。」

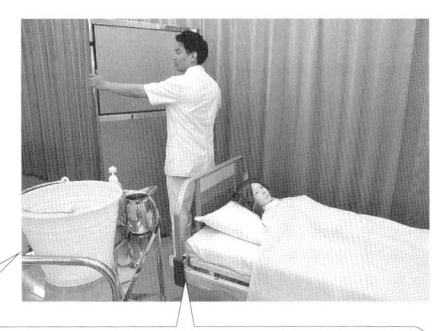

「ベッドの高さを調整してもよろしいですか。」

セッティング

❼ 吉さんの後頭部を介護者の右手で支え、介護者の左手で枕を外します。

「頭を持ち上げて枕を外します。」

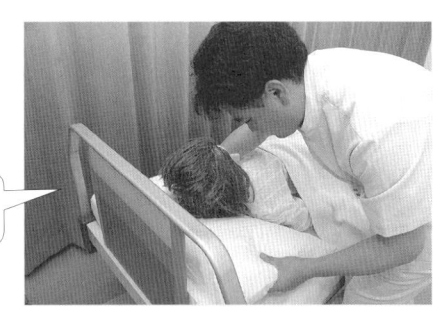

❽ 防水シーツとバスタオルを吉さんの頭部から肩甲骨にかけて敷きます。

「頭の下にバスタオルを敷きます。」

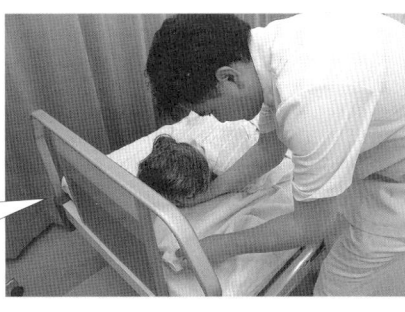

第2部　生活行動を支援する技術　139

Q5 参照

❾ 吉さんの上半身を介護者の手前（ベッドの右側）に、下半身をベッドの対角線上に位置するように、水平移動を支援します。【p. 46「ベッド上での体位変換、水平移動、上方移動」参照】

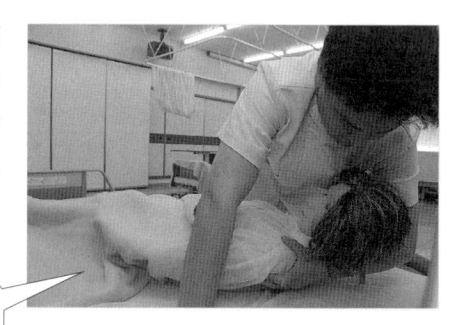

> 上半身をベッドの端に移動します。

Q6 参照

❿ 吉さんに健側（右）の膝を立ててもらい、患側（左）の膝は介護者が立て、吉さんの両膝下にクッションを挿入します。

> こちらの膝（右膝を示して）を立てていただけますか。
> こちらの膝（左膝を示して）を立てるのはお手伝いします。

> 吉さんの両膝の下にクッションを入れます。

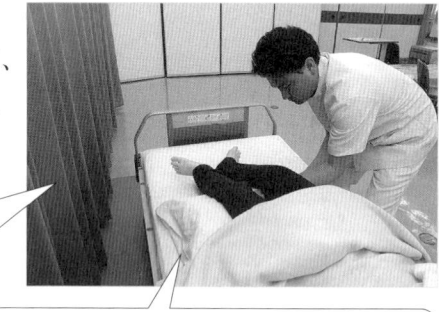

Q7 参照

⓫ 吉さんの衣類の上から、肩から首にかけて浴用タオルを巻きます。

> 衣類が濡れないように、首元にタオルを巻きます。

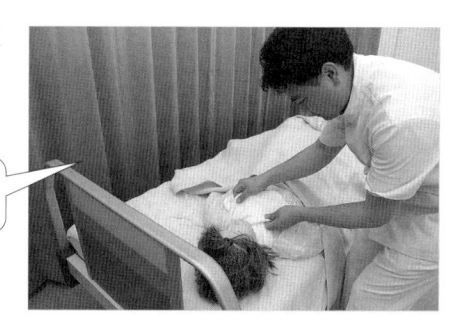

Q8 参照

⓬ 吉さんの後頭部を介護者の右手で支え、ケリーパッドを介護者の手前から吉さんの頭の真下に設置します。

> 頭の下にケリーパッドを置きますので、少し頭を上げていただきます。

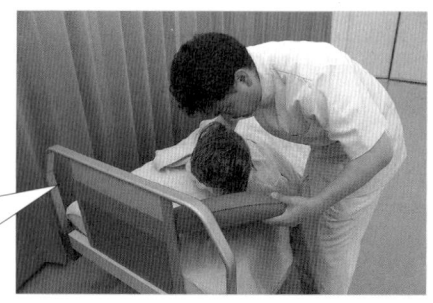

⑬ ケリーパッドからの汚水を受けやすい位置に新聞紙を敷き、その上に汚水用バケツを置きます。

Q 9 参照

● ブラッシング

⑭ ヘアーブラシで吉さんの髪をとかし、ケリーパッドの中に髪を入れ込みます。この際に髪の状態を確認します。

Q 10 参照

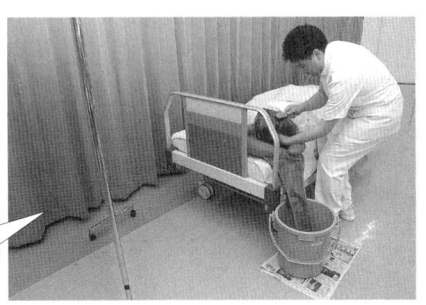

頭を洗う前に髪をとかしますね。

● かけ湯

⑮ バケツ内の湯の温度を温度計で事前に確認しておき、使用前には介護者の前腕内側で確認します。

Q 11 参照
Q 12 参照

吉さんの顔にハンドタオルを乗せ、耳栓をします。

お湯を入れたピッチャーで、吉さんの目や耳などにお湯がかからないように注意しながら髪全体が濡れるようにお湯をかけます。

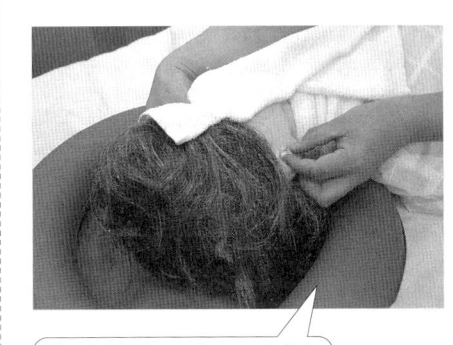

顔にお湯がかからないようにタオルを乗せます。

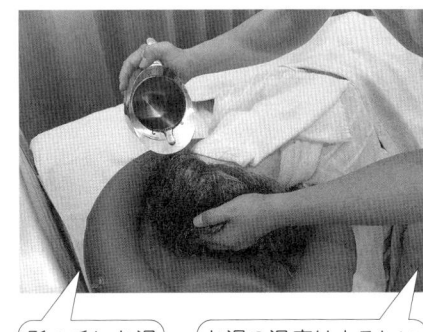

髪の毛にお湯をかけます。

お湯の温度はよろしいでしょうか。

第2部 生活行動を支援する技術 141

● **シャンプー**

⓰ 介護者の手にシャンプー液を取り、手になじませます。

[Q13参照]

吉さんの頭髪にシャンプー液をつけ、泡立てます。

[Q14参照]

洗髪の際は、介護者の指の腹で、頭頂部に向かって洗うようにします。頭部が揺れないように吉さんの頭部を片手で支えながら洗います。なお、後頭部を持ち上げても洗いにくい場合には、頭を横に向けてもらいながら洗うようにします。

随時、吉さんに声をかけて体調を確認します。

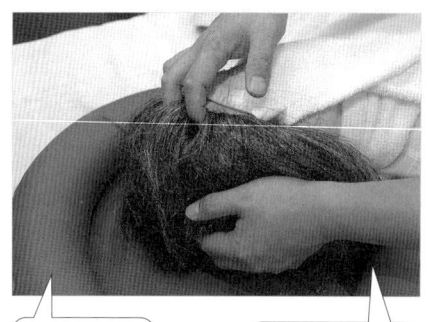

> シャンプーで洗います。

> かゆいところはありませんか。

> 頭の後ろを洗いますので、右を向いてもらえますか。

> 気分は悪くありませんか。

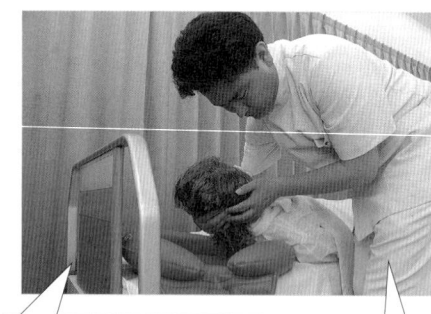

● **すすぎ**

⓱ 介護者の手で吉さんの髪についている余分な泡を取り除き、さらに浴用タオルで拭き取ります。

[Q15参照]

> タオルで髪の泡を拭き取ってから、お湯を流します。

⓲ ピッチャーにお湯をくみ、温度計と介護者の前腕内側で湯温を確認してから吉さんの頭部の泡を流します。

[Q16参照]

リンス等は吉さんの好みに応じて同様の方法で実施します。

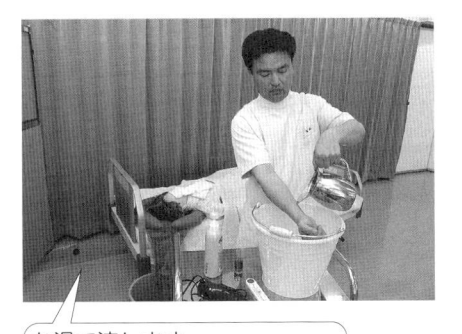

お湯で流します。
お湯の温度はよろしいですか。

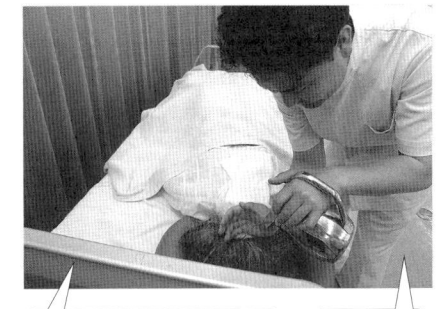

頭の後ろを流しますので右を向いてもらえますか。

リンスを使いますか。

● **ケリーパッドの除去**

⑲ ケリーパッドの排水部分を押すようにして傾斜をつけ、中の汚水がすべて流れるようにします。

Q 17 参照▶

Q 18 参照▶

吉さんの後頭部を介護者の片手で支え、ケリーパッドを外します。
バスタオルで吉さんの頭髪の水分を拭き取ります。
この際、頭に強い振動が伝わらないように注意します。

ケリーパッドを外しますので、頭を上げます。

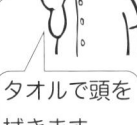

タオルで頭を拭きます。

● **ドライヤー**

⑳ 吉さんの頭髪をタオルで十分に拭いた後、ドライヤーで乾かします。

Q 19 参照▶

ドライヤーで髪を乾かします。
熱かったりしたら教えてください。

● **身じたく**

㉑ 吉さんの髪をヘアーブラシで整え、ベッド上の防水シーツとバスタオルを取り除きます。
水平移動にて吉さんにベッド中央に戻ってもらい、首元の衣類を整え、枕を挿入します。

ヘアーブラシで髪の毛を整えますが、お好みの髪型はありますか。

頭の下の防水シーツとバスタオルを外します。
枕を頭の下に置きます。
身体の位置をベッド中央に戻します。

㉒　プライバシーカーテンを開けます。もしくはスクリーン
　　（つい立て）を外します。
　　　ベッドを元の高さに戻します。

> ベッドを元の高さに戻します。

● **気分の確認**

㉓　体調を確認し、終了を告げます。

> ご気分は悪くありませんか。どこか痛いところはありませんか。これで終了します。お疲れさまでした。

スキルアップ Q&A

Q1 在宅などでケリーパッドがない場合、病床での洗髪はできますか。

A ケリーパッドとは、病床で要介護者が洗髪を行う際に使用するもので、市販のものは、ゴム製の洗髪器です。これがない場合は、タオルや新聞紙などで代用することができます。それぞれを細長く丸め、ビニール袋に入れ、崩れないように洗濯ばさみや輪ゴム等で止めれば、簡易式のケリーパッドになります。

Q2 ケリーパッドの空気を3分の2程度にするのはなぜですか。

A 3分の2程度にすることで、頭部を乗せる際にくぼみができるため、頭部への負担を少なくすることにつながります。

Q3 ベッドのどちら側に部品を用意したらよいですか。

A 仰臥位（ぎょうがい）で行う支援であり側臥位（そくがい）になることはないので、どちらに用意してもよいです。目安としては、介護者の利き手を考慮するとよいでしょう。なお、どの場合でも、支援の際には必ず要介護者から離れないようにしてください。

Q4 室温を調整するのはなぜですか。

A 洗髪により髪を濡らすため、気化熱の影響により体温が低くなる可能性があります。【p.111「Q22」参照】そのため室温を普段より高めの24℃前後に調整

することが望ましいです。

Q5 吉さんの上半身をベッド端に移動するのはなぜですか。

A 洗髪をする際に、ベッド端で洗髪をしたほうが、汚水用バケツまでの距離が短いため最も効率的な排水が可能となります。

Q6 膝下にクッションを入れるのはなぜですか。

A 膝を立てることで、腹筋の緊張を和らげることができ安楽な体位の確保につながります。膝を立てた状態を保持するためにクッションを入れます。

Q7 肩から首にかけてタオルを巻くのはなぜですか。

A 病床での洗髪は衣類を着用したまま行うため、頸部の衣類が濡れないようにタオルで事前に保護をします。この際、事前に頸部の衣類を広げておくと、更に濡れにくくなります。

Q8 ケリーパッドを設置する際の注意点は何ですか。

A 要介護者側の安楽な体位を確保するため、ケリーパッドに空気を入れる金属部分が吉さんの後頭部に当たらないよう注意が必要です。また、ケリーパッドに髪がすべておさまるよう、頭部の中央に置いてください。

Q9 汚水バケツの下に新聞紙を敷くのはなぜですか。

A 汚水はバケツ内に入るように設置しますが、飛び散ることもあるため、床が濡れないように新聞紙や雑巾を敷きます。床が濡れていると、滑りやすくなり転倒の原因になります。

Q10 洗髪前にヘアーブラシで髪をとくのはなぜですか。

A ブラシで髪をとくことで、髪や頭皮に付着している汚れやふけを浮き上がらせ、除去しやすくなります。また、この際に髪や頭皮の状態を確認し、異常がみられたら、洗髪の前に医療従事者に相談してください。

第2部　生活行動を支援する技術

Q11 湯温を温度計とともに介護者の腕で確認するのはなぜですか。

A 湯の温度によっては要介護者が火傷をすることにもつながるため、温度には細心の注意が必要です。そのため温度計の故障の可能性も加味して介護者自身でも確認をしてください。【p.103「ストレッチャー浴」参照】

Q12 目や耳に湯がかからないようにするにはどうしたらよいですか。

A まずタオルで顔を覆います。次に生え際に介護者の手を当て、湯がかからないようにガードして支援を行ってください。

Q13 指の腹で洗うのはなぜですか。

A 指を立てて洗うと介護者の爪が頭皮を傷つける危険性があります。また指の腹で洗髪することで、頭皮の血行を促進しマッサージ効果が期待できます。

Q14 汚れが落ちない場合には2度洗ってもよいですか。

A 1度の洗髪で汚れが落ちきらない場合には、2度洗うことはあります。ただし、2度の洗髪は疲労度が高くなります。病床での洗髪を行う方は、体調が不十分の場合が多いので特に注意してください。なお、体調が整わない場合にはドライシャンプー（水分を用いずに行うことができるシャンプー）を用いるのもよいでしょう。

Q15 手やタオルで髪の泡を拭き取るのはなぜですか。

A お湯を流す前に手やタオルで泡を取ることで、お湯で洗い流す時間が短縮でき、要介護者の疲労軽減につながります。また節水にもつながります。

Q16 頭部の泡はどのように洗い流すのですか。

A 洗い流した部分に汚水がかかることがないように、前頭部の生え際から毛先に流した後、側頭部の毛先を洗い流します。最後にケリーパッド内に湯を溜め、後頭部を洗います。

Q17 ケリーパッドを外すときに注意することは何ですか。

A 汚水がケリーパッドの中に残っていると、外す際にこぼれて病床や床を濡らすことがあるため、外す前には汚水はすべてバケツ内に排水してください。また外した後は、要介護者へ支援が優先されるため、排水バケツ上にケリーパッドを置くと効率よく支援を続けることができます。なお、タオルドライを効率的に行うために、ケリーパッドを外す前に肩にかけてあった浴用タオルで、一度水分を拭き取るとよいでしょう。

Q18 頭部への振動を少なくしたタオルでの拭き取り方法はありますか。

A 要介護者の髪を介護者の両手で挟むようにして水分を拭き取る方法があります。また、頭皮に対しては片手で吉さんの頭部を押さえながら拭くと、頭部の振動を最小限に抑えることができます。

Q19 ドライヤーを使用する際の注意事項はありますか。

A 要介護者がドライヤーの熱風による不快感を感じたり熱傷を予防できるように、ドライヤーは髪から10cm程離し、要介護者の髪に介護者の指を通しながら行うとよいです。

scene 15　足浴と爪切り

〈支援場面〉

○入所して11週間後○　　健康度　低 中 高

　吉さんは1週間程前に胃腸かぜ様の症状が発症し、ベッド上にて安静にしています。
　今日は症状がやや軽快しましたが、吉さんから「身体がだるくて眠れない」との訴えがあったので、清潔の保持と不快症状の軽減のために、いすに座って足浴をすることにしました。また、吉さんが足の爪切りを強く希望されたので、足浴の後に爪切りをします。
　なお、吉さんの爪に病変はありません。吉さんはすでにいすに座って待っています。

〈支援のポイント〉

1. 冷感や体力の消耗による疲労感を与えないよう、保温に注意し、効率よく支援する。
2. 患足に無理な物理的刺激（衝撃や圧迫・温熱）が加わらないように保護しながら、安全に汚れを落とす。
3. 全身の血液循環を促進させるとともに、爽快感を与えられるように足浴を行う。
4. 深爪にならないよう、また皮膚を傷つけないように少しずつ慎重に安全な切り方で爪を切る。

〈必要物品〉

①ビニール製の足浴器　②ピッチャー（上がり湯用と湯度調節用の湯用・水用の3個）　③洗浄剤（石鹸や清拭剤など）　④足用のハンドタオル　⑤バスタオル（保温のためのひざ掛け用と足拭き用の2枚）　⑥新聞紙（4～5枚）　⑦湯温計　⑧爪切り

支援の方法と言葉がけの例

● あいさつ

Q1 参照

❶　吉さんの左寄りに位置し、目線を合わせ、名前を呼びながら笑顔であいさつをします。

> 吉さん、こんにちは。今からお手伝いをさせていただく○○です。よろしくお願いします。

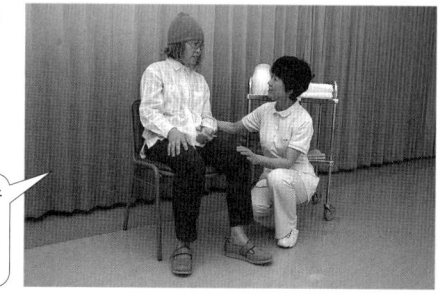

● 体調確認

Q2 参照

❷　吉さんの様子や体調、そして、足部の皮膚を観察します。

> まだお熱があるとのことですが、このまま座っていて大丈夫ですか。

● 説明と同意・必要物品の準備

❸ 吉さんに足浴を行い、その後に爪切りをすることを説明し、了解を得てから必要物品を用意します。

> これからいすに座った状態で、足をお湯につけて洗い、最後に爪を切りたいと思いますが、よろしいでしょうか。

● 排泄の確認

❹ 足浴の前に吉さんの排泄の有無を確認します。

Q3 参照

> 前もってトイレに行かなくてもよろしいですか。

● 環境の確認

❺ 吉さんが安定したいすに座っているかを確認します。また、室温や吉さんの上着の調節をして快適さを維持します。

Q4 参照

> 座りにくくはありませんか。寒くないですか。

● 物品の点検とセッティング

❻ 2～3枚の新聞紙の上にバスタオルを敷き、その上に湯の入った足浴器を置きます。

Q5 参照
Q6 参照
Q7 参照
Q8 参照

　足浴器内の湯の温度が40℃前後であることを湯温計で確認します。

　ピッチャー（上がり湯用と湯度調節用の湯用・水用の3個）や洗浄剤（石鹸や清拭剤など）を適切な位置に置きます。

　床上に置く場合は、水濡れ防止のために、新聞紙を敷いた上に物品を置きます。

> それでは、準備をします。

第2部　生活行動を支援する技術

● 足の入湯

❼ 吉さんのズボンの裾を膝上まで上げ、両下肢間にセッティングした足浴器を入れ込みます。

吉さんにひざ掛け用のバスタオルをかけます。

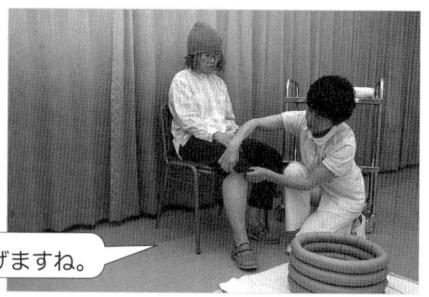

> ズボンの裾を上げますね。

> これを（足浴器を示して）足の間に入れ込みますので、左の足を少し開いていただけますか。

> 膝にバスタオルをかけますね。

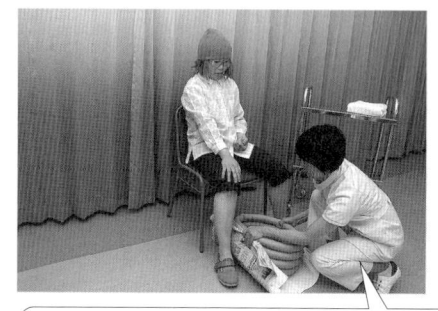

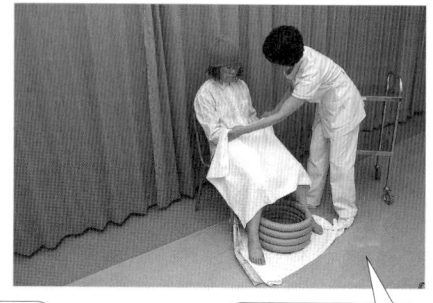

❽ 足浴器内の湯温を、介護者自身の前腕内側で確かめた後、吉さんの健側（右）の足先を湯につけて（もしくは、右足部に湯をかけて）湯温を確認してもらいます。

Q9 参照
Q10 参照

湯が熱かった場合は水をさし、ぬるかった場合は湯をさして調節します。

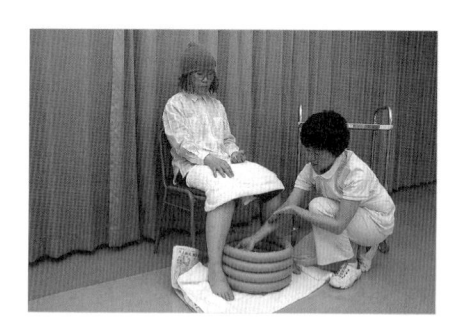

> こちらの足（右足を示して）で湯の温度を確かめてもらいますね。
> 熱くないですか。ぬるくないですか。

❾ 湯の中に静かに吉さんの健側（右）の足を入れてもらい、次に患側（左）の足を介護者が把持して湯に入れます。このとき、健側（右）の足は誘導程度に軽く支え、患側（左）の足は、皮膚や筋肉、関節に無理な力が加わらないように注意しながらしっかりと把持します。

また、保温効果を高めるために、足浴用の容器から吉さんの膝上までをバスタオルで覆った状態にし、そのまま吉さんの両足をしばらく湯につけておいてもらいます（5分の間、観察しながらコミュニケーションを図ります）。

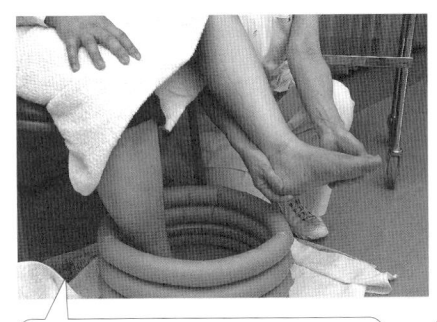

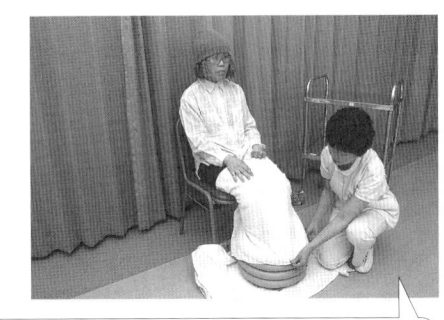

Q11 参照
Q12 参照

> それでは、両足を湯につけますね。

> このまま5分程ゆっくりなさってください。

● 足の洗浄

❿ 石鹸の場合は、足用のハンドタオルに石鹸をつけて泡立てて、清拭剤の場合は適切な濃度になる分量の溶液をあらかじめ混ぜておいて、健側（右）の足から洗浄します。

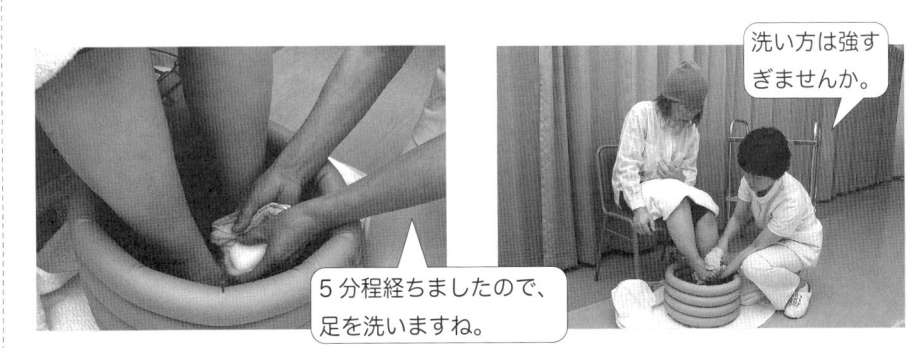

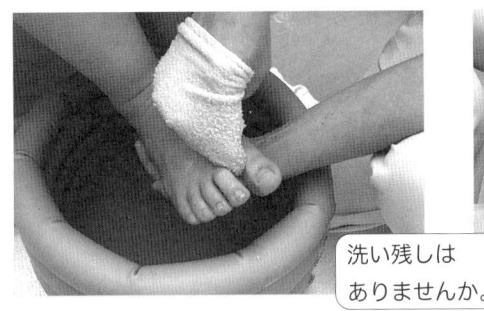

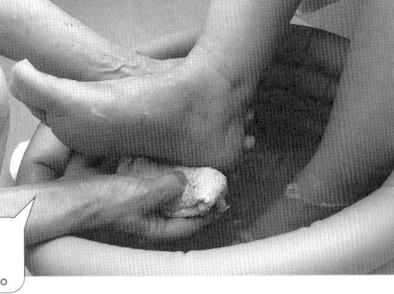

Q13 参照

> 5分程経ちましたので、足を洗いますね。

> 洗い方は強すぎませんか。

> 洗い残しはありませんか。

● **上がり湯・水分の拭き取り**

⓫ 上がり湯の湯温を湯温計と介護者の前腕内側で確認します。

　上がり湯の湯かげんを吉さんの健側（右）の足で確認してもらい、片足ずつ健側（右）の足から上がり湯をかけ、敷いてあるバスタオルで素早く水分を拭き取り、保温をします。

　足浴器を取り除いてから、敷いてあるバスタオルで再度十分に吉さんの両足の水分を拭き取り、ズボンの裾を下げます。

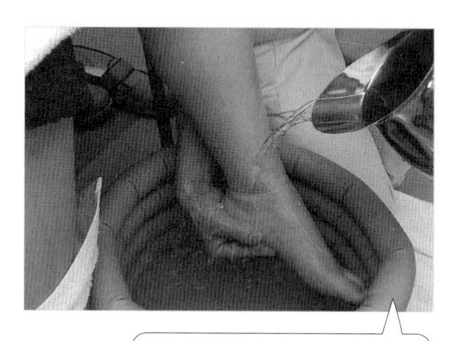

> 湯の温度はよろしいですか。
> 上がり湯をかけますね。

> バスタオルで拭きますね。
> ズボンの裾を下げますね。

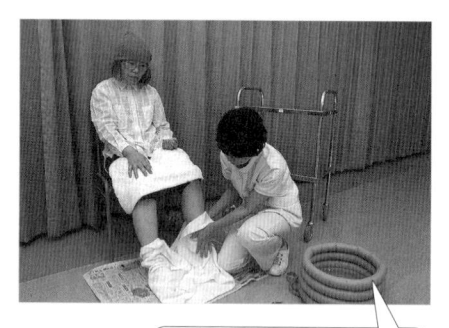

● **爪切り**

⓬ 爪切りで吉さんの足の爪を切ります。

Q14 参照

> では、爪を切りますね。

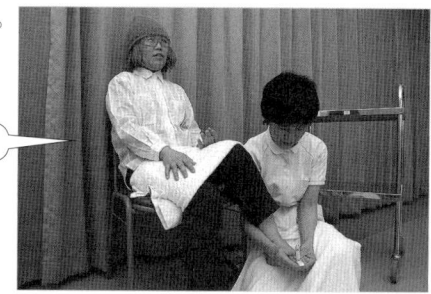

● **後始末**

⓭ 吉さんの患側（左）を支援しながら履物を履いてもらい、敷いてある新聞紙とバスタオルを取り除きます。

> 履物を履いてください。
> こちらの足（左足を示して）は、
> お手伝いさせていただきます。

● 体調確認

Q15参照
Q16参照

⓮ 吉さんにねぎらいの言葉をかけるとともに、気分や疲労について尋ね、異常がなければ水分の摂取を勧めます。
　また、吉さんの下腿部や足部に異常がみられた場合、必要に応じて吉さんから情報を得るとともに、対処への案内をします（医療従事者に報告し、指示を仰ぎます）。

> お疲れさまでした。

> 気持ちよかったですか。ご気分はよろしいですか。
> お飲み物をお持ちしますが、お茶でよろしいですか。

スキルアップQ&A

Q1 吉さんの左寄りに位置して支援するのはなぜですか。

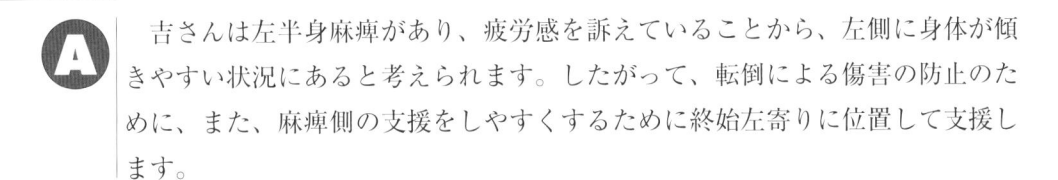

A 吉さんは左半身麻痺があり、疲労感を訴えていることから、左側に身体が傾きやすい状況にあると考えられます。したがって、転倒による傷害の防止のために、また、麻痺側の支援をしやすくするために終始左寄りに位置して支援します。

Q2 足浴を開始する前の足部の観察で、足白癬（水虫）がみられた場合、どのような対処が必要ですか。

A 白癬等の皮膚の感染症が疑われる場合は、医療従事者に処置の相談をします。
　また、介護者への接触感染の危険性が高いと判断される場合は、介護者の安全のために手袋を使用します。さらに、共用の足浴器を使用する場合は、ほかの要介護者への感染を防止するために、足浴器にビニール袋をかぶせて使用したりします。

Q3 足浴の前に排泄の確認をするのはなぜですか。

A 足浴による温熱刺激によって新陳代謝が高まって排尿が促進されるため、途中で足浴が中断されることのないようにあらかじめ排泄の有無を確認しておきます。

Q4 安定したいすとはどのよういすですか。

A 背もたれがあり、背もたれに背部を密着させて座ったときに膝関節が90度になり、足底が床にきちんと着く高さのいすが理想です。

Q5 ビニール製の足浴器のほかにはどのようなものがありますか。

A バケツや洗い桶、洗面器などを足浴に用いますが、電動で気泡機能・振動機能・遠赤外線機能付きの足浴器や、発泡スチロール製の専用容器などが市販されています。

いずれにしても、足全体が余裕をもって入れられる底面積があり、少なくとも足関節より10cm上の部分までを湯につけることのできる深さの容器が望ましいです。

Q6 爪を切るのために用いる道具にはどのようなものがありますか。

A 爪が肥厚するなどして一般の爪切りで切ることが困難な場合には、ニッパー式爪切りを使って切ります。また、ニッパー式爪切りでも切りにくい場合は無理に切ろうとせず、爪やすりで削るようにします。

ニッパー式爪切りは刃先3分の1を使うようにして少しずつ爪を切っていきます。爪やすりは爪をしっかりと押さえ、足底側に一方向に動かして爪を削ります。

なお、ニッパー式爪切りは、刃先が爪の形にカーブしており、巻き爪や変形した爪の手入れに適しています。

Q7 新聞紙を重ねて敷いた上に、バスタオルや足浴器を置くのはなぜですか。

A バスタオルが不潔にならないようにするため、足の水分を拭くときに床の冷たさが足底に伝わって足浴の効果が低減されないようにするため、そして、床の水濡れ防止のために新聞紙を下に敷いて活用します。

Q8 足浴の際の理想の湯温は何度ですか。

A 足浴の場合は41～42℃の湯温が一般的ですが、リラクセーション（心身の沈静化）を目的とする場合は38℃程度のぬるま湯を、覚醒（心身の活性化）を目的とする場合は42℃以上の熱めの湯を用意します。

38℃程度のぬるま湯は副交感神経を刺激し、胃のはたらきや腸の蠕動運動を促進したり入眠を促したりします。42℃以上の高温の湯は交感神経を刺激し、血圧を上昇させ心身を覚醒させます。そのため、高血圧症や慢性の便秘のある吉さんの場合は、吉さんの好みを尊重することも大切ですが、ぬるま湯での足浴が理想的といえます。

　また、糖尿病などで足病変のある場合は、低温熱傷や血圧変動による血管への負担等の危険性を考慮し40℃以下の湯を用います。

　なお足浴の際に、市販の炭酸入浴剤や精油（アロマオイル）を使用すると、より効果的に血流を高められます。また、精油の中には、消臭・殺菌効果の期待できるものがありますので、足浴用の湯に精油を混ぜて用いると、雑菌の繁殖によって生じる足部の悪臭や足白癬の予防ができます。

Q9　足浴器内の湯温を確認した後の湯温計はどうすればよいですか。

A　湯温計が正確な湯温を示すまでには多少の時間がかかります。そのため、安全に効率的に足浴を進めるために、足浴器内の湯温確認後の湯温計は、上がり湯を入れたピッチャーの中に入れておきます。

　そして、上がり湯をかけるときには、必ずピッチャー内の湯温計を取り出します。

Q10　介護者が前腕内側で湯温を確認するのはなぜですか。

A　人間の皮膚の温度感覚は、長時間の温熱刺激を受けていると鈍くなります。そのため、湯に長時間さらされておらず、温熱刺激を敏感に、また、簡単に感知でき得る前腕内側で湯温の確認をします。

Q11　患足をどのように把持すればよいですか。

A　要介護者の後面から、踵部から下腿にかけての部位を、介護者の手掌と前腕全体を使って把持するようにします。

Q12　湯に足をつけておく時間はどのくらいですか。

A　5～10分程度が望ましいと思われます。長時間の足浴は、皮膚を過剰に軟化させて傷つきやすい状態にしてしまいます。

Q13 どのようなことに注意して洗浄しますか。

A 健足から洗い始めて、どの程度の力で洗浄したらよいかを確かめます。

足背（足の甲）、足底（足の裏）、趾間（足の指の間）を丁寧に洗います。

冷感による不快感を与えないよう、足用のハンドタオルをしっかりと介護者の手掌（手のひら）に入る大きさにたたんで持ち、足用のハンドタオルを皮膚から離さないようにして洗います。足用のハンドタオルをしっかり把持していないと、端が冷えて皮膚に当たり、不快感を与えてしまいますし、足用のハンドタオルを皮膚から離してしまうと、冷えて冷感を与えてしまいます。

足底は不快を感じやすい部分ですので、足用のハンドタオルをおしぼり状に硬く巻き、踵から足趾（そくし）に向かって一方向にほかの部分より強めに洗います。

なお、ハンドタオルの代わりに軍手などの手袋状のものを手にはめて洗浄に用いると扱いが容易です。

Q14 安全に爪を切るためにはどのようにすればよいですか。

A 高齢者に多い爪のトラブルには、陥入爪（巻き爪）や爪白癬（爪の水虫）があります。

深爪は陥入爪の原因となって疼痛（とうつう）による歩行障害を起こします。そのため深爪をしないように、足趾（そくし）の先端と同じか、やや短い長さを目安に、少しずつ慎重に切るようにします。また、爪の端を丸くカーブをつけて切ると、その部分が内側に入り込んでいき、巻き爪を起こしやすくなるため、爪は直線に切るようにします（スクエアカット）。ただし、爪の角が尖っていると皮膚を傷つけたり靴下に引っかかったりするため、両角は爪やすりで削っておきます（スクエアオフ）。

爪白癬に罹患すると爪が黄白色に濁って厚くなり、とてももろい状態になるため、爪の損傷に十分注意をして爪を切る必要があります。

なお、足浴後は爪が軟らかくなり、爪と指の間に溜まった角質（あか）が除去されてその境がはっきりした状態になるので、足浴後に爪切りを行ったほうが安全です。

Q15 足浴後に水分補給を勧めるのはなぜですか。

A 足浴を行うと新陳代謝が高まり、発汗や排尿が促進される状態になりますので、老廃物の排泄を促しながら脱水を予防するために、足浴後には必ず水分補給をします。

Q16 足浴の際にはどのようなことに注意して観察をしますか。

A 足の倦怠感、疼痛、痺れ、冷感などの自覚症状の状態や変化を聞き出すとともに、浮腫（むくみ）、発赤、外傷、足白癬（水虫）、胼胝（たこ）、鶏眼（うおのめ）などの皮膚の障害に注意して観察します。

なお、要介護者の身体状態と、足を「見て」、「触って」得られた情報を結びつけて考えることが大切です。例えば、「最近、足がだるくて歩きにくくなった」と訴える要介護者の足に浮腫（むくみ）がみられた場合、下肢への水分の貯留が訴えの一因であると考え、水分の摂取量や尿量を確認したうえで、医療従事者に報告します。

scene 16　口腔ケアと義歯の取り扱い

〈支援場面〉

○入所して8週間（2か月）後○　　健康度　低 中 高

吉さんは、入所して2か月を過ぎたころに脳梗塞を再発し、舌や口唇の動きが不自由になっています。先ほど、朝食を終えてベッドで少し頭を高くして休まれています。

誤嚥性肺炎の予防と口臭予防のために、巻綿子を使って口腔ケアを行います。なお、吉さんは全部床義歯（総義歯・総入れ歯）を装着しています。

〈支援のポイント〉

1. 口腔ケアにより、口腔内の清潔を支援する。
2. 巻綿子を使って口腔内の粘膜を傷つけないように口腔ケアを行う。
3. 含嗽水による誤嚥を防止するよう支援する。
4. 義歯の取り外しや装着時に苦痛や不快感を与えないように支援する。
5. 義歯の取り扱いに注意して洗浄や保管をする。

〈必要物品〉

①ぬるま湯（38～40℃）を入れた吸い飲み　②巻綿子（5～6本）　③舌圧子　④コップ　⑤ガーグルベースン　⑥タオル　⑦膿盆　⑧ティッシュペーパー　⑨安楽枕　⑩義歯収納容器　⑪義歯用ブラシ　⑫義歯　⑬ガーゼ　⑭ディスポーザブル手袋　⑮キャスター付き丸いす

支援の方法と言葉がけの例

● **あいさつ**

❶ 吉さんの健側（右）に立ち、目線を合わせて名前を呼びながら笑顔であいさつをします。

> 吉さん、おはようございます。今日お世話をさせていただきます○○といいます。よろしくお願いします。

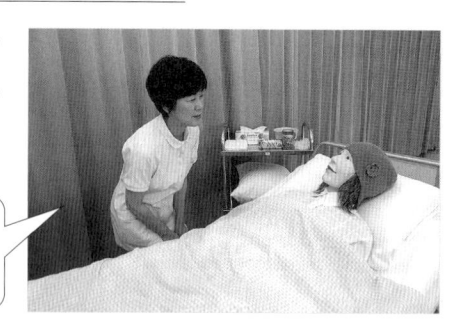

● **体調確認**

❷ 吉さんの様子や体調の確認をします。

Q1 参照

> 吉さん、お食事はおいしかったですか。

● **説明と同意**

❸ これからベッドの上で義歯を外して口腔ケアをすることを説明し同意を得ます。

> 吉さん、食事が済んだのでお口の中をきれいにしましょうか。
> このままベッドの上で行いますから、吉さんはこのままで大丈夫です。

● **排泄の確認**

❹ 吉さんに排泄意を確認し、必要であれば先に支援します。

> 吉さん、おトイレはよろしいですか。

● 準備

❺ 介護者の支援しやすい位置に必要物品を準備します。

吉さんの体位を確認します。

Q2 参照

> これから準備をしてきますのでしばらくお待ちください。

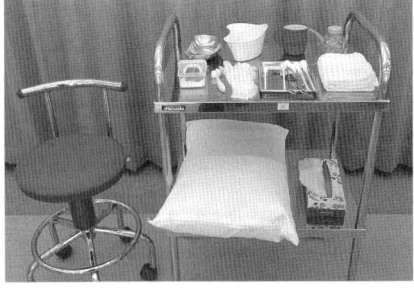

❻ 手袋を装着し、衣服が汚れないように顎の下にタオルを当てます。

Q3 参照

> 衣類が汚れるといけないのでタオルを当てておきます。

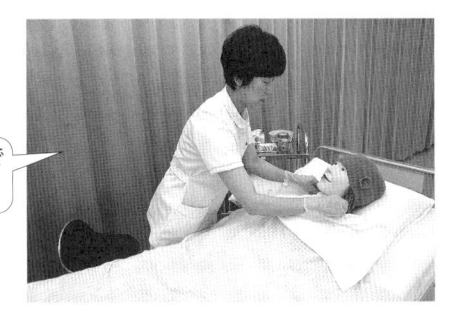

● 義歯の取り外し

❼ 吉さんに義歯を外すように勧め、できない場合は介護者が外すことの了解を得て外します。

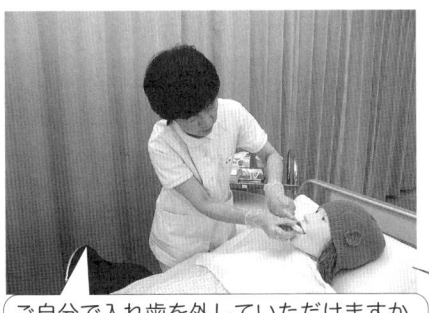

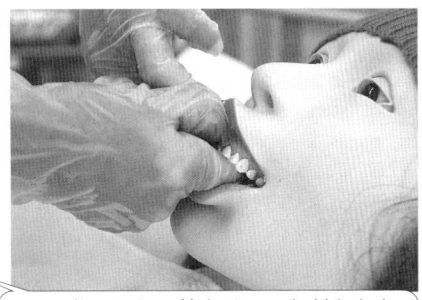

Q4 参照
Q5 参照

> ご自分で入れ歯を外していただけますか。

> では、私のほうで外させていただきます。

● 義歯の保管

❽ 外した義歯をガーゼを敷いた義歯収納容器の中に静かに入れます。

Q6 参照

> 入れ歯は後で洗ってきますので、ここに入れておきます。

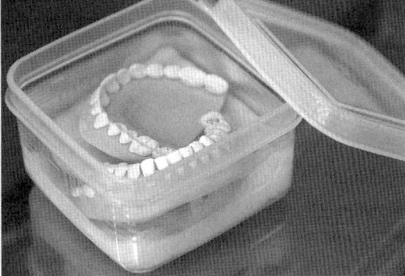

第2部 生活行動を支援する技術

● **うがい**

❾ 吉さんの顔を健側（右）に向けてもらい、吸い飲みを口角に当てて、空気孔を押さえながらむせないように調節して湯を口に含んでもらいます。

　ブクブクとうがいをするように促し、吐き出す際にはさらに右に向いてもらい汚水を口角からたれ流すようにガーグルベースンの中に出してもらいます。

　このとき介護者はキャスター付きの丸いすに座り、ゆったりとした気分で支援します。

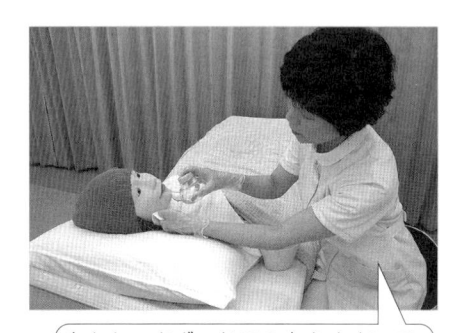

> 吉さん、まず、お口の中をすすいで、うがいをしましょう。
> 吸い飲みでお口の中に水を注ぎます。

> ブクブクとうがいをしたら、この容器に吐き出してください。

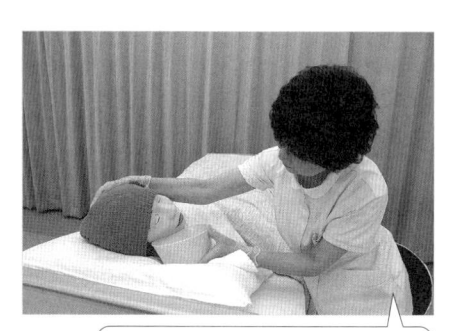

● **巻綿子による口腔清拭**

❿ コップに含嗽水を入れ、巻綿子に含嗽水をつけ軽くしぼり、歯肉の内側を拭きます。

　頬と歯肉の間は舌圧子（スプーンでもよい）または指で広げ、食物残渣（食べかす）が残らないように巻綿子を使って拭き取ります。

　舌や上顎も同様に行い、最後にもう一度うがいをしてもらいます。

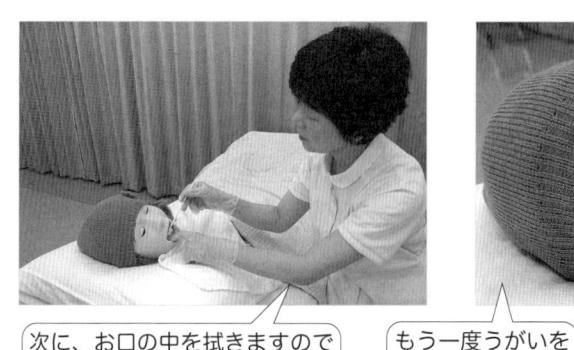

Q7 参照
Q8 参照

> 次に、お口の中を拭きますのでお口を開けていただけますか。

> もう一度うがいをしましょうか。

> 入れ歯を洗ってきますのでしばらくお待ちください。

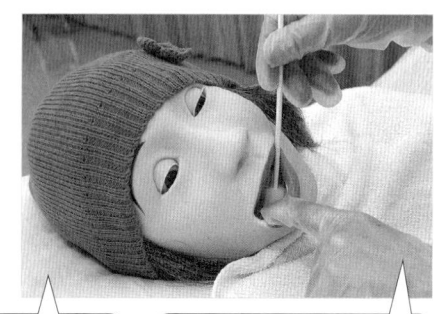

義歯の洗浄

⓫ 義歯を洗面所に運び、流水に当てながら義歯用ブラシで磨いて洗浄します（落下時の衝撃を和らげるために流水の下に洗面器を置きます）。

Q9 参照
Q10 参照

　汚れがひどい場合は粒子の細かい研磨剤を使用します。

　一時保管する場合には、乾燥による変形を防ぐためにガーゼを下に敷いた義歯収納容器に入れ、水に浸しておきます。

義歯の装着

Q11 参照

⓬ 吉さんに洗浄した義歯を渡し、自分で装着するよう促します。

　できない場合は介護者が装着することの了解を得て、上の義歯から装着し、次いで、下の義歯を装着します。

> 吉さん、入れ歯を洗ってきました。ご自分で入れられますか。

> では、上のほうからつけますね。

後片付け

⓭ 吉さんに義歯の装着具合を確認し、タオルや使用した手袋、物品を片付けます。

　介護者の手を流水と石鹸で洗います。

> 吉さん、お疲れさまでした。入れ歯の具合はよろしいですか。

> では失礼します。

スキルアップ Q&A

Q1 食後はどのようなことに注意して観察したらよいですか。

A 気道に食べ物が詰まっていないことを確認します。吉さんは以前から左半身麻痺があり、最近脳梗塞を再発してから意欲や体力の低下がみられます。気管に食べ物が詰まっていると意識レベルが低下したり、口唇や爪の色が紫色に変化すること（チアノーゼ）があるので声をかけて意識状態を確認します。また、

喉に食べ物が詰まっていないかなども確認するために声を出してもらうように話しかけることもよいでしょう。

Q2 要介護者にどのような体位をとってもらうとよいですか。

A 要介護者の口の高さと介護者の目線の高さを合わせるために、できれば要介護者をファーラー位（仰臥位で上半身を45度ぐらいに傾斜させた体位）にし、前傾姿勢がとれる体位をとります。ファーラー位がとれない場合は、セミファーラー位（15～45度ぐらいに傾斜させた体位）にし、誤嚥しないように顔だけ横に向けます。介護者は、ゆったりとした雰囲気でケアができるように、また腰部への負担を軽減するためにも、食事の場合と同じようにいすに座って支援します。

Q3 口腔ケアを行う場合に手袋を装着するのはなぜですか。

A 介護者への感染を防ぐためです。スタンダードプリコーションによると、血液や体液障害のある皮膚、粘膜に接触すると予想される場合には手袋を着用し、使用後必ず手を洗うことが記載されています。口腔内に炎症が起きていたり、口腔ケアを行っているときに出血する場合もあります。介護者への感染を予防するために手袋は装着するようにしましょう。

なお、スタンダードプリコーションとはアメリカの疾病管理予防センターからでている「感染予防のガイドライン」の中で述べられている、すべての感染症に適用する感染予防の方法のことです。

Q4 入れ歯を外すときは上と下のどちらを先に外すほうがよいですか。

A 全部床義歯は下顎義歯のほうが上顎義歯より小さいので取り外しやすく、下顎義歯を先に外したほうが口腔内が広くなるため上顎義歯が外しやすくなります。上顎義歯は陰圧によってしっかり口蓋部に吸着しているため口蓋部に空気を入れるように義歯の後方を下げ左右に回転させながら力を加えると外しやすくなります。

Q5 口腔ケアを行うとき以外に、義歯を外したほうがよい場合はどのような場合ですか。

A 長時間の装着は義歯の床下の粘膜が血行障害を起こしやすくなるため就寝時は外すようにします。また、意識障害があって義歯が外れて気管を閉塞する危

険があると判断された場合は外しておくほうが安全です。

Q6 就寝時など、義歯を外して保管するときは乾燥させたほうがよいですか。

A 義歯を乾燥させるのはよくありません。義歯は乾燥するとひずみや割れが生じやすくなります。保管の際は専用の容器に入れ、清潔な水や義歯用洗浄液を入れて浸しておきます。

なお、義歯収納容器の底にガーゼを敷くことにより、義歯への衝撃を少なくすることができます。

Q7 なかなか口を開けてくれない場合はどのようにすればよいですか。

A あくびができる要介護者ならば、開口障害はないと考えられるので、開口反射を誘発するKポイントを刺激するとうまくいって口を開いてくれることがあります。この方法で口腔ケアも楽になるとともに摂食訓練も可能となって、もぐもぐゴクンと口腔期から咽頭期の嚥下が引き続いて起こります。それでも無理な場合は、オーラルバイト（開口補助具）やバイターチビ（口唇開口器）などの開口用具を使用します。

なお、Kポイントとは臼歯後三角最後部内側の点（前口蓋弓の基部という文献もある）のことです。ここは開口反射を起こすポイントで、うまく刺激すると開口反射が誘発されて口が開きます。

Q8 歯ブラシを使って口腔ケアを行う場合にどのような注意が必要ですか。

A 介護者は正面に位置し、同じ目線の高さでケアを行います。要介護者に合った歯ブラシを選択し、要介護者の顎を引いてもらい、できるだけ普段の歯磨きの方法に沿うように行います。歯ブラシは圧力のコントロールがしやすく、毛先も当てやすいのでペングリップで持ちます。歯ブラシは、歯面に対し90度（スクラビン法）、歯肉溝は45度（バス法）に当て、小刻みに1歯ずつ磨くように動かします。なお、口腔ケアに電動歯ブラシを活用するのもよいでしょう。

Q9 義歯を洗浄する場合にどのような注意が必要ですか。

A 義歯を洗浄する場合は、仮に落としても衝撃を和らげることができるように下に水を張った洗面器を置き、流水の下で義歯用ブラシで磨きます。熱湯や歯磨き剤は義歯の変形や摩耗の原因になるため、水やぬるま湯で洗浄します。汚

れがひどいときは歯磨き剤を使用しますが、義歯床面を傷つけることがないよう粒子の細かい歯磨き剤を選びます。

Q10 義歯の装着を嫌がられる場合は、外したままにしておいてもよいですか。

A 義歯を外したままにしておくと、歯肉がやせて合わなくなったり、作り直しても歯肉が入れ歯を受けつけなくなったり、舌が肥大してきて作り直すことさえ困難になりよくありません。義歯はとにかく入れておくことが大切で、合わなくなったらすぐ直すことが必要です。

Q11 装着するときはどのような注意が必要ですか。

A 装着する場合は上顎から行い、義歯の前方を持ってゆっくり装着します。下顎に装着する場合は、舌を上にして歯肉に装着します。

5 食　事

scene 17　嚥下困難のある場合の食事

〈支援場面〉

○入所して8週間（2か月）後○　　健康度　低 中 高

　吉さんは、入所して2か月を過ぎたころに脳梗塞を再発し、舌や口唇の動きが不自由になっています。最近は、意欲や体力がさらに低下してきています。

　今から昼食の時間ですが、吉さんは日中でもうとうと寝ていることが多く、食事中でも寝てしまうことがあります。そのため、ベッド上で軟食にトロミをつけて摂取してもらいます。

〈支援のポイント〉

1. 楽しく食事をとることができるよう配慮する。
2. 安全で安楽な体位をとることによって誤嚥を防ぐ。
3. 咀しゃく、嚥下機能に応じた食物形態を工夫する。
4. 寝衣やリネン類を汚さないように支援する。

〈必要物品〉

①お膳　②おかゆ　③軟食（トロミ剤入り）　④吸い飲みに入ったお茶（トロミ剤入り）　⑤ソフトスプーン　⑥おしぼり　⑦タオル（ティッシュペーパー）　⑧ガーグルベースン　⑨エプロン（タオル）　⑩安楽枕　⑪小枕（バスタオル）

支援の方法と言葉がけの例

● あいさつ

❶　吉さんと目線を合わせ、名前を呼びながら笑顔であいさつをします。

> 吉さん、こんにちは。今日お世話をさせていただきます○○といいます。よろしくお願いします。

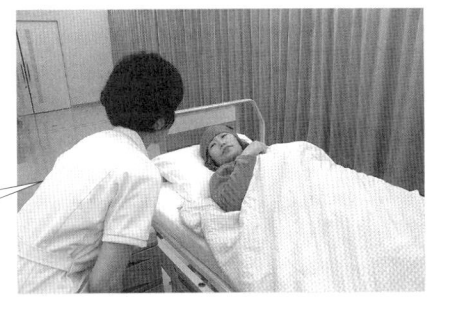

● **健康確認、説明と同意**

❷ 吉さんの覚醒状態や、食欲、気分を確認し、昼食の時間であることを告げ、食事の支援を行う同意を得ます。

Q1 参照
Q2 参照

> 吉さん、そろそろお昼ご飯の時間ですね。食欲はいかがですか。

● **排泄の確認**

❸ 食事の前に、吉さんに排泄の有無を確認します。

Q3 参照

> 吉さん、おトイレはよろしいですか。

● **体位の調節**

❹ 仰臥位(ぎょうがい)で寝ている吉さんのベッドを食膳の見える位置まで上げ、ベッドの頭側を30度ギャッヂアップします。

Q4 参照

> 吉さん、頭のほうを少し高くしましょう。

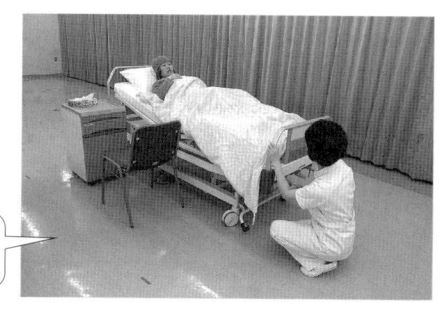

❺ 頭部が前傾姿勢になるように後頭部に枕やバスタオルを当てがいます。

Q5 参照

> 頭の後ろに小枕を入れてよいですか。

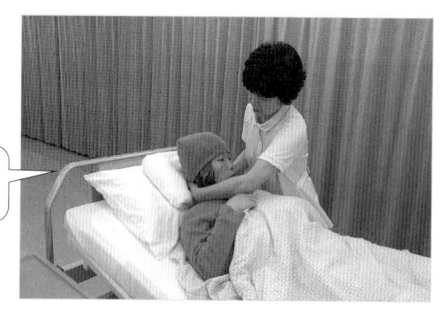

● **嚥下体操**

❻ 嚥下をスムーズにするために、食事の前に嚥下体操を行います。介護者は、吉さんの健側(右)から働きかけます。

Q6 参照

吉さん、食事でむせないようにするために体操をしましょう。

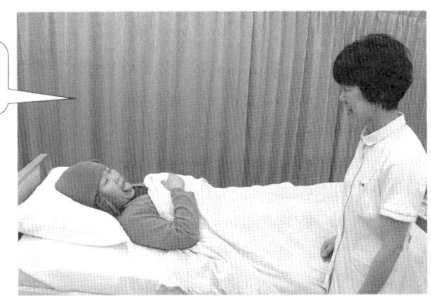

● 安楽枕による固定

❼ 体幹が患側（左）に傾かないように左肩甲部に安楽枕を当てがいます。

Q7 参照

　吉さん、身体が傾かないように左側にも枕を入れましょうね。

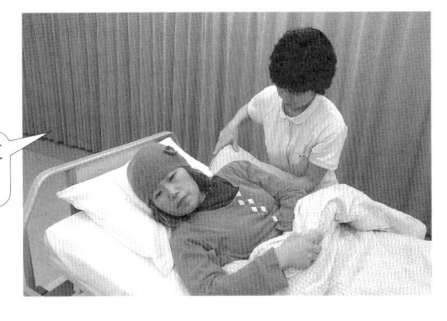

● エプロンの着用

❽ 着衣や寝具が汚れないようにするため、吉さんに確認してからエプロンやタオルを当てます。

Q8 参照

　吉さん、服が汚れるといけないので、エプロンを当ててもいいですか。

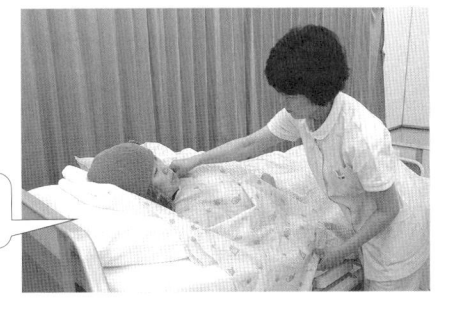

● 配膳

❾ おしぼり、タオル、お膳（お茶、おかゆ、軟食、ソフトスプーン）を吉さんから見える位置（吉さんの右側）に準備します。

　吉さん、お膳をここに置きますね。

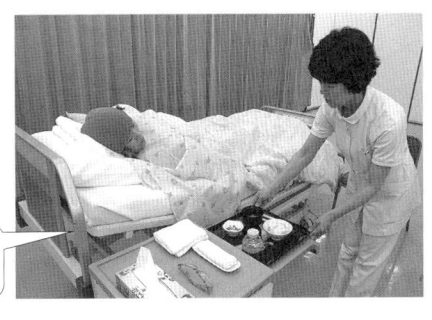

第2部　生活行動を支援する技術　167

● **献立の説明**

❿ 吉さんの体位を整え、食事の内容がわかるように眼鏡をかけます。

Q 9 参照

お膳が見える位置にあることを確認し、献立の説明をします。

> 吉さん、お膳の上にある食事は見えますか。
> 今日は野菜の煮物と卵入りのスープとおかゆですよ。よい香りがしますね。

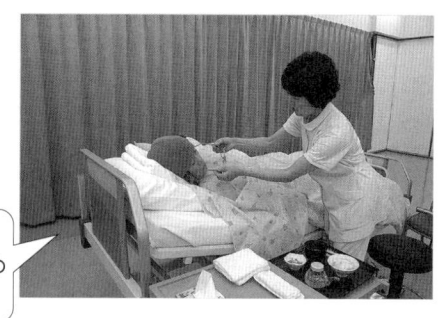

● **食事中の支援**

⓫ 吉さんの右側に座り食事を支援します。飲み込みやすいようにお茶から勧め、口に運んでいる食べ物の説明をしながら支援します。

Q 10 参照
Q 11 参照
Q 12 参照
Q 13 参照

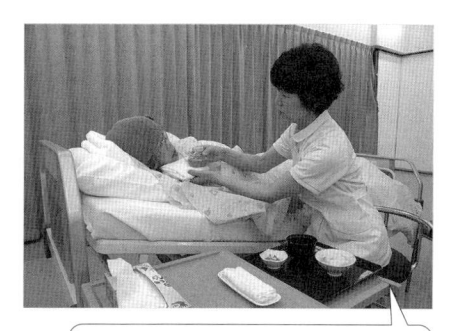

> まず口を潤すためにお茶を飲みましょうか。熱くありませんか。

> 次は何を召し上がりますか。最後にお茶を飲みましょうか。

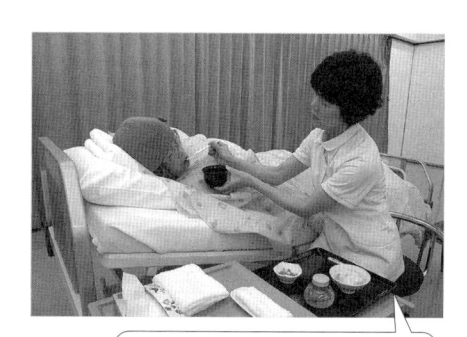

● **食後の支援**

⓬ 吉さんが食事を終えたら下膳をし、口元や手指などの清拭を行います。食べ残しがある場合はその旨を吉さんに確認し、状況に応じて下げます。

Q 14 参照

また、食後は食道からの逆流を防ぐために、しばらくの間は上体を起こしておきます。

> 吉さん、お食事はおいしかったですか。
> このおしぼりでお口の周りや手を拭いていただけますか。
> 少しお手伝いさせていただきます。

> 食事をしたばかりなので、もうしばらくこのままベッドを起こしておきましょう。では失礼します。

スキルアップ Q&A

Q1 覚醒状態を確認するのはなぜですか。

A 人間は目の前にあるものが「食べ物である」と認知することによって唾液や胃液の分泌が盛んになり、食べ物を受け入れる準備が始まります。また、意識障害がある要介護者の場合、無理やり食べさせられるとむせてしまい、むせることが苦しいので、食事をすることが苦痛になることがあります。

Q2 食事の途中で眠ってしまい食べられない人はどうしたらよいですか。

A 要介護者がしっかり覚醒したことを確認してから再開します。胃腸の動きは副交感神経が調節していますので、副交感神経が活発になるとリラックスして眠くなります。食後しばらくすると栄養が身体中に行きわたり、交感神経が働くようになり活力が湧いてきます。高齢者や嚥下障害のある要介護者が食事の途中で眠ってしまうことがあるのも同じ理由です。眠ってしまうと飲み込みが悪くなり、むせたり、口の中に残ってしまったりするので、十分に覚醒したことを確認して再開するのがよいと思われます。

Q3 食事の前に排泄の有無を確認するのはなぜですか。

A 食事中に排泄したくなると、せっかくの楽しい食事も中断しなくてはなりません。また、食事中に排泄物の匂いがすると食欲が減退してしまいますし、温かい食事が冷めてしまうこともあります。そのため、食事の前には排泄を済ませておきましょう。

Q4 ベッドを30度ギャッヂアップするのはなぜですか。

A 食べ物の取り込み（摂食）や送り込み（嚥下）に障害がある要介護者の場合は、起きていたのでは口からこぼれ出て食べることができません。ベッドを30度ギャッヂアップすれば、重力が利用できて、取り込みや送り込みやすくなります。解剖学的にも気管は食道の前に位置しているので誤嚥が起こりにくくなります。ただし、大量に口に含ませれば重力が作用して咽頭に落ち、窒息や誤嚥につながる危険があるため、少量ずつ摂取・嚥下するようにします。そのほかの利点として、食膳が見えることで食欲が増進したり、食べたいものを選択することもできます。

Q5 さらに後頭部に小枕を当てがうのはなぜですか。

A 誤嚥を防ぐためです。ベッドを30度ギャッヂアップしたままで枕をかわないと、頸部が伸展して食べ物が気管に流れやすい角度になってしまいます。小枕やバスタオルなどを用いて頸部前屈位に保つことによって、咽頭と気管に角度がついて誤嚥しにくくなります。

Q6 嚥下体操が嚥下障害のある要介護者に有効なのはなぜですか。

A 嚥下体操をすることによって、頸部や口唇の緊張がとれることや、嚥下に対する心構えができるためではないかと考えられています。【p.171「図表2－5」、「図表2－6」参照】

Q7 左肩甲部に安楽枕を当てがうのはなぜですか。

A 麻痺側に食べ物が流れ込まないようにするためです。四肢に麻痺のある場合はのどにも麻痺があることがあります。そのため健側を下にした軽度側臥位をとることによって食べ物が重力に引かれ健側に集まることによって、のどの麻痺側にいくことを防ぐことができます。

Q8 吉さんに確認してからエプロンを当てるのはなぜですか。

A エプロンを当てることに抵抗のある要介護者の方もいるからです。そのような場合はタオルを当てるように配慮します。

Q9 介護者は要介護者の健側から支援するのはなぜですか。

A 半身麻痺のある要介護者の場合は、健側から支援することで、注意を食事に集中させることができるからです。また、半身麻痺のある場合、同側の視野も障害されていることもあります（同名性半盲）。そのような場合は、可視側から接近するような配慮が必要です。

なお、同名性半盲とは、両眼ともに右または左側の視野の欠けた状態をいいます。視神経交叉より、中枢側の障害によって生じます。例えば、右大脳半球が脳卒中や外傷、腫瘍などで障害されると左同名性半盲が起こります。

図表2-5　舌の体操

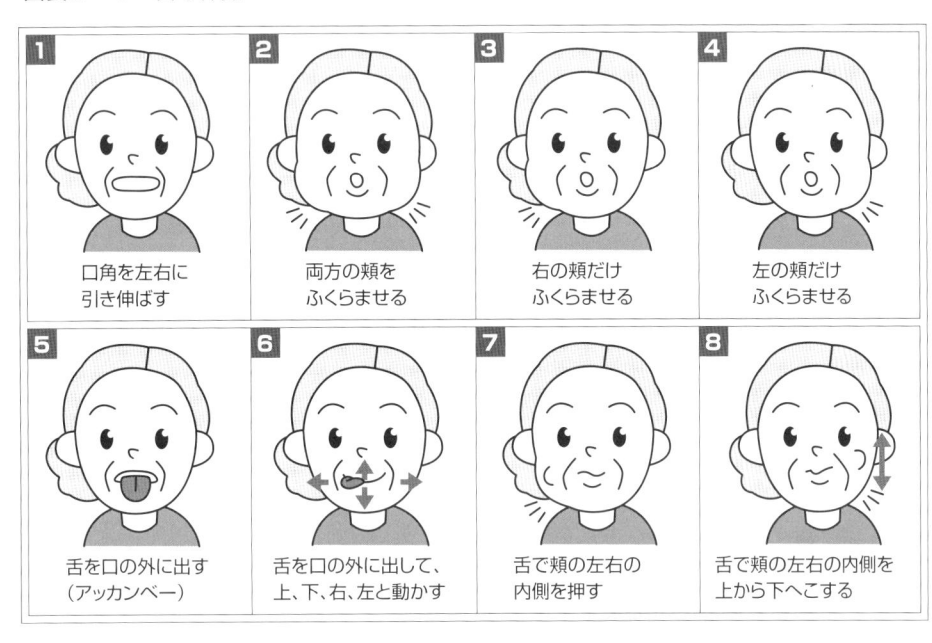

1 口角を左右に引き伸ばす	2 両方の頬をふくらませる	3 右の頬だけふくらませる	4 左の頬だけふくらませる
5 舌を口の外に出す（アッカンベー）	6 舌を口の外に出して、上、下、右、左と動かす	7 舌で頬の左右の内側を押す	8 舌で頬の左右の内側を上から下へこする

図表2-6　嚥下体操

1 深呼吸
- 鼻から大きく息を吸う（お腹をふくらませる）
- 息を止める
- 口をすぼめて吐き出す（お腹をへこませる）

2 首の運動
- 前後、左右に曲げる
- ゆっくりと回す
- 左後ろを見るように、後ろにねじる（同じように右にもねじる）

3 発声
- 「ポリバケツ」「パタカラ」「さしすせそ」「たちつてと」と声に出す

ポーお　リーい　バーあ　ケーえ　ツーう　｝速さを変えてやってもよい

パタカラ

出典：中島知夏子「食事ケアを見直そう！」『介護専門職の総合情報誌　おはよう21』2009年4月号増刊　中央法規出版　p.32

第2部　生活行動を支援する技術

Q10 介護者は座って支援してもよいのですか。

A 　介護者は立ったままで支援すると威圧感を与え、ゆったりとした気分で食事をとることができません。また、立位での支援は要介護者が前傾姿勢を保持することができないため、顎が上がって嚥下しにくくなります。介護者にとっても長い間かがんだ状態で支援することで腰に負担がかかります。要介護者にとっても、介護者にとっても安全で安楽に支援できる位置を確保するために足高のいすを利用することで、要介護者と目線の高さを合わせ、ゆったりした気分で介助することができます。

Q11 嚥下障害がある要介護者の食事支援ではどのようなスプーンを使用するとよいですか。

A 　やや縦長の平たいスプーンが使いやすいです。送り込みが悪く、奥舌に食べ物を置く際には、やや縦長のスプーンを使用すると、口腔内でスプーンをくるりと回して、簡単に食べ物を落とすことができます。口唇で取り込む感覚をトレーニングする場合、用手的に介助して口唇を閉鎖しても抜き取りやすいように、ほとんど平たい形のスプーン（アイスクリームスプーン等）を使用します。

食事をおいしく食べるための福祉用具

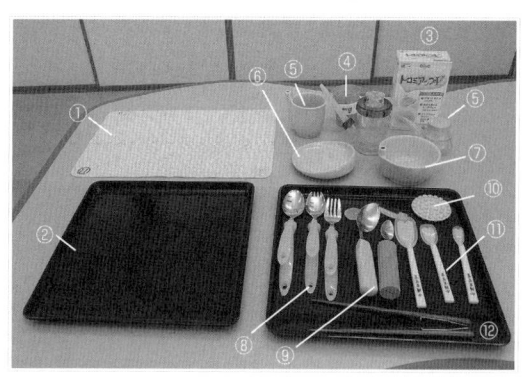

① ⑩ 滑り止めマット
② 滑り止め加工されたお盆
③ トロミ剤
④ 一口量がわかる容器
⑤ 吸い飲み
⑥ ⑦ すくいやすい容器
⑧ 形状記憶スプーン・フォーク
⑨ 先曲がりスプーン
　 スポンジ付きスプーン
⑪ ソフトスプーン
⑫ バネ付き箸

Q12 一口量の目安はどれくらいでしょう。

A 　個人差もありますが、健常人では20ml（カレースプーン一杯くらい）が一番嚥下しやすい量です。多すぎれば嚥下しにくくなったり、誤嚥したときの危険が高くなります。反対に少なすぎると刺激が足りなくて嚥下しにくくなります。
　要介護者では摂食場面で一口量が少ない方の目安は3mlとします。嚥下造影や摂食訓練のときはこれより少ない量を用いることがあります。一口量が多い方でもカレースプーンすり切り1杯までとします。

Q13 嚥下障害のある要介護者の場合、どのようなことに気をつけて食事介助を行えばよいですか。

A お茶やスープを先に飲むことで消化器管を刺激して消化液の分泌を促進し、食欲が増進します。しかし、嚥下障害のある場合は水分でむせることが多いので、水分にもトロミ剤を使用し気道に流れ込むことがないようにすると誤嚥を防ぐことができます。食事中は、口腔内に食べ物がたまっていないか、ごっくんと飲み込んだか（嚥下の確認）、献立の温度は適切か、一口の量は適切かなど十分観察し、バランスよく無理なく気持ちよく食べてもらうように配慮しながら支援することが大切です。また、食事に時間がかかる場合は疲労度を考え、45分くらいの食事時間を設定し、不足分はおやつや補助栄養で補います。トロミ剤は食物の粘調度を調整する市販増粘剤で、主にでんぷんを原料に作られています。要介護者にあわせて使用量の調整をします。

Q14 食後は何時間くらい仰臥位にならないほうがよいですか。

A できれば2時間くらい起座位をとるのが望ましいでしょう。嚥下障害のある要介護者の食後は腹部を圧迫しないようにして、リラックスした半起座位をとるようにします。胃から食道への逆流がある場合や食道の蠕動不全がある場合などは、2、3時間とることで逆流を防ぐことができます。経管栄養を行っている要介護者の場合も同様です。食後2時間の起座位で誤嚥性肺炎の発生数を減らすことができたという報告があります。なお、半起座位とは仰臥位で上半身を15～45度に傾斜させた体位で、半座位、ファーラーの体位ともいいます。

scene 18　視覚障害のある場合の食事

〈支援場面〉

○入所して3週間後○　　健康度　低 中 **高**

　吉さんは弛緩性の左半身麻痺や言語障害はありますが、最近は体調よく過ごせています。吉さんは強度の近視があり、日ごろは眼鏡を使用していますが、今朝、洗面所で眼鏡を落として破損してしまいました。

　吉さんは食事が何よりも楽しみなので、早くから食堂のいすに座り食事の時間を待っています（介護者の付き添いのもと、食堂へ移動し、着席した際には、患側に安楽枕を当てがい支持されています）。

　ちょうど今、配膳が終わってこれから食事をするところです。吉さんは左半

身麻痺があるため、滑り止め付きのお膳や角度付きの食器を使い、自立支援を心がけ楽しい雰囲気で食事をとっていただけるように支援します。

〈支援のポイント〉

1. 献立の内容や食器の配置がイメージでき、楽しく食事ができるよう見守る。
2. 安全に配慮し、吉さんがリラックスした雰囲気で食事ができるように見守る。
3. 意欲が向上するような声かけをして見守る。

〈必要物品〉

①滑り止め付きお膳　②ご飯　③みそ汁　④卵焼き　⑤角度付きの皿に入った煮物　⑥お茶　⑦箸　⑧エプロン（タオル）　⑨おしぼり　⑩ティッシュペーパー　⑪安楽枕

支援の方法と言葉がけの例

● **あいさつ**

❶ 吉さんの健側（右）に立ち名前を呼びながら笑顔であいさつをします（吉さんの肩などに軽くふれます）。

Q1 参照

> 吉さんおはようございます。今日お世話をさせていただきます○○といいます。よろしくお願いします。

● **体調確認**

❷ 吉さんの様子や体調を確認します。

Q2 参照

> 吉さん、ご気分はいかがですか。
> 昨夜はよく眠れましたか。

● **説明と同意**

❸ 吉さんに排泄の有無や配膳された食事に間違いがないことを確認して、これから食事をとることや準備をすることの同意を得ます。

> 吉さん、おトイレは大丈夫ですか。
> 吉さんは普通食でよかったですね。
> 準備をしますので少しお待ちください。

姿勢の確認

❹ 吉さんが正しい姿勢がとれ、患側（左）に安楽枕がしっかり当たって転倒の危険がないことを確認します。

［Q3参照］

> 枕はしっかり当たっていますか。

> 足の底はちゃんと床に着いていますか。

準備

❺ お膳やおしぼり、ティッシュペーパーをテーブルの上に準備します。吉さんにエプロンを使用する了承を得たうえで当てがいます。

> 吉さん、服が汚れるといけないのでエプロンをかけてもよろしいですか。

献立の説明

❻ 吉さんの健側（右）に座り、食欲をそそるように朝食の献立の説明をします。

［Q4参照］
［Q5参照］

> 吉さん、今日は吉さんの好きな大根のみそ汁ですよ。
> おかずは、野菜の煮付けと卵焼きです。

> 里いもは大きいので一口サイズに切ってよろしいですか。

● **食事中の支援**

❼ 食器の位置をクロックポジションで説明します。

Q6 参照

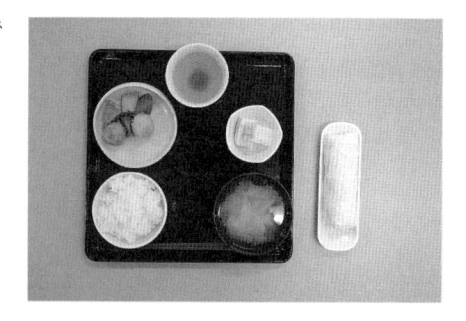

最初にテーブルやお膳の位置関係を確認してもらい、次にお膳の中の食器の位置をクロックポジションで説明します。

> 吉さん、食器の位置を確認してもらいますので、こちらの手に（右手の甲にふれて）私の手を添えさせてもらいますがよろしいですか。ここがテーブルの端です。

> 6時の位置には箸があります。8時の位置にご飯があります。2時の位置に卵焼き、10時の位置に煮物があります。

> お茶は12時の位置にあります。熱いので気をつけてください。

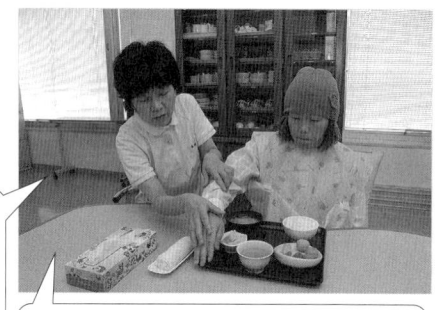

● **下膳**

❽ 吉さんが食事を食べ終えたら食事の感想などを尋ね、下膳します。食べ残しのある場合はその旨を確認し、状況に応じて下げます。
　口元や手指などを拭いてもらいます。

> 今日の朝ご飯はおいしかったですか。

● 朝食の終了

❾ 洗面所で歯磨きをして部屋などへ誘導します。

> それでは洗面所で歯磨きをしてから部屋に戻りましょう。

スキルアップQ&A

Q1 視覚障害がある要介護者の場合どのようなことに配慮してあいさつするとよいですか。

A 視覚障害があると、誰に向かって話をしているのかわかりにくいので、必ず要介護者の名前を呼んでから肩や前腕など身体の一部にふれてあいさつすると要介護者も安心できます。

Q2 高齢者には白内障が多いといわれますが、どのような症状がありますか。

A 白内障は視力が低下する、目がかすむ、光をまぶしく感じるなどの症状があります。治療は軽症であれば点眼薬が用いられますが、進行すると手術の適応となり、超音波による吸引術が行われ、眼内レンズが挿入されます。

なお、白内障とは人の目においてカメラのレンズに相当する働きをするのが水晶体ですが、その水晶体が濁った状態をいいます。

Q3 食事の正しい姿勢はありますか。

A 食事の姿勢は身体をまっすぐにして顎を少し引き、うつむき加減になるようにします。前かがみの姿勢をとり、足の底を床にしっかりと着け身体を安定させます。前かがみの姿勢をとると食道が開き嚥下反射で食道の筋肉が動き出して広がるので食べ物が入りやすくなります。

Q4 介護者は要介護者のどちら側から支援するとよいですか。

A 本来ならば、吉さんの場合は左半身麻痺があるため転倒防止のために患側（左）に位置する必要がありますが、患側（左）の安全を確保したうえで、吉さんの利き手を考慮し健側（右）から支援することが望ましいでしょう。

第2部　生活行動を支援する技術

Q5 視覚障害がある要介護者に献立を説明するときにはどのようなことに配慮すればよいですか。

A 常に相手の立場に立ち、不安や戸惑いがある場合には相手の理解できるペースや言葉でわかりやすく説明します。魚の身をほぐしたり、食べにくい食材を食べやすい形状にしたりする場合には要介護者に了解を得てから支援します。

Q6 視覚障害のある要介護者に対する食器や箸の位置の説明はどのように行うとよいですか。

A 介護者は要介護者の健側の手背に手を添えてテーブルやお膳の縁をふれ、位置を確認してもらいます。次に、お膳の上にある食器や箸の位置をクロックポジションで説明しながら直接手でふれて確認する方法もあります。

お膳の位置がわからない場合はその都度お膳の位置まで誘導します。要介護者の手を宙に浮かせないようにお膳や食器の縁に沿わせながら移動させたり、小指をお膳の縁に沿わせて位置を確認するように説明します。口に運ぶ感覚がつかめない場合は、介護者が手を添えて誘導します。そのほか、今回の事例では、吉さんの健側（右）の手に介護者の手を添えて位置を説明するので、吉さんの健側（右）に位置するのが望ましいと思われます。

なお、クロックポジションは時計の文字盤に例えて説明する方法で、料理の位置を共通概念である時計の文字盤の数字の位置で説明することでイメージをつかむことができます。【p.179「図表2-7」参照】

図表2-7　クロックポジション

　クロックポジションとは、視覚障害のある方にものの位置関係を説明する場合に時計の文字盤に例えて説明する方法です。

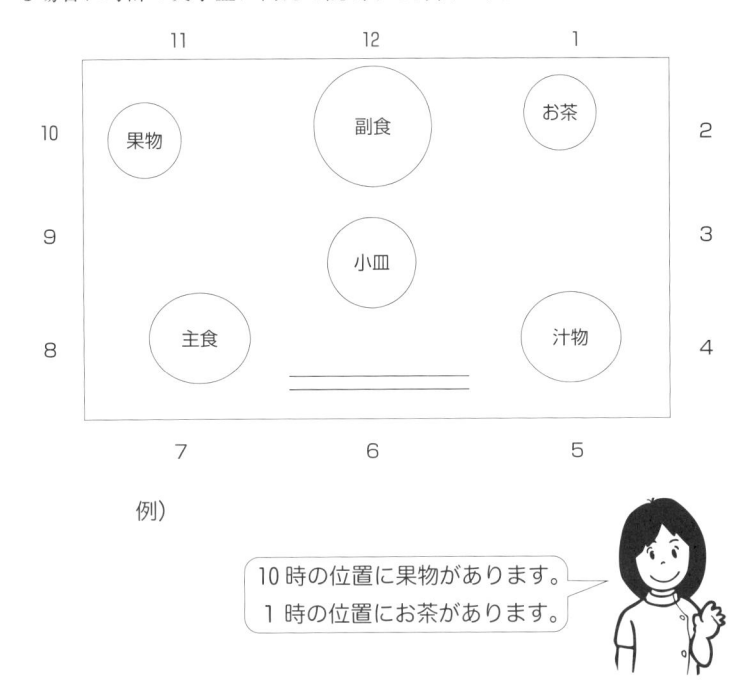

```
        11        12         1
   10  [果物]    [副食]     [お茶]   2
    9            [小皿]             3
    8  [主食]              [汁物]   4
         7         6         5
```

例）

10時の位置に果物があります。
1時の位置にお茶があります。

6 排　泄

scene 19　常設トイレでの排泄

〈支援場面〉

○入所して7週間後○　　健康度 [低 中 高]

　吉さんは、転倒後、ベッドサイドでポータブルトイレを使用して排泄をしていましたが、立ち上がりが自力でできるようになりました。また、手すりにつかまれば立位の保持が安定するようになり、車いすの自走も楽にできるまでに回復しました。

　吉さんが排尿を訴えて常設トイレの前で車いすに座って待っています。そこで、在宅復帰に向けて車いすと洋式便座間の移乗の見守りと、ズボンと下着の着脱を支援します。

　なお、使用する常設トイレ内には洗面所があり、便座の左右には手すりがつけられています。

〈支援のポイント〉

1. 転倒に注意しながら安楽に行う。
2. 意欲が向上するような声かけをして見守る。
3. プライバシーや羞恥心に十分配慮する。
4. 「できる能力」を可能な限り活用して排泄できるように促す。

〈必要物品〉

①常設の洋式トイレ　②車いす　③呼び鈴もしくはナースコール

支援の方法と言葉がけの例

● あいさつ

❶ 常設トイレの前で待っている吉さんと目線を合わせ、名前を呼びながら笑顔であいさつをします。

> 吉さん、お待たせしました。
> お手伝いをさせていただく○○です。
> よろしくお願いします。

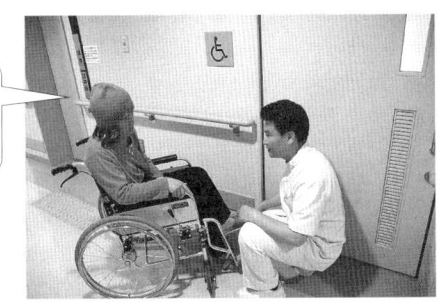

● 体調確認

❷ 吉さんの様子や体調を観察します。

> 調子の悪いところは
> ありませんか。

● 環境の確認

❸ トイレの便器、床、汚物容器、手洗い場などが汚染されていないか、臭気がないか、極端にトイレが寒くないか（居室との温度差が著しくないか、便座が冷たくないか）、障害物がないかを確認します。

 トイレットペーパーやペーパータオルがきれていないか、手の届くところにあるかを確認します。

Q1 参照
Q2 参照

> トイレの確認をしますね。

● トイレ内への誘導・説明と同意

❹ 常設トイレ内に入り、対面した便座の左斜め前の位置に車いすに乗っている吉さんを誘導します。

 トイレを使用していることを示すサイン（「使用中」のプレートなど）を出し、トイレのドアを閉めます。

Q3 参照

> 移動しますね。

第2部 生活行動を支援する技術 181

❺ 吉さんに排泄する方法を説明し同意を得ます。

> この手すり（吉さんの斜め左前にある手すりを示して）を右手でつかんで立ち上がって下着を下ろし終わったら、ゆっくり便座に座っていただきたいと思います。
> よろしいでしょうか。

● **立ち上がり**

❻ 介護者は、転倒に備えて常に吉さんの患側（左）に位置し、手を添えながら見守ります。

　吉さんに、車いすの両側のブレーキをかけてもらい、フットレストを上げて両足を床に着けてもらいます。

> こちらの手（右手を示して）で車いすのブレーキを外していただけますか。
> こちらの足（右足を示して）で、これ（フットレストを示して）を上げていただけますか。

❼ 吉さんに足を肩幅に開いて、健側（右）の足を少し引いてもらいます。

　吉さんの患側（左）の手を身体の前面に位置させ、健側（右）の手で、斜め左前にある手すりをしっかり握ってもらった後、前かがみになって立ち上がってもらいます（前かがみになった状態で手すりにつかまれない場合は、前にいざってもらいます）。

Q 4 参照

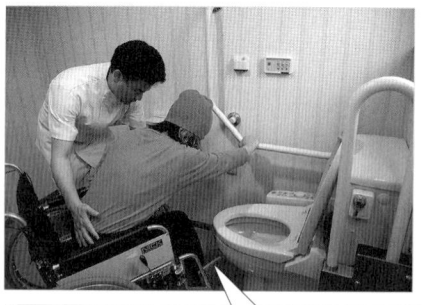

> 足を肩幅に開いて、こちらの足（右足を示して）を少し引いていただけますか。
> こちらの手（右手を示して）でこの手すり（吉さんの斜め左前にある手すりを示して）を握って、前かがみになってください。

> では、ゆっくり立ち上がってください。

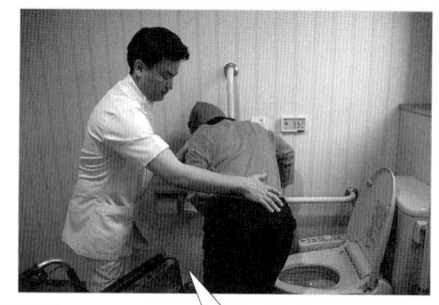

● **ズボンと下着の脱衣**

❽ 吉さんの立位が安定したら、気分を確認します。

介護者は、吉さんの患側（左）の背面からズボンと下着を臀部が出るところまで下ろします。

> ふらつきはありませんか。
> ズボンと下着を下げますね。

● **便座への移乗**

❾ 吉さんにポータブルトイレの位置を確認してもらってから、手すりを握る位置や軸足（右足）の位置を調整してもらいます。

> 後ろを見て便座の位置を確認してください。手すりを握る位置はよろしいですか。お尻が便座に届きますか。

❿ 吉さんに健側（右）の足を軸に回転しながら、便座にゆっくりと座ってもらいます。

> では、こちらの足（右足を示して）に力を入れて回転して、便座にゆっくり座ってくださいね。

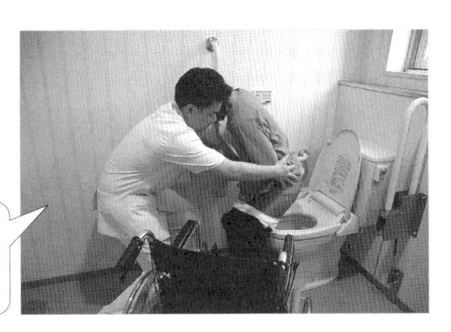

⓫ 臀部まで下げていた吉さんのズボンと下着を、排泄物で汚染されないように、膝の辺りまでずらします。

必要に応じて、保温やプライバシーの保持のために、下半身にバスタオルをかけます。

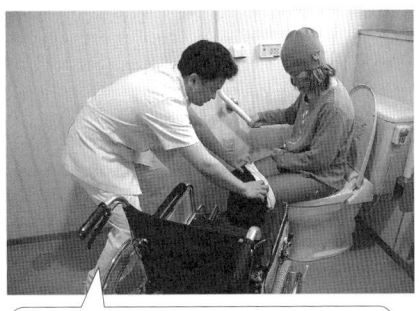

> もう少しズボンと下着を下げますね。

● **排泄にあたっての最終確認**

❷ 吉さんにトイレットペーパーやナースコールの位置、水洗の方法を確認してもらい、排泄が終わったら陰部や肛門部をトイレットペーパーで拭き、排泄物を流したら、ナースコールを鳴らして介護者を呼ぶように伝えます。

　介護者は、安定した座位が保たれていることを最終確認してから、退室します（状況によっては、トイレの扉の前で待ちます）。

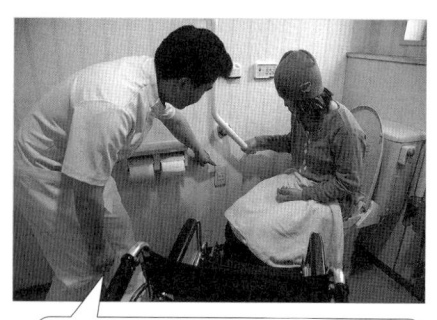

> このトイレットペーパーでおしもを拭いてくださいね。
> 済みましたらこのナースコールを鳴らして私を呼んでくださいね。
> それでは失礼します。

● **便座から車いすへの移乗・ズボンと下着の着衣**

❸ ナースコールが鳴ったら速やかにトイレに向かい、扉の前で吉さんに声をかけてから、トイレ内に入室します。

> 吉さん、済みましたか。
> 入ってよろしいですか。

❹ 吉さんに車いすのブレーキがかかっていることを確認してもらった後、便座の前のほうに浅く座ってもらい、ズボンと下着を上げられるところまで上げてもらいます。

　吉さんに右側の手すりに健側（右）の手でつかまり、立ち上がってもらいます。

> 車いすのブレーキはかかっていますか。
> 前のほうにずれて、浅く座っていただけますか。こちらの手（右手を示して）で手すりを握ってゆっくり立ち上がってください。

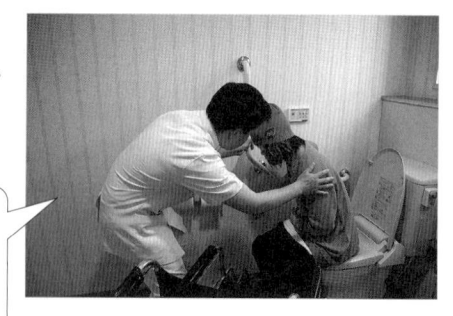

❶❺ 吉さんの気分を確認した後、介護者が下着とズボンを上までしっかり上げ、着心地を確認します。

> 気分は大丈夫ですか。
> 下着とズボンを上げますね。
> 着心地はよろしいですか。

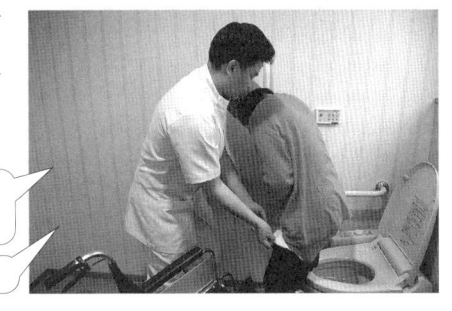

❶❻ 吉さんに、車いすに背を向けながら健側（右）の足を軸にしてゆっくり回転しながら車いすに座ってもらいます。

その際、吉さんは健側（右）の手で手すりを握って身体を支えていますが、必要に応じて後方に位置している車いすの右側のアームレストに持ち替えてもらいます。

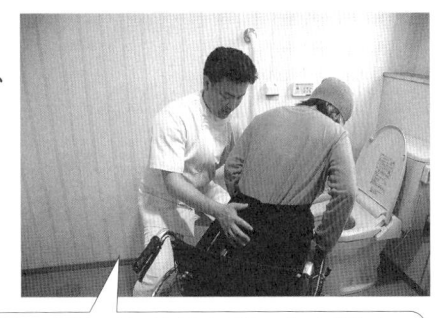

> では、こちらの足（右足を示して）を軸にして回転して、車いすにゆっくり座ってください。

❶❼ 吉さんに健側（右）の手足を使って車いすに深く座り直してもらいます。

座位が安定していることを確認した後、フットレストを下げ、両足を乗せてもらいます。

> 深く座っていただけますか。
> フットレストを下ろして、足を乗せていただけますか。

● 情報収集・後始末

❶❽ 吉さんに、排泄状況や排泄物に気になることはなかったかなどを尋ね、心身や排泄物の状況に関する情報を得ます。

> 特に変わったことはありませんでしたか。
> 十分に用を足せましたか。

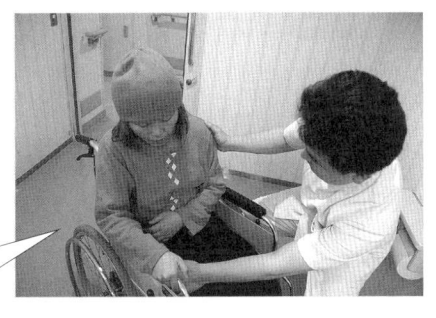

Q 8 参照

第2部 生活行動を支援する技術 185

❶❾　常設トイレ内の洗面所で手を洗ってもらい、ペーパータオル等で拭いてもらいます。

> こちらで手を洗ってくださいね。

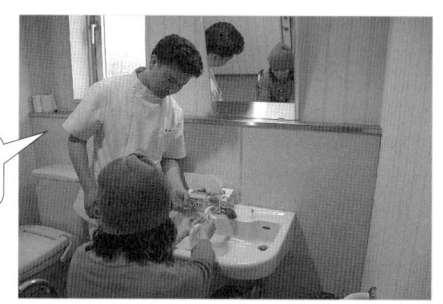

❷⓪　常設トイレのドアを開け、吉さんを送り出します。
　便座や床の汚れがあった場合、速やかに拭き取り、トイレを使用していないことを示すサイン（「空き」のプレートなど）を出し、トイレの扉を閉めます。

スキルアップ Q&A

Q1　介護施設ではどのような常設トイレが設置されていますか。

A　日本の介護施設の常設トイレでは、ウォーマーやウォシュレット付きの洋式便座が普及しています。また、立ち上がりのための手すりが複数取り付けられているのはもちろんのこと、車いすの出入りが容易なようにトイレ内の空間を広くしています。さらには、個々のトイレ内に手洗い設備だけでなくシャワー設備を備えた常設トイレも少しずつ増えてきました。
　そのほか、電動で便座が昇降する「昇降便座」を設置している施設もあります。昇降便座は、高齢者や障がいを持っている方、衰弱している患者等がしゃがんだり立ち上がったりするのを助ける機能を持っていますが、コストがかかることや、清掃に手間がかかるなどの欠点があります。

Q2　トイレットペーパーは、半身麻痺のある要介護者には使いにくいのではないですか。

A　片手でも容易にカットできるトイレットペーパーホルダーもありますが、両手を使わないとカットしにくいトイレットペーパーホルダーの場合は、介護者があらかじめ使いやすい長さに切ってたたんだものを手の届くところに置いておきます。

Q3 常設トイレの条件によって車いすの配置を工夫する必要があると思いますが、どのようにすればよいですか。

A 常設トイレが非常に狭く、車いすの幅程度しかない場合は、便座と平行に対面する位置（真正面）に車いすを配置します。常設トイレの空間に余裕のある場合は、空間が許す限り便座の斜め前（便座に対面し、車いすに座った状態で、要介護者の健側の方向に斜め）に車いすを配置します。そうすることによって、便座に座る際の移動距離（軸足を回転させる角度）が少なくなり、安全性や安楽度が高まります。さらにトイレ空間が大きく、便座に座った状態での患側に広い空間があれば、その空間に便座に対して斜め横の位置に車いすを置くと、最短距離の回転移動が可能となります。

以上は、半身麻痺のある要介護者における一般的な車いすの配置例であり、実際には、要介護者の麻痺の種類や程度、障害のない上・下肢の筋力の程度、意欲などの心身の条件や、トイレ空間の大きさ、便座や手すりの種類・位置などの物理的環境条件によって、最適な車いすの位置を検討することが重要です。

Q4 立ち上がりの際に、吉さんの膝折れ防止のための対処をしなくてもよいですか。

A 吉さんは、立ち上がりが自力ででき、手すりにつかまれば安定した立位の保持ができる状態ですので、自立に向け、あえて膝折れ防止の支援はしませんでした。

しかし、半身麻痺があって立ち上がりが不安定な場合は、膝折れ防止の支援が必要です。膝折れ防止の方法は、ケースバイケースであり、要介護者や介護者の状況や支援の環境に応じて工夫します。具体的には、患足の膝を介護者の手や足で押すようにしたり、患足の踵が後方にずれないように介護者の足部で押さえたり、介護者の片足を要介護者の足の間に入れたりして要介護者を支えます。

介護者が要介護者の患足の膝などを支えることによって、要介護者は安全に健側に重心を移動することができるのです。

Q5 ズボンと下着を一度に膝の部分まで下ろさないのはなぜですか。

A 便座に座る前に膝までズボンや下着を下ろしておくと、回転して便座に座るときに、足を動かしにくくなります。また、膝の部分に腰のゴムひもがあると、バランスを崩したときに、足を踏み出しにくくなります。

Q6 半身麻痺があり健手で手すりにつかまらないと立位の保持が安定しない吉さんのような要介護者が、自分でズボンや下着を上げ下げする方法はありますか。

A 便座や車いすに座った状態で、腰を少しずつ浮かせて、ズボンと下着を着脱する方法があります。

しかし、テープ型の紙オムツやパッド型の紙オムツなどを使用していたり、臀部に創傷(褥瘡)などがある場合は不適でしょう。この方法では、オムツを適切な位置に当てることが困難ですし、創傷に摩擦が加わって皮膚組織を破壊してしまうことになります。

Q7 つかまり立ちができても、軸足を中心に回転して方向転換をするのが不安定な場合はどのようにすればよいですか。

A 要介護者の了解を得て、安全ベルトや回転盤、トイレ用テーブルなどを使用して補助するのも1つの方法です。

回転盤は、2枚の円形のプレートを重ね、中心部で接続した単純な構造の福祉用具で、床面に置いた上に要介護者が乗り、足を動かすことなく、小さい力で回転(方向転換)ができます。しかし、使い勝手から、コンパクトにつくられており、要介護者が両足を十分に開き、基底面積を広げて安定した姿勢を保つことが困難であるといった欠点があります。

トイレ用テーブルは、トイレの壁面に垂直に収納できる形で設置されている1枚のプレートです。テーブルを倒して、洋式便座の前側に平行に位置させて使用します。十分な強度があるので、握力が少なくてもテーブルに上半身全体を寄りかからせた状態での安定した移乗が可能となります。また、オーバーテーブルのように身体を前傾姿勢で支えることができるので、座位が安定し、腹圧をかけやすくなります。

Q8 介護者が、直接排泄物の観察をしなくてもよいですか。

A 現在体調のよい吉さんに対しては、排泄状態や排泄物を毎回、介護者が直接観察する必要はないでしょう。

ただし、特に異常がなくても、排泄状況や排泄物の量・性状は健康状況を推し量るバロメーターですので、定期的に介護者等が直接観察する必要はあります。排泄物を他者に見られること自体が、要介護者にとってはストレスになることを忘れないで支援しましょう。

なお、消化器系や泌尿器系の疾患の疑いや、尿や便の性状に異常が認められ、その変化を詳細に観察する必要のある場合などには、介護者や医療従事者が排泄状態や排泄物を毎回、直接観察しなければならないでしょう。

scene 20　ポータブルトイレでの排泄

〈支援場面〉

○入所して5週間後○　　健康度　低 中 高

　腰部を打撲して安静臥床をしていた吉さんは、快方に向かい、座位が保てるようになりました。しかし、吉さんは、再度転倒することを恐れて常設トイレでの排泄を拒んでいます。

　そのため、常設トイレでの排泄をめざして、しばらくの間、ベッドサイドでポータブルトイレを使用して排泄をしてもらうことにしました。

　なお、吉さんは、安静臥床による筋力の低下のため1人でポータブルトイレに移乗できず、立ち上がりも自力でできません。また、立位の保持が不安定な状態です。

〈支援のポイント〉

> 1．転倒に注意しながら安楽に行う。
> 2．安心して排泄できるように、丁寧にゆっくり手順よく支援する。
> 3．プライバシーや羞恥心に十分配慮する。
> 4．「できる能力」を可能な限り活用して排泄できるように促す。

〈必要物品〉

①ポータブルトイレ　②トイレットペーパー　③おしぼりとおしぼり置きもしくはウエットティッシュ　④バスタオル　⑤呼び鈴もしくはナースコール　⑥プライバシーカーテンもしくはスクリーン（つい立て）

支援の方法と言葉がけの例

● あいさつ

❶ 臥床している吉さんの右ベッドサイドに位置し、目線を合わせ、名前を呼びながら笑顔であいさつをします。

> 吉さん、お待たせしました。
> お手伝いをさせていただく○○です。
> よろしくお願いします。

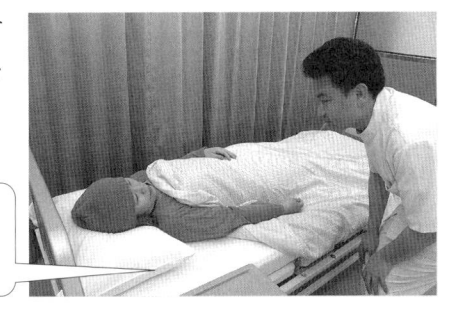

● 体調確認

❷ 吉さんの様子や体調を観察します。

> 腰の痛みが大分よくなったようですが、調子の悪いところはありませんか。

● 説明と同意・必要物品の準備

❸ 吉さんにポータブルトイレを使用してベッドサイドで排泄する必要性を説明し、同意を得てから必要物品を用意します。

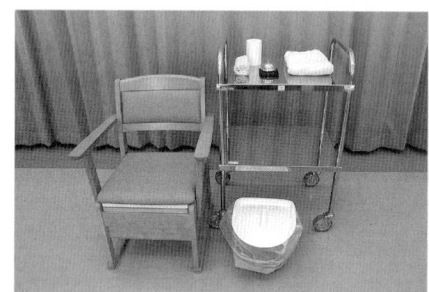

Q1 参照
Q2 参照
Q3 参照

> 以前のように、トイレで用が足せるように、まずはここでポータブルトイレを使って用を足していただきたいと思いますが、よろしいでしょうか。

● 環境の準備

❹ プライバシーカーテンを閉めます。もしくは、スクリーン（つい立て）を置きます。

　換気のために少し窓を開けます（冬季はすきま風が当たらないように注意します）。個室でない場合は、ほかの要介護者への配慮もします。

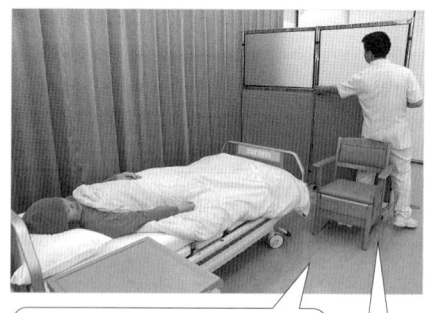

> ここについ立てを置きますね。

> 換気のために少し窓を開けますが、寒かったら言ってくださいね。

Q4 参照

❺ 吉さんの足底が端座位になったときに床に着くように、ベッドの高さを確認し、調節します。

> ベッドの高さを調節しますね。

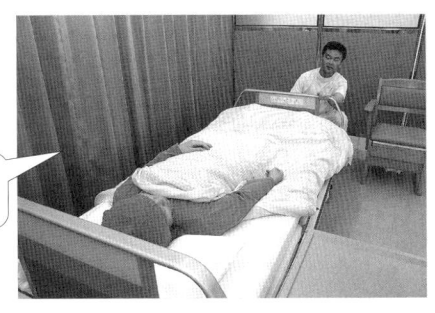

Q5 参照
Q6 参照

❻ 吉さんの健側（右）のベッドサイドの足元に、ポータブルトイレを頭側に向けてベッドと平行に置き、ふたを開けます。

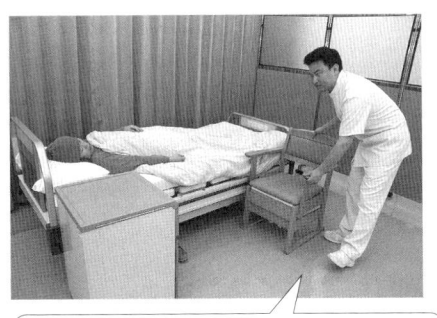

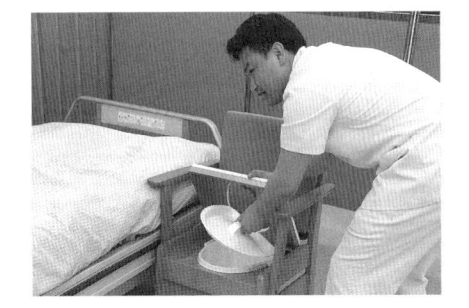

> こちらにポータブルトイレを置きますね。

● ポータブルトイレへの移乗

❼ 掛けものを外します。

介護者は吉さんの身体を支えながら、右ベッドサイドに端座位になるよう支援します。【p.55「仰臥位から端座位」参照】

吉さんの足底が床に着き、座位が安定していることと、気分を確認します。

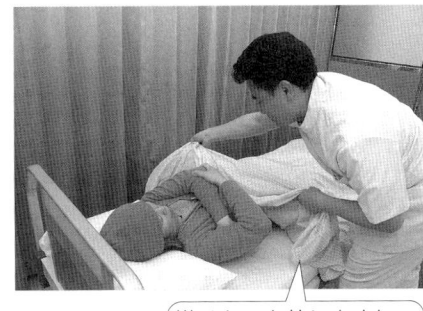

> 掛けものを外しますね。

> 起き上がってこちら側（右ベッドサイドを示して）のベッドの端に座っていただきますね。

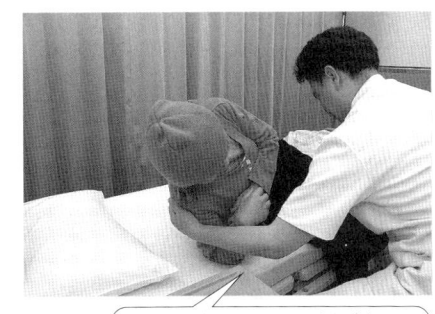

第2部　生活行動を支援する技術　191

❽　吉さんの足を肩幅に開いてもらい、健側（右）の足を少し引いてもらいます。

　健側（右）の手は、介護者の首に回して抱え込んでもらいます。

　患側（左）の手は、身体の前面に位置させ、介護者との身体の間に挟むようにします。

> 足を肩幅に開いて、こちらの足（右足を示して）を少し引いていただけますか。

> こちらの手（右手を示して）を私の首に回して、つかまっていただけますか。

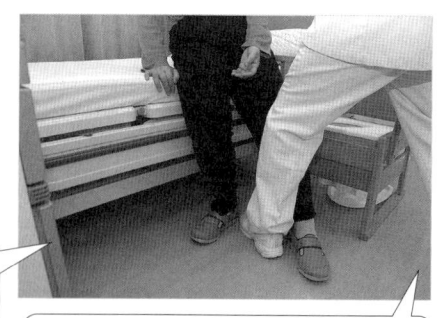

Q 7 参照

❾　介護者は、腰を落として重心を低くした状態で、吉さんの背部で手を組み、脇を締めます。

　吉さんの患側（左）の膝を介護者の左膝に合わせ、膝を押すようにして立位になります（膝折れを防止しながら立位をとってもらいます）。

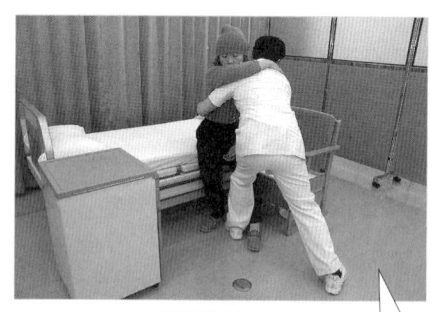

> では、立ち上がりますね。いち、にの、さん。

❿　立位が安定したら、気分の確認をします。

　健側（右）の足を軸にして無理なく回転して便座に移乗できるように、健側（右）の足を一歩前に出してもらいます。

> ふらつきはありませんか。

> こちらの足（右足を示して）を少し前に出していただけますか。

⓫　介護者は右足を後ろに引きながら、つま先をポータブルトイレの方向に向け、左足を軸にしてポータブルトイレ側に回転し、吉さんの方向転換を支援します。

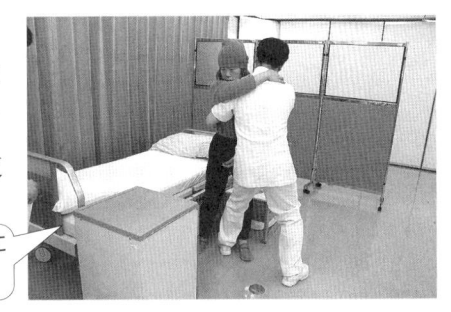

> では、ポータブル側に方向を変えますね。

⓬　介護者は重心を落としたまま吉さんの健側（右）の脇を左上腕と左前胸部で支えながら、右手で吉さんのズボンと下着を臀部が出るところまで下ろします。

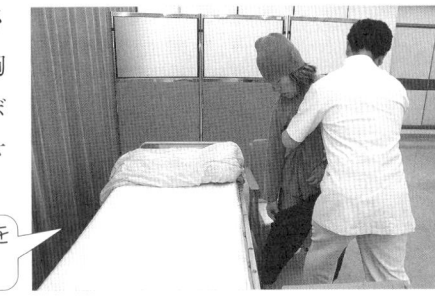

> ズボンと下着を下げますね。

⓭　吉さんに後ろを見てもらい、ポータブルトイレの位置を確認してもらってから、前傾姿勢になってゆっくりと座ってもらいます。
　　安定した座位が保たれているか確認します。

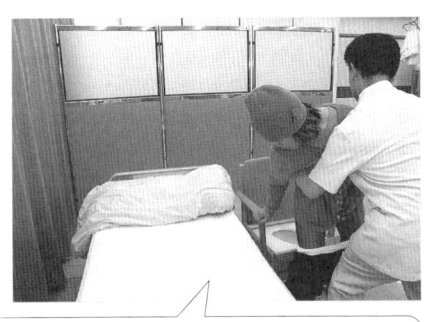

> 後ろを見てください。ここ（ポータブルトイレを示して）にゆっくり座りますね。
> 座り心地はよろしいですか。

● ズボンと下着の脱衣・排泄支援

⓮　臀部まで下げていた吉さんのズボンと下着を、排泄物で汚染されないように座ったままの状態で膝の辺りまでずらします。
　　必要に応じて、保温やプライバシーの保持のために、吉さんの下半身にバスタオルをかけます。

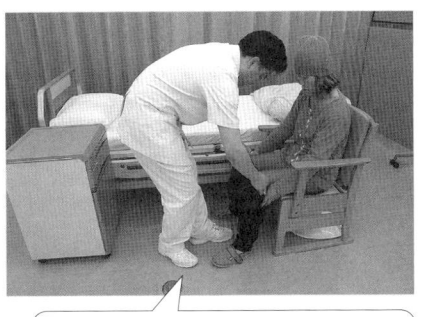

> もう少しズボンと下着を下げますね。
> バスタオルをかけておきますね。

Q8参照

病床環境の整備　移動　更衣　身体の清潔　食事　排泄　感染予防と観察

第2部　生活行動を支援する技術　193

⑮　トイレットペーパーとおしぼり、呼び鈴を吉さんの健側（右）の手の届くところに置きます。

　吉さんに、排泄が終わったら陰部や肛門部をトイレットペーパーで、患側（左）の手をおしぼりで拭き、介護者を呼ぶように伝えます。

　排泄しやすい環境を保持します。

> このトイレットペーパーでおしもを拭いてくださいね。
> 手拭用のおしぼりをここに置きますね。

> 済みましたらこの呼び鈴を鳴らして、私を呼んでくださいね。
> 音楽をかけましょうか。

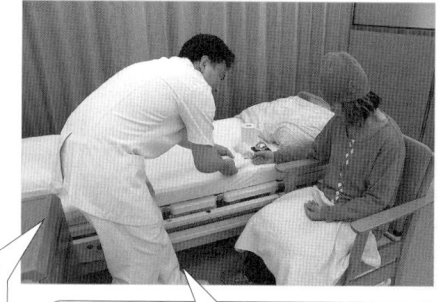

● **ベッドへの移乗・ズボンと下着の着衣**

⑯　呼び鈴が鳴ったら速やかに吉さんの居室内に向かいます。

　吉さんに、健側（右）の手を使って、座位の状態で下着とズボンを上げられるところまで上げてもらいます。

　吉さんの近くに置いてある使用済みのおしぼりで、吉さんの健側（右）の手を介護者が拭きます。

　使用済みのおしぼりと呼び鈴をワゴン上に片付けます。

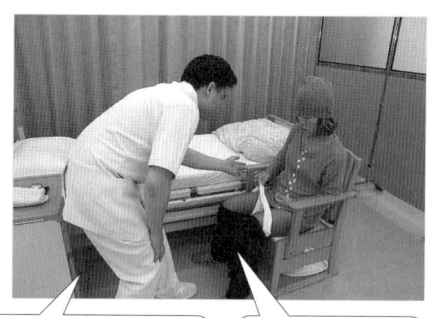

> こちらの手（右手を示して）で、下着とズボンを上げられるところまで上げてください。

> おしぼりで右手を拭きますね。

⑰　吉さんに立ち上がってもらい、立位を保持したまま素早くポータブルトイレのふたをします。

　吉さんの下着とズボンを上げ、右ベッドサイドに端座位になってもらってから、ベッド上に仰臥してもらいます。

　なお、健側（右）の手をベッドの寝床面に着いてもらって立ち上がってもらう方法もあります。

私の首に手を回してください。
立ち上がりますね。
気分は大丈夫ですか。

下着とズボンを上げますね。
では、ベッドの方向に向きますね。

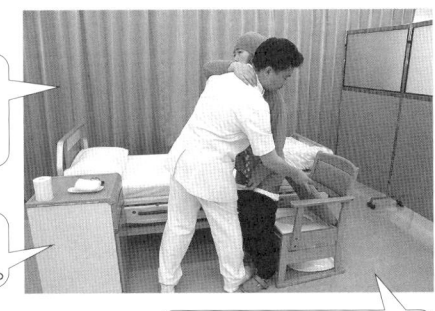

ゆっくり座ってください。
仰向けになりますね。

● **体調確認・後始末**

⑱　吉さんに掛けものをかけ、全身状態を観察します。

ご気分に変わりは
ありませんか。

⑲　プライバシーカーテンを開け（スクリーンの場合は外し）、換気をして、排泄物が入ったポータブルトイレ内のバケツにふたをして目立たないように持ち去ります。

つい立てをどけますね。
少し空気を入れ替えますね。
寒かったら言ってください。

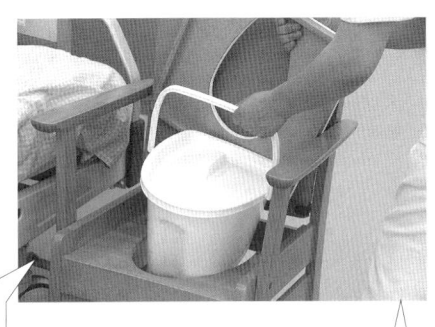

それでは失礼します。

● **排泄物の観察と処理**

⑳　排泄物の量や性状、臭い、混入物、排泄時間等を確認して記録し、異常があれば医療従事者に報告します。

㉑　排泄物を処理し、ポータブルトイレ内のバケツを洗浄します。介護者の手を流水と石鹸で洗います。

スキルアップQ&A

Q1 どのような場合にポータブルトイレを使用しての排泄をしますか。

A 排泄時に安定した座位が保持できる状態であれば、立位や移動の自立度を問わず、ポータブルトイレを使用しての排泄が可能です。

そのため、座位の保持が可能であるものの、尿意や便意を感じてから常設トイレまで排泄を我慢できない場合や、常設トイレでの排泄に不安を感じている場合などに、居室でポータブルトイレを使用しての排泄を行います。

しかし、人としての排泄習慣をできる限り維持して自尊心を保つ意味において、できるだけ常設トイレに誘導して排泄してもらうことが大切です。

なお、在宅介護では、常設トイレや家屋に構造上の問題があり、トイレまでの移動が困難でポータブルトイレでの排泄を選択せざるを得ないケースもあります。

Q2 吉さんには、どのようなタイプのポータブルトイレを用意しますか。

A 吉さんは座位が保てるものの、左半身麻痺があるので排泄中に座位が不安定になる危険性を否定できません。また、再度転倒することを恐れていることから背もたれと肘かけ（手すり）のある「いす型」のポータブルトイレを準備するのが望ましいでしょう。そのほか、安定感があり、座った際に足底が床にしっかり着き、立ち上がりやすいように足を後部に引くことのできる空間があり、便座の大きさが臀部の大きさに適しているポータブルトイレを選択することが大切です。

なお、要介護者の心身機能の状態だけでなく、ポータブルトイレを置くスペースも考慮して適切な種類のポータブルトイレを用意する必要があります。

Q3 「いす型」のポータブルトイレのほかに、どのようなタイプのポータブルトイレがありますか。

A ポータブルトイレには、「いす型」のほかに、背もたれや肘かけのついていない「標準型」や、両側に手すりがついているものの座位のまま移乗できるように片方の手すりを短くしてある「ベッドサイド型」などがあります。そのほか、重量があるため持ち運びが容易でなく洗浄が難しいですが、重厚感のある家具調のものや、暖房機能・消臭機能・温水洗浄機能付きのものもあります。

なお、背もたれと肘かけの役割を果たすフレーム（手すり）も市販されていますので、標準型のポータブルトイレしか用意できない場合は、このフレーム

を併用することによって、座位を安定させることができます。

Q4 端座位になったとき、どの程度足が床に着いていればよいですか。

A 立ち上がりが自力でできる場合には、足底全体を使って十分にバランスをとって立ち上がるために、両足の足底全面がしっかり床面に着くようにします。

しかし、吉さんのように筋力低下があり、立ち上がりが困難で支援が必要な場合は、つま先が床に着く程度にベッドの高さを調節して、つま先側に重心が移動しやすいようにしたほうが立ち上がりが容易なケースもあります。

Q5 吉さんの健側（右）のベッドサイドの足元に、ポータブルトイレをベッドに対して平行に置くのはなぜですか。

A 左半身麻痺がある吉さんの場合は、健側（右）の機能を使って、右側臥位から端座位になれるように（右肘をベッドに着き、右手でベッド柵を握り、右足で左足をすくってベッドから両足を下ろせるように）、健側である右ベッドサイドにポータブルトイレを置きます。

また、立ち上がってからポータブルトイレに座るために身体を回転させて向きを変えるときに、最短距離の移動で済むのが、ポータブルトイレをベッドに対して平行に置く位置となります。

さらに、排泄をするためのポータブルトイレですので、頭側ではなく足元に置くのが好ましいと思われます。

なお、身体への負担のかかった排泄後に、健側（右）の機能を使ってより安全・安楽にベッドへの移乗と臥床ができるようにするためには、健側（右）の足元にベッドに平行にポータブルトイレを置くのが最適であるともいえます（健側の足元にポータブルトイレを置くと、健側の手をベッドに着いて、最短距離での移乗ができます）。

Q6 ベッドとポータブルトイレ間の移乗と、ベッドと車いす間の移乗の違いは、どこにありますか。

A 半身麻痺のある要介護者のベッドと車いす間の移乗の際は、要介護者の健側の機能を十分に使いながらより安全・安楽に行うために、ベッドから車いすに移る場合と車いすからベッドに移る場合とでは、車いすを置く位置を変えることになります（吉さんのように左半身麻痺のある場合は、右ベッドサイドの頭側30度の位置に車いすを置いてベッドから車いすへの移乗を行い、右ベッドサイドの足側30度の位置に車いすを置いて車いすからベッドへの移乗を行います）。

しかし、ポータブルトイレの場合は、一旦便座に座るとポータブルトイレの

第2部 生活行動を支援する技術

位置を自由に変えることができないので、車いすへの移乗のときほど要介護者が安全・安楽で自立した移乗をすることができない状況になります。この欠点を補うためには、介助バー（ベッドサイドに対して平行に取り付けられているベッド柵の端の部分がベッド外に90度可動するもの）などの用具を活用して「できる能力」の活用を促す工夫をする必要があります。

Q7 吉さんにポータブルトイレの肘かけ（手すり）や介助バーにつかまってもらって移乗をしないのはなぜですか。

A この支援場面での吉さんは、左半身麻痺に加えて安静臥床による筋力低下により、ポータブルトイレへの移乗や、立ち上がり、立位の保持が不安定な状態です。さらに、再度転倒することを恐れてトイレでの排泄を拒んでいます。

このような状態の場合は、吉さんと介護者との距離をできるだけ近くして吉さんに安心感をもってもらうことが大切です。また、吉さんと介護者の重心を最大限に近づけて安定した体勢で移乗できる方法を選択したほうがよいと思われます。

そのため、この支援場面においては、介護者につかまった吉さんを介護者が抱え込んだ体勢で、立位をしっかりとってからゆっくりと方向転換をして移乗する方法を選択しました。

Q8 吉さんに後方にあるポータブルトイレの位置を確認してもらうのはなぜですか。

A 支援されている要介護者は、後方にあるポータブルトイレの位置を確認しないと不安を感じます。特に便座の高さの位置感覚がつかめないと、勢いよく腰かけてしまい、転倒の危険性が増します。

なお、注意をしたにもかかわらず勢いよく腰かけてしまった場合、ポータブルトイレごと転倒してしまう恐れがあります。その危険性を減らすために、ポータブルトイレの下に滑り止めマットを敷いておくとよいでしょう。

Q9 要介護者が自分で陰部や肛門部を拭けず、介護者が拭く場合はどのように拭けばよいですか。

A 要介護者にできる限り前かがみになってもらい、臀部とポータブルトイレの座面の間に空いたスペースから介護者の手を入れて拭きます。

その際の介護者の位置は、要介護者と介護者の体格や状況に応じて、要介護者の前面であったり、患側の側面であったりします。いずれの場合も、前側に転倒しないように支えることが大切です。

汚れがひどい場合や、皮膚が傷つきやすい状態になっている場合は、濡れタ

オルでの清拭や、陰部洗浄（陰部にぬるま湯をかけ流す）をするのが望ましいです。要介護者が自力で陰部洗浄をできる場合は、陰部洗浄器や食器用洗剤の容器等にぬるま湯を入れたものを渡すようにします。

なお、介護者の手指が汚染される危険性の高い場合や、感染の恐れのある場合は、ディスポーザブル手袋を使用します。

Q10 排泄後に介護者を呼ばず、無理をして自分でベッドに戻ろうとして転倒する要介護者はいませんか。

A います。そのため、無理をしてベッドに戻ってしまうことが予想される要介護者の場合、介護者は退室せず、プライバシーカーテンの外で待機する必要があるでしょう。また、要介護者から排泄終了の連絡があったときに、介護者が速やかに対応しなかったことによって、待ちきれずにベッドに移乗しようとして転倒したといったことが起きないように注意する必要があります。

Q11 排泄しやすい環境を保持するためには、どのようなことをすればよいですか。

A すきま風に注意し、室温や衣服の調節をします。そして、部屋のドアを閉め、プライバシーカーテンを閉めるなどして排泄する姿が他者の目にふれないようにするのはもちろんのこと、テレビをつけたり、音楽をかけたり、また、消臭剤を用いるなどして排泄音や臭いに配慮し、要介護者のプライバシーを最大限に守ります。さらに、肘かけのついていないポータブルトイレの場合は、腹圧をかけやすい体勢を維持するために、要介護者の状態に応じて前かがみの体勢が保てるようなテーブル等を置いたりします。

なお、高さ調節のできないポータブルトイレを使用しており、足が床に着かない場合は、座位を安定させ、効果的に腹圧をかけるために、足底に当てもの（踏み台やブロック等）をします。

Q12 ポータブルトイレは、そのままベッドサイドに置いておくのですか。

A 要介護者の状況によってそのままベッドサイドに置いておくか、別の場所に片付けるのかを判断します。

頻尿ですぐにポータブルトイレを使用することが予測される場合や、ポータブルトイレが近くにないと間に合わず失禁してしまうのではないかなどと要介護者が不安に思っている場合などはベッドサイドに置きます。

なお、ベッドサイドに置く場合は、目立たないようにカバーをかけるなどの工夫をしましょう。

Q13 ポータブルトイレ自体の清潔をどのように保ちますか。

A 排泄物を溜めておくことなく、1回の排泄ごとにポータブルトイレ内のバケツを洗浄します。

支援を受けずにポータブルトイレでの排泄をしている要介護者の場合は、気づかないうちに排泄物が溜まっていることがありますので配慮が必要です。

ポータブルトイレの便座や本体は、毎日水拭きを行って清潔を保ちます。また、便座カバーをつけている場合は、適宜取り替えるようにします。

なお、便の処理をしやすくするために、ポータブルトイレ内のバケツの底にトイレットペーパーを敷いておくとよいでしょう。

scene 21　尿器・便器を使用しての排泄

〈支援場面〉

○入所して4週間（1か月）後○　　健康度　低 中 高

吉さんは転倒して腰部を打撲し、ベッド上での安静が必要になりました。

吉さんが、排尿（排便）を訴えたので、ベッド上で尿器（便器）を使って排泄をしてもらうことにしました。

吉さんは、左半身麻痺と打撲による腰痛のために、腰を自力で持ち上げることができませんが、支えがあれば半座位になることはできる状態です。

なお、吉さんは、臥床状態での支援を受けやすいように寝巻きを着て、仰臥位で休んでいます。

〈支援のポイント〉

1. 腰部の安静を保ちながら安楽に行う。
2. プライバシーや羞恥心に十分配慮する。
3. 尿（便）が漏れないよう、尿器（便器）を適切に挿入して固定する。
4. 速やかに排泄物を除去し、適切に処理する。

〈必要物品〉

①尿器と尿器カバー（便器と便器カバー）　②防水シーツ　③トイレットペーパー　④おしぼりとおしぼり置きもしくはウエットティッシュ　⑤バスタオル（当てもの用2枚、プライバシーの保護用1枚）　⑥呼び鈴もしくはナースコール　⑦プライバシーカーテンもしくはスクリーン（つい立て）

支援の方法と言葉がけの例

● **あいさつ**

❶ 吉さんの右ベッドサイドに位置し、目線を合わせ、名前を呼びながら笑顔であいさつをします。

> 吉さん、お待たせしました。お手伝いをさせていただく○○です。よろしくお願いします。

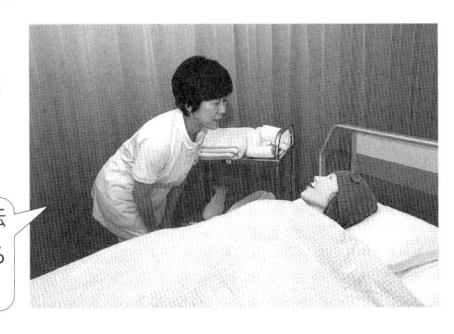

● **体調確認**

❷ 吉さんの様子や体調を確認します。

> 腰の痛みに変わりはありませんか。

● **説明と同意・必要物品の準備**

❸ 吉さんにベッド上で排泄する必要性を説明し、同意を得てから必要物品を用意します。

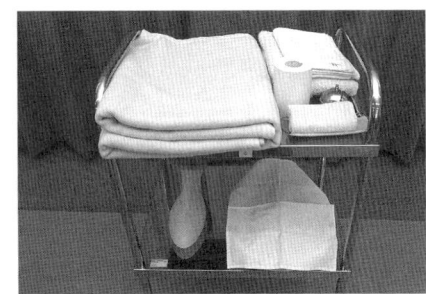

> 腰の痛みが早くよくなるように、この尿器（便器）を使ってベッドの上で用を足していただきたいと思いますが、よろしいでしょうか。

● **環境の準備**

❹　プライバシーカーテンを閉めます。もしくは、スクリーン（つい立て）を置きます。

　換気のために少し窓を開けます（冬季はすきま風があたらないように注意します）。個室でない場合は、ほかの要介護者への配慮もします。

　ベッドの高さを介護者の支援しやすい高さに調節します。

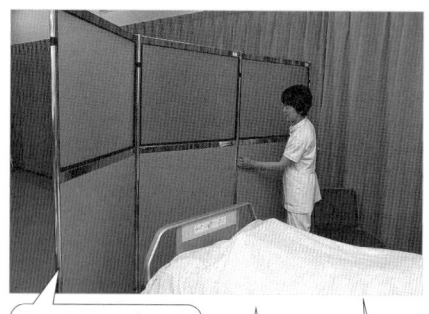

Q4参照

> ここについ立てを置きますね。

> 換気のために少し窓を開けますが、寒かったら言ってくださいね。

> ベッドの高さを変えますね。

● **排泄の準備**

❺　掛けものを外します。

> 掛けものを外しますね。

❻　仰臥位のままで、吉さんの寝巻きの右側を腰まで上げ、下着の右側を下げられるところまで下げます。

> こちら（右側を示して）の寝巻きを腰まで上げますね。

> こちら（右側を示して）の下着を下げますね。

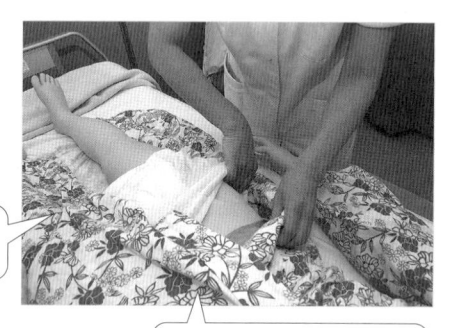

　排便の場合：吉さんの右臀部側縁に沿わせて当てもの用のバスタオルを当てます。

吉さんが右側臥位になるのを右ベッドサイドから支援します。

> こちらの手（左手を示して）を右手で胸の前にもってきてください。

> こちらの足（右足を示して）で左足をすくって膝を立てていただけますか。

> こちら（右側を示して）を向いていただけますか。

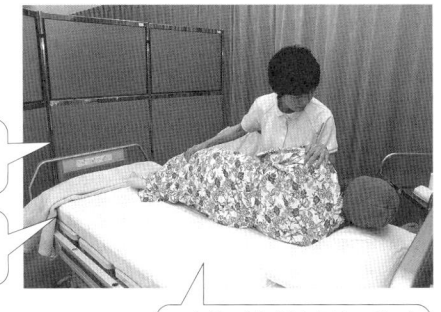

❼　防水シーツを吉さんの身体の下に大腿部から腰部にかけて入れ込みます。

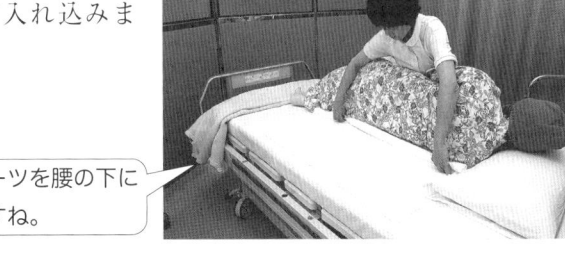

> 防水シーツを腰の下に敷きますね。

❽　右側臥位の状態で吉さんの寝巻きの左側を腰まで上げます。

> こちら（左側を示して）の寝巻きを上げますね。

❾　吉さんの下着の右足を抜き、左足首の辺りにずらしておきます。

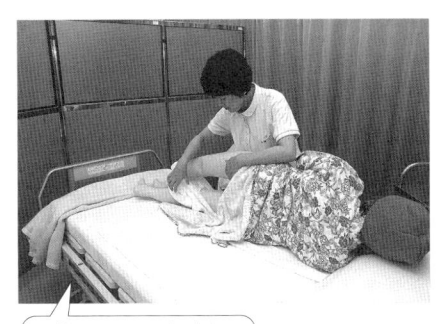

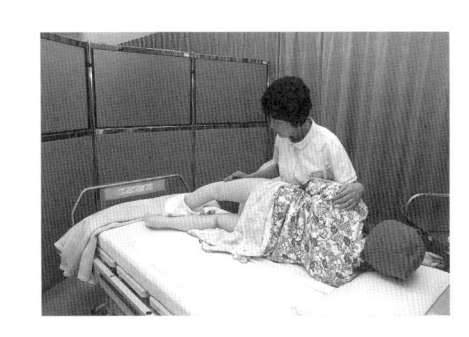

> 下着を下ろしますね。

第2部　生活行動を支援する技術　203

● **尿器や便器の挿入・排泄支援**

❿ 排尿の場合：吉さんを仰臥位に戻します。

「仰向けになりますね。」

Q5 参照
Q6 参照
Q7 参照
Q8 参照

排便の場合：腰部の位置に当てもの用のバスタオルを置きます。温めた便器を臀部に密着させます。
便器がずれないように注意しながら、吉さんをゆっくりと仰臥位に戻します。

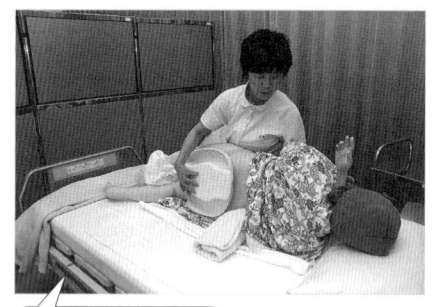

「便器を当てますね。」 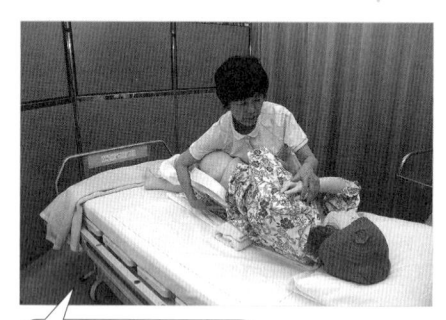　「仰向けになりますね。」

⓫ プライバシー保護と保温のためのバスタオルを吉さんの下半身にかけます。右側から防水シーツを引き出します。

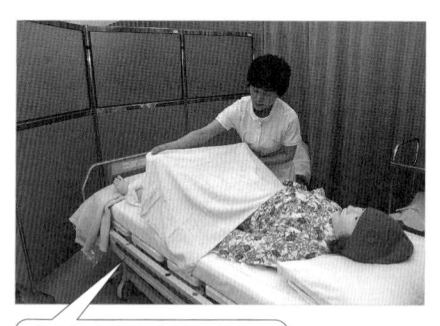

「バスタオルをかけますね。」 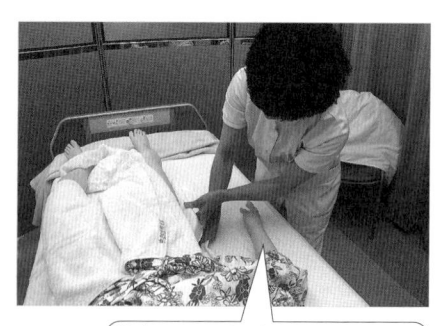　「防水シーツを引き出しますね。」

Q9 参照

⓬ 吉さんに健側（右）の膝を立ててもらい、腹圧をかけやすい姿勢を保持してもらいます。上半身を 15 〜 45 度程度ギャッヂアップします。

> こちらの膝（右膝を示して）を立てていただけますか。
> ベッドの頭側を上げますね。

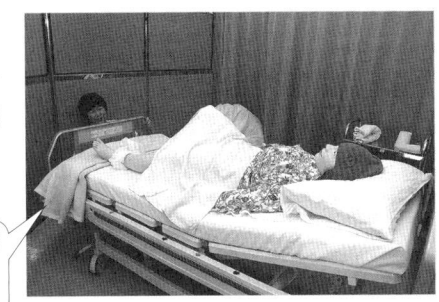

Q10 参照

⓭ 吉さんの陰部から恥骨にかけて、たたんだトイレットペーパーを当てて、吉さんの右手で押さえてもらいます。

> トイレットペーパーをおしもに当てますね。
> ここ（恥骨上に置いたトイレットペーパーの端を示して）を押さえていていただけますか。

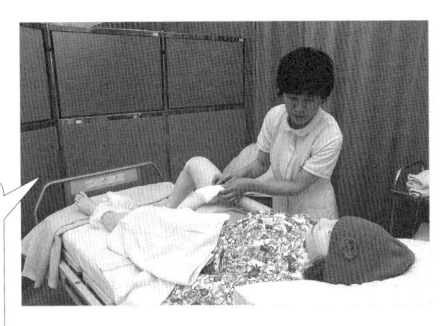

Q11 参照

⓮ 排尿の場合：尿器の受尿口を吉さんの会陰下部に密着させて当て、介護者が保持したまま、吉さんに排尿してよいことを伝えます。

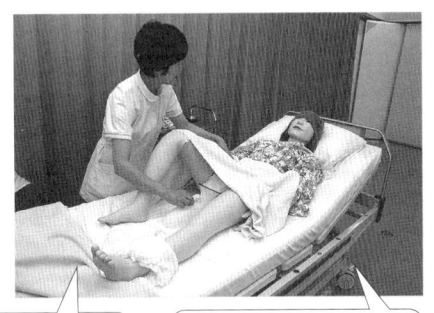

> 尿器を当てますね。

> 押さえていますので、お小水をしてください。

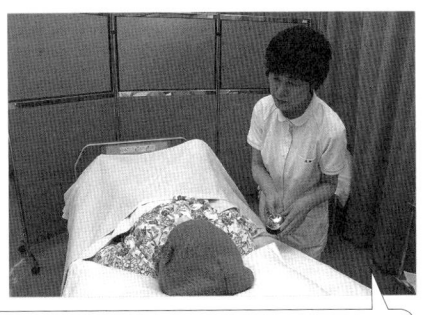

排便の場合：吉さんの下半身がしっかりとバスタオルで覆われているかを確認し、呼び鈴を手の届くところに置いてその場を立ち去ります。

> 済みましたら呼び鈴で知らせてくださいね。

第 2 部　生活行動を支援する技術

● 陰部や肛門部の清拭・尿器や便器の除去

Q12参照

⑮ トイレットペーパーで尿道口から肛門部に向かって、陰部や肛門部を丁寧に拭いてもらいます。
　吉さんが十分に拭けない場合は介護者が支援します。

> おしもを拭いてくださいね。
> 十分に拭けましたでしょうか。

⑯ 排尿の場合：尿器を外して、ギャッヂアップした吉さんの体位を仰臥位に戻します。

> 尿器を外しますね。
> ベッドの頭側を下げますね。

　排便の場合：ギャッヂアップした吉さんの体位を仰臥位に戻します。吉さんの健側の膝は立てたままの状態で、介護者が腰臀部を支えて便器を引き出します。
　引き出せない場合は、便器の挿入時のように側臥位にして取り外します。

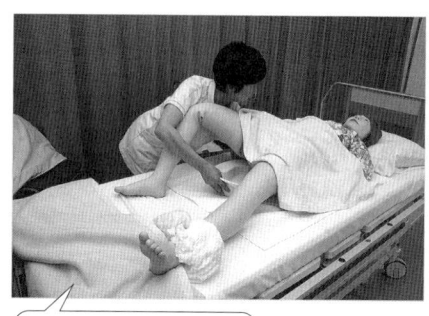

> 仰向けになりますね。
> 便器を引き出しますね。

　排泄物の入った尿器や便器はふたをして、素早く目につかない場所（ベッドの足元等）に置きます。

● ズボンと下着の着衣・手拭き

⑰ 吉さんの下着を上げられるところまで上げ、防水シーツの右側を吉さんの身体の下に入れ込みます。

> 下着を上げますね。

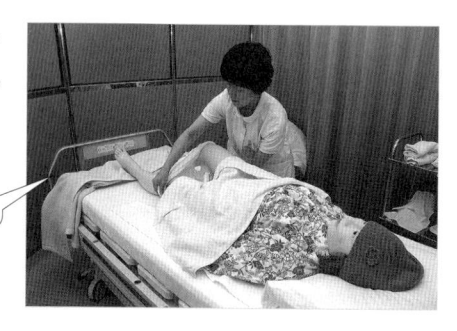

吉さんに右側臥位になってもらい、さらに下着を上げたら防水シートと腰部や臀部に当ててあったバスタオルを一緒に取り除きます。

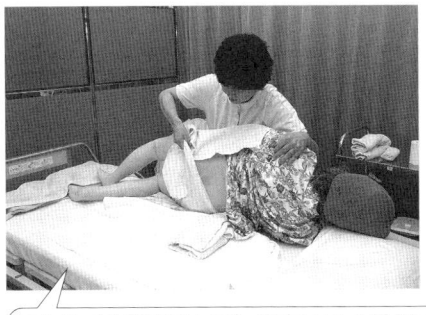

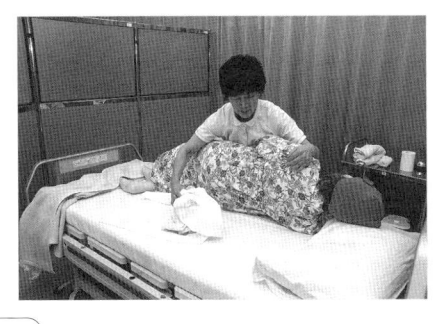

> こちら（右側を示して）を向いてくださいね。

⓲ 吉さんの衣服を整えたら、おしぼりで吉さんの手を拭き、掛けものをかけます。
　　ベッドの高さを元に戻します。

> 仰向けになって寝巻きを整えますね。
> 着心地は悪くないですか。

> おしぼりで手を拭かせていただきますね。
> 掛けものをかけますね。

> ベッドの高さを戻しますね。

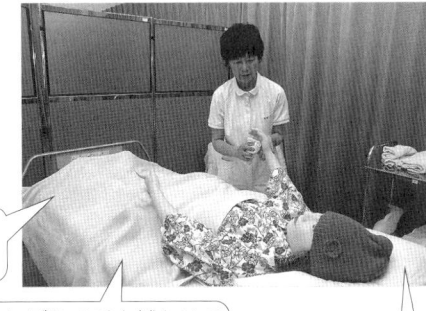

● 体調確認・後始末

⓳ 吉さんにねぎらいの言葉をかけるとともに、全身状態を観察します。

> お疲れさまでした。
> 腰の痛みはいかがですか。

⓴ プライバシーカーテンを開け（スクリーンの場合は外し）、換気をして、排泄物が入った尿器や便器にカバーをかけて目立たないように持ち去ります。

> つい立てをどけますね。
> 少し空気を入れ替えますね。
> 寒かったら言ってください。
> それでは失礼します。

● **排泄物の観察と処理**

㉑ 排泄物の量や性状、臭い、混入物、排泄時間等を確認して記録し、異常があれば医療従事者に報告します。

Q15参照

排泄物を処理し、尿器や便器を洗浄します。

介護者の手を流水と石鹸で洗います。

スキルアップQ&A

Q1 排泄の訴えがあった場合のあいさつで、注意することは何ですか。

A 失禁によって自尊感情が傷つくことのないように、速やかに対応することが大切です。そのため、あいさつや体調確認は効率的に行うようにします。

また、その場になって慌てて支援方法を最初から説明するのではなく、事前に支援の必要性や方法を要介護者に話しておくようにします。

Q2 どのようなことに注意して、尿器・便器を選択したらよいですか。

A 要介護者の体格や排泄量、腰部の安静度などの身体状況に応じた排泄用具を選択して使用することが重要です。

適切な選択をするためには、さまざまな尿器や便器の種類と特徴およびその使用方法について理解しておく必要があります。【p.209「図表2－8」、p.210「図表2－9」参照】

Q3 吉さんには、どのような尿器・便器を用意しますか。

A 吉さんは身長155cm、体重45kgで、中肉中背の体格です。また、腰部の安静が必要であり、腰上げが自力でできません。

そのため、排尿だけの場合は、腰上げをしなくて済む一般的な「女性用尿器」を使用します。排便の場合は、腰部への負担を最小限にすることを鑑み、臀部に当たる部分の厚みの少ない「和式便器」、または、空気の量を調節して臀部に当たる部分の高さを変えることのできる「ゴム便器」を使用するとよいでしょう。

なお、臀部を持ち上げずに使用できる排尿と排便両用の「腰上げ不要式尿便器」などの特殊な器具の使用も検討するとよいでしょう。

図表2－8　便器・尿器の種類と特徴・使用方法

便器・尿器	特徴と使用方法
洋式便器	・排便や女性の排尿時に使用する ・男性が排便する時は男性用尿器と一緒に併用する ・体格のよい患者には安定感がある ・和式便器に比べて容量が多い ・臀部に当たる部分に厚みがあるため、臀部・腰部の安静が必要な患者には適さない
和式便器	・排便や女性の排尿に使用する ・男性が使用する時には男性用尿器と一緒に併用する ・体が小さい患者には安定感があるが、体格のよい患者では不安定である ・容量は洋式便器の2／3である ・脊椎の手術後の患者など、臀部・腰部の安静が必要な患者に使用する
ゴム便器	・排便や女性の排尿に使用する ・空気の量を調節して臀部に当たる部分の高さを変えることができる ・柔らかくて弾力性があるため、やせている患者や褥瘡のある患者、腰上げが上手にできない患者、排泄に時間がかかる患者に使用する ・排泄量が多いと陰部・肛門周囲を汚染することがあるので、使用後の清潔に注意する
一般的な尿器 男性用 女性用	・排尿時に使用する ・女性用尿器は、排尿時に会陰部の皮膚と密着させないと周囲に漏れる ・女性用尿器は、排泄援助を受けることに慣れている患者でないとスムーズに排泄できない ・腰を上げなくてすむので、腰部・臀部・股関節の安静が必要な患者に適している
女性用尿器	・受尿口を工夫した様々な女性用尿器がある ・図は座位で使用する女性用尿器（ブリッジサドルパン：ラックスヘルスケア株式会社）である

出典：山口瑞穂子監修『看護技術　講義・演習ノート　上巻』医学芸術社　2008年　pp.136 － 137

第2部　生活行動を支援する技術

図表2-9 特殊な便器・尿器

便器・尿器	特徴と使用方法
女性用立位小便器 56cm（長さ）　27cm（幅）　30cm（高さ）	・立ち座り動作が困難な女性でも、立位のまま安楽に排尿できる ・一般的な立位であれば下肢や衣服を汚さず、また、便・尿器の外に飛散しないで楽に排泄できる
腰上げ不要式尿便器 ワイドタイプ　スリムタイプ IMGらくらくクリーン／アイ・エム・ジーホスピタルサプライ株式会社	・治療や身体機能障害、衰弱などによって殿部を上げることができない患者にも使用できる ・左のワイドタイプは腰を全く上げずに便と尿を取ることができ、右のスリムタイプは、足を開くことが難しい患者、尿だけの場合に使用する
吸引式収尿器 男性用レシーバ	・手持ち型収尿器は、レシーバー（採尿部）内に採取した尿を自動吸引し、チューブを通じてタンクに蓄尿する用具である ・仰臥位・座位で自力使用ができる ・男性用、女性用がある ・陰部まで手が届かない女性も使用できる ・片麻痺の人でも、健側の手で操作ができる
受尿蓄尿部別体型収尿器 女性用　男性用	・蓄尿部をベッドの下に置く ・男女共自力で使用できる ・仰臥位でも座位でも楽に排泄できるため、安楽尿器とも呼ばれる ・操作が簡単である
ポータブルトイレ	・トイレまでの歩行は不可能だが、ベッドから降りることができ、座位ができる人に使用する ・使用後の清潔に注意する ・使用後は汚物の処理をしないと、病室に臭気が漂う

出典：山口瑞穂子監修『看護技術　講義・演習ノート　上巻』医学芸術社　2008年　pp.137-138

Q4 ベッド上での排泄の際に、要介護者のプライバシーを守るために配慮すべきことは何ですか。

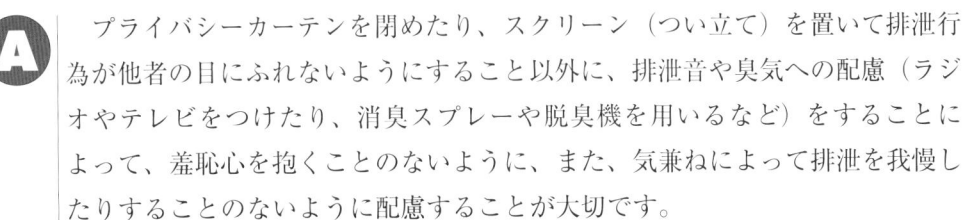

A プライバシーカーテンを閉めたり、スクリーン（つい立て）を置いて排泄行為が他者の目にふれないようにすること以外に、排泄音や臭気への配慮（ラジオやテレビをつけたり、消臭スプレーや脱臭機を用いるなど）をすることによって、羞恥心を抱くことのないように、また、気兼ねによって排泄を我慢したりすることのないように配慮することが大切です。

また、万一失敗をして衣服やリネン類を汚してしまった場合には、そのことを指摘して自尊感情を傷つけることのないように素早く負担のない方法で汚染されたリネン類を取り替えます。状況によっては、あらかじめ、交換用の衣類やシーツを用意しておきます。

Q5 右側臥位になって便器を臀部に当てるのはなぜですか。

A 腰部の打撲によって自力で腰を持ち上げることのできない吉さんの腰部の安静を保ちながら、また、麻痺側（左側）が身体の下になって圧迫されることなく、ベッド上での排泄の準備ができるようにするためです。

ただし、臀部の挙上が困難な場合は、要介護者の安全・安楽のために、介護者2名で支援することが最も望ましいです。

なお、腰を持ち上げることのできる要介護者の場合は、仰臥位で膝を立て、肘をベッドにつけた状態で腰を浮かせてもらい、便器を差し込みます。

Q6 臀部側縁にバスタオルを沿わせて当てるのはなぜですか。

A 便器と臀部との段差をなくし、安全・安楽に便器の挿入と除去を行うためです。また、腰部にバスタオルを当てるのも類似の理由からです。腰痛があってもなくても便器と腰部の間に大きな段差があると、便器の縁が人体にくい込んで苦痛ですし不安定です。そのため、腰部とベッドとの隙間にバスタオルを入れることによって段差をなくし、苦痛を緩和するとともに体位を安定させます。

Q7 どのように便器を温めるのですか。

A 45℃程度の湯を便器に注ぎ、便器が温まったら湯を捨てて使用します。尿器の場合も同様にします。

Q8 便器は、臀部のどの位置に当てるのですか。

A 肛門部が便器の受け口の中央にくるようにするのを目安にして、身体が安定する位置に当てます。

Q9 吉さんの膝を立て上半身を挙上させるのはなぜですか。

A 上半身を挙上したときに臀部の位置がずれないように、また腹圧を加えやすいように（踏ん張りやすいように）、まず膝を立ててもらいます。上半身をギャッヂアップするのも、腹圧を高めて、排尿や排便を促すためです。

なお、上半身を挙上させても排尿が困難な場合には、流水音を聞かせたり（水道水を流すか、便器の中に水を流す）、陰部にぬるま湯をかけたりして排尿を促します。

そのほか、尿器・便器や介護者の手が冷たいと、神経を刺激して尿意や便意が薄れたり、筋肉が収縮して排泄が困難になることがあるので、尿器・便器や手は事前に温めておきます。要介護者自身で尿器を保持することができる場合は、要介護者を1人にしてプライバシーを保護することによって緊張を解き、排尿を促すことも大切です。

Q10 トイレットペーパーを陰部に当てるのはなぜですか。

A 尿が直接尿器に当たって飛び散るのを防ぐとともに、少しでも排尿音を消すためです。

Q11 男性の場合は、どのように尿器を当てるのですか。

A 要介護者の陰茎（ペニス）をトイレットペーパーで覆い、受尿口に陰茎を挿入します。

男性の場合は、排便時に同時に排尿のある場合もあるため、男性が便意を訴えたときは便器に加え尿器も準備しておくとよいでしょう。女性の場合は、陰部にトイレットペーパーを当てておけば排尿も便器で対応できます。

Q12 どのようなことに注意して、陰部や肛門部を拭きますか。

A 大腸菌による尿道炎や膀胱炎などの尿路感染症を引き起こさないように、必ず尿道口から肛門部に向かって一方向に拭きます。また、一度拭いたトイレッ

トペーパーの面は、再度使用しないようにします。

　さらに、陰部を拭く際は、尿道口や膣口のある中央部から拭き始め、小陰唇から大陰唇へと拭き進めます。

Q13 要介護者が排泄物にふれていなくても（特に麻痺側の手は何にもふれていないのに）、手を拭くのはなぜですか。

A ベッド上での排泄の際に要介護者が排泄物にふれる機会がなくても、排泄習慣として排泄後はおしぼりで手を拭いたり、手浴をするのが望ましいです。

Q14 ベッド上での排泄の支援の後に、どのような点に注意して吉さんを観察しますか。

A 吉さんの腰痛の状況や気分、疲労について尋ねるだけでなく、残尿・残便感や排尿・排便痛などの排泄に伴う諸症状についても観察することが大切です。

Q15 どのように排泄物を処理し、尿器や便器を洗浄しますか。

A 排泄物をトイレまたは汚物処理器に流し、尿器や便器に付着した排泄物を流水で取り除きます。その後、尿器や便器を消毒したら、よく水洗いし、乾燥させます。

　薬液による消毒をする場合は、3％クレゾール液や0.02％ヒビテン液に尿器や便器を2時間ほど浸しておきます。

　なお、便の処理をしやすくするために、便器の中にはトイレットペーパーを敷くとよいでしょう。

scene 22　オムツ交換と陰部洗浄

〈支援場面〉

○入所して10週間後○　　健康度　低 中 高

　吉さんは胃腸かぜ様の症状が続き、最近は下痢のため便意を我慢することのできない状態になってしまいました。また、下痢だけでなく嘔吐や発熱があり体力の消耗が激しい状態です。そのため、吉さんは頻回の下痢が治まるまでオムツを着用することになりました。吉さんが、排便があったことを訴えたので、ベッド上でオムツ交換と陰部洗浄を行います。

　支援の際には、病状を悪化させないよう、特に保温に注意が必要です。また、

吉さんは左半身に弛緩性麻痺があるため、患側（左）が身体の下にならないように配慮して支援します。

なお、吉さんは、臥床状態での支援を受けやすいように、寝巻きを着てベッドに臥床しています。

〈支援のポイント〉

> 1. 体力を消耗させないように、安静を保ちながら安楽にオムツを交換する。
> 2. プライバシーや羞恥心に十分配慮して陰部・臀部の清潔を保つ。
> 3. 漏れや腹部への圧迫がないように、適したサイズのオムツを身体に適度に密着させて当てる。
> 4. 速やかに排泄物を除去し、適切に処理する。

〈必要物品〉

①テープ型の紙オムツ　②パッド型の紙オムツ　③綿毛布　④陰部用の乾いたタオル　⑤陰部用の温かい濡れタオル　⑥ガーゼ　⑦防水シーツ　⑧トイレットペーパー　⑨シャワーボトル（38～39℃の湯）　⑩湯温計　⑪石鹸　⑫ディスポーザブル手袋（2組）　⑬ふた付きバケツ（中にビニール袋を入れておきます）　⑭プライバシーカーテンもしくはスクリーン（つい立て）

支援方法と言葉がけの例

● あいさつ

❶ 臥床している吉さんの右ベッドサイドに位置し、目線を合わせ、名前を呼びながら笑顔であいさつをします。

Q1 参照
Q2 参照

> 吉さん、お待たせしました。お手伝いをさせていただく○○です。よろしくお願いします。

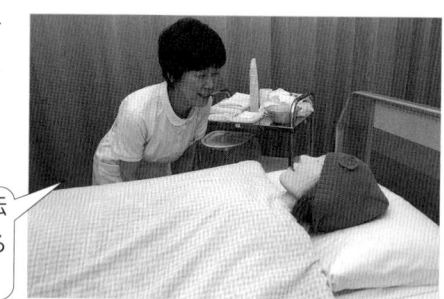

体調確認

❷ 吉さんの様子や体調を観察します。

> 気分に変わりはありませんか。

説明と同意・必要物品の準備

❸ 吉さんにベッド上でオムツ交換と陰部洗浄をする必要性を説明し、同意を得てから必要物品を用意します。

Q3 参照
Q4 参照
Q5 参照

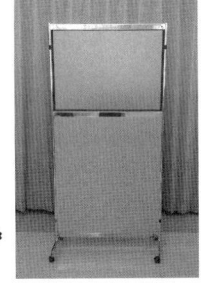

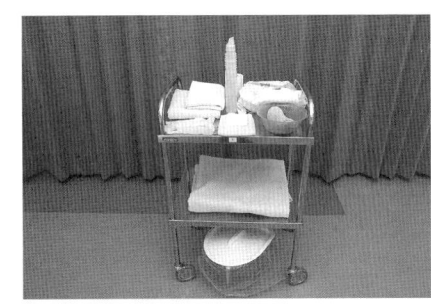

> 体調がよくなるまで、ベッドの上で下着の取り替えをして、清潔を保つために寝たままの状態でおしもをお湯で洗い流したいと思いますが、よろしいでしょうか。

環境の準備

❹ プライバシーカーテンを閉めます。もしくは、スクリーン（つい立て）を置きます。

　換気のために少し窓を開けます（冬季はすきま風が当たらないように注意します）。個室でない場合は、ほかの要介護者への配慮もします。

　ベッドの高さを介護者の支援しやすい高さに調節します。

> ここについ立てを置きますね。

> 換気のために少し窓を開けますが、寒かったら言ってくださいね。

> ベッドの高さを変えますね。

第2部　生活行動を支援する技術　215

❺　掛けものの上に綿毛布をかけ、その上端を吉さんの健側（右）の手で持ってもらいます。

　綿毛布の下に手を入れて掛けものの上端をつかんで足元に折り返すようにしてたたみます。

　綿毛布の下端を頭側に折り返して上半身のみを覆うようにします。

　邪魔になるようであれば掛けものをベッド上から取り去り、ベッドまわりに置いてあるいすなどにかけておきます。

> 掛けものをこの綿毛布に替えますね。
> ここ（綿毛布の上端中央部を示して）を持っていていただけますか。
> 綿毛布を下から上にまくりますね。

❻　吉さんに右側臥位(そくがい)になってもらい、防水シーツを腰部から臀部にかけての位置に敷きます。

　吉さんに仰臥位(ぎょうがい)に戻ってもらいます。

　右側から防水シーツを引き出します。

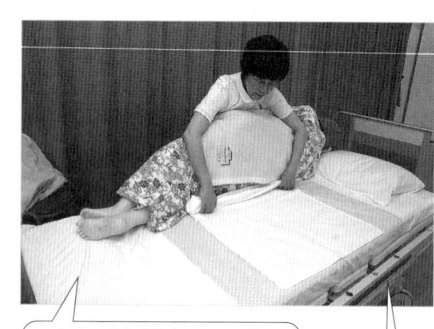

[Q6参照]

> こちら（右側を示して）を向いていただけますか。
> 防水シーツを敷きますね。

> 仰向けに戻っていただけますか。

❼　手袋をはめます。

　吉さんに健側（右）の膝を立ててもらってから、寝巻きの裾(すそ)を腰部まで上げ、下肢をバスタオルで覆います。

　なお、残尿や残便があると推察される要介護者の場合は、交換前に上半身をギャッヂアップして腹圧をかけるように説明し、排泄を促します（状況によっては介護者が要介護者の腹部をマッサージをしながら圧迫します）。

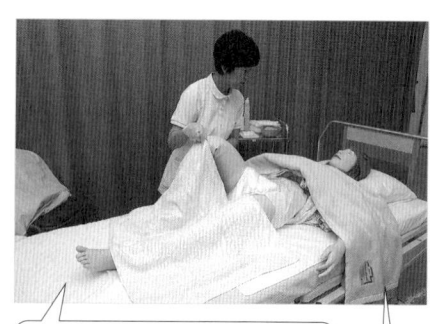

[Q7参照]

> こちらの足（右足を示して）を立てていただけますか。
> 寝巻きの裾(すそ)を上げますね。

> 腰から下をバスタオルで覆いますね。

● **陰部洗浄**

❽ 汚染されている紙オムツを広げます。

　吉さんの皮膚に付着している便をトイレットペーパーで軽く拭き取り、汚染のひどいパッド型の紙オムツを外してビニール袋の入ったふた付きバケツに入れます。

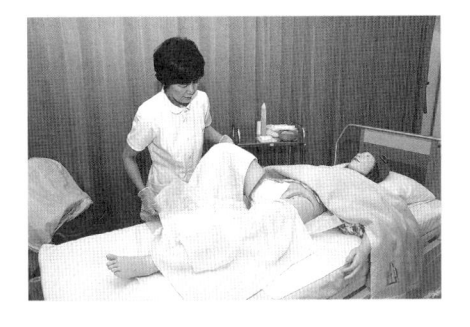

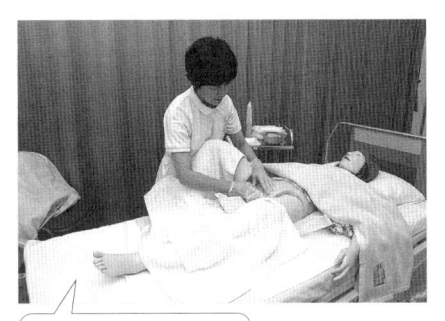

> 軽く拭き取りますね。

❾ 吉さんの恥骨上部に陰部用の乾いたタオルを置き、洗浄用の湯が腹部方向に流れるのを防ぎます。

> お腹の上にタオルを置きますね。

❿ テープ型の紙オムツが、汚水を漏れなく吸収できる位置にあるかを確認します。

Q8 参照
Q9 参照

　シャワーボトルの湯温を確かめてから、シャワーボトル内の湯を吉さんの陰部にかけながら、ガーゼを使って陰部、肛門部の順に洗浄します。

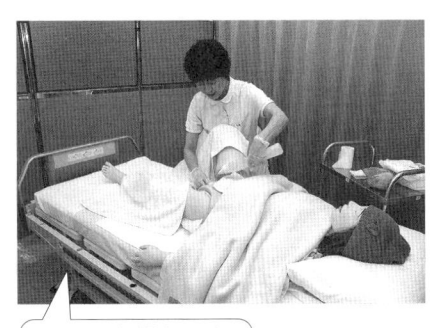

> おしもにお湯をかけてガーゼで洗いますね。

❶❶　恥骨上部に置いてあった陰部用の乾いたタオルで陰部や臀部を押さえ拭きして水分を取り除きます。

　この際、陰部や肛門部の観察をします。

> タオルで押さえ拭きをしますね。どこか痛いところやかゆいところはありませんか。

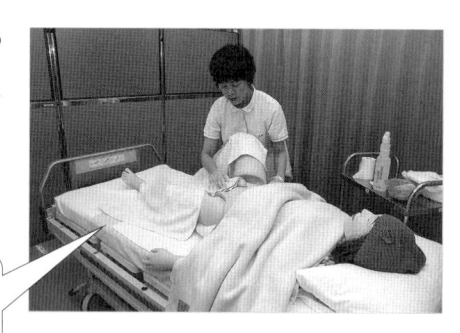

● **オムツ交換**

❶❷　汚れたテープ型の紙オムツの右端を吉さんの身体の下に押し込みます。

　新しいテープ型の紙オムツを開き、その上にパッド型の紙オムツを敷いて、新しいテープ型の紙オムツの右側を扇子折りにして、吉さんの左側足元に置きます。

❶❸　吉さんが右側臥位（そくがい）になるのを右ベッドサイドから支援します（体位変換時に残尿や残便が漏れ出す場合もあるため、注意が必要です）。

> こちら（右側を示して）を向いていただきますね。
> こちらの手（左手を示して）を右手で胸の前にもってきてください。

> こちらの足（右足を示して）で左足をすくって膝を立てていただけますか。
> こちら（右側を示して）を向きますね。

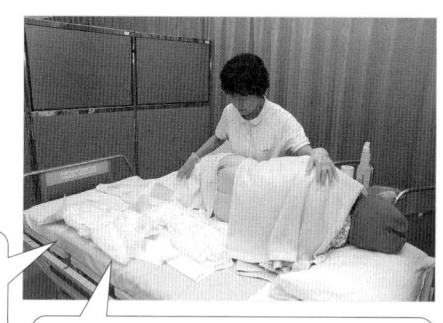

❶ 吉さんの臀部を陰部用の温かい濡れタオルで拭いてから、必要に応じて陰部用の乾いたタオルで押さえ拭きをします。

この際、臀部を観察します。

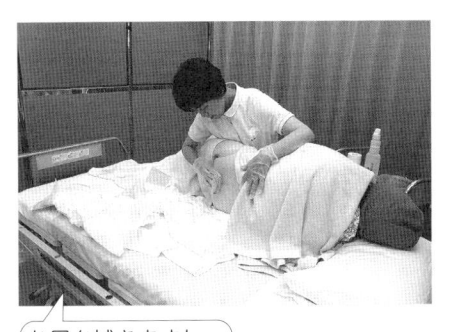

「お尻を拭きますね。」 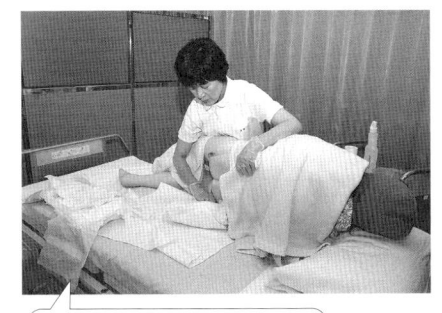　「新しいものに交換しますね。」

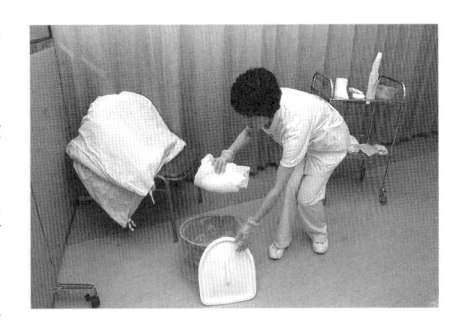

　汚染されたテープ型の紙オムツを除去し、ふた付きバケツに入れます。同時にはめていた手袋を外してふた付きバケツに入れます。

　新しい手袋をはめます。はじめに2枚重ねて着用しておく方法もありますし、汚染された紙オムツを除去した後は手袋を着用せずに素手で行う方法もあります。

❷ 防水シーツの左側の部分は、内側に丸め吉さんの背中のラインに沿わせておきます。

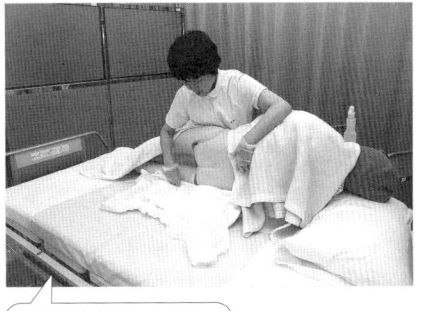

　防水シーツの上に吉さんの左側足元に置いておいた新しい紙オムツ（テープ型とパッド型）を、中心線が吉さんの脊柱の位置になるように、また、ウエスト部分が腰部に当たるように置き、テープ型の紙オムツの右側を吉さんの身体の下に入れ込みます。

　吉さんにゆっくりと仰臥位になってもらったら、ただちに新しい紙オムツで陰部を覆います。

「仰向けに戻りますね。」

⓰　右側から防水シーツと新しいオムツを引き出します。
　　新しいオムツのテープを止めます。

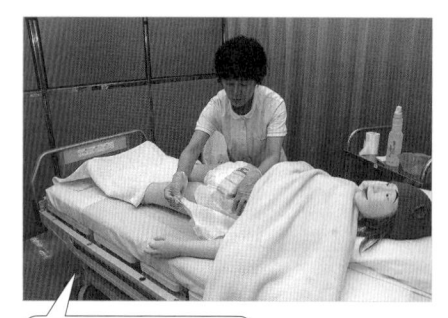

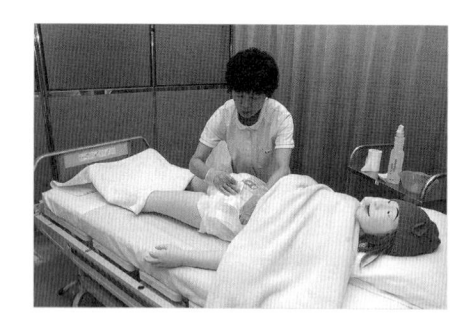

テープを止めますね。

⓱　吉さんの寝巻きの裾を下ろして整え、着心地を確認します。
　　吉さんを覆っていたバスタオルと綿毛布を外して掛けものをかけます。

寝巻きを下ろしますね。どこか着心地の悪いところはありませんか。
バスタオルを外しますね。
掛けものをかけますね。

● **体調確認・後始末**

⓲　吉さんにねぎらいの言葉をかけるとともに、全身状態を観察します。

Q 12 参照

お疲れさまでした。
ご気分に変わりはありませんか。

⓳　プライバシーカーテンを開け（スクリーンの場合は外し）、換気します。
　　ベッドの高さを元に戻します。
　　排泄物が入ったふた付きバケツを目立たないように持ち去ります。

つい立てをどけますね。少し空気を入れ替えますね。寒かったら言ってください。
ベッドの高さを戻しますね。
それでは失礼します。

● **排泄物の観察と処理**

❷⓪ 吉さんの排泄物の量や性状、臭い、混入物、排泄時間等を確認して記録し、異常があれば医療従事者に報告をします。

❷① 汚染された紙オムツを、ふた付きバケツの中からビニール袋に入った状態で取り出し、決められた方法で廃棄します。
Q13 参照

手袋を外して介護者の手を流水と石鹸で洗います。

スキルアップ Q&A

Q1 オムツの中で排泄したことを伝えられない要介護者のオムツの交換は、いつ行えばよいですか。

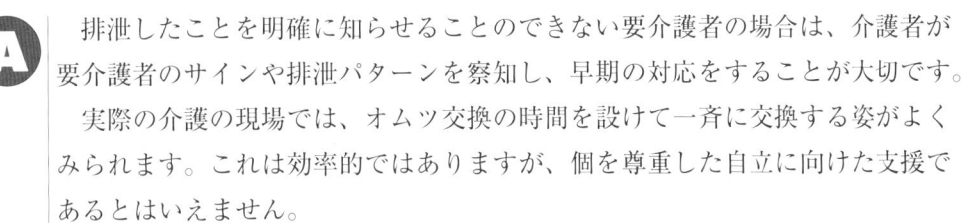

A 排泄したことを明確に知らせることのできない要介護者の場合は、介護者が要介護者のサインや排泄パターンを察知し、早期の対応をすることが大切です。

実際の介護の現場では、オムツ交換の時間を設けて一斉に交換する姿がよくみられます。これは効率的ではありますが、個を尊重した自立に向けた支援であるとはいえません。

Q2 オムツ内で排泄した要介護者に対するあいさつで、注意することは何ですか。

A 排泄物による湿潤やアンモニアの刺激などによる不快感、皮膚の損傷、微生物による感染、臭気の増強の防止のために、速やかに対応することが大切です。そのため、自尊感情が傷つくことのないように配慮しながらも、あいさつや体調確認は効率的に行うようにします。

また、その場になって慌てて支援方法を最初から説明するのではなく、事前に支援の必要性や方法を要介護者に話しておくようにします。

Q3 どのような場合にオムツを使用しますか。

A 完全失禁（まったく尿意や便意がない）の場合、頻回に衣服やリネン類の汚染があって衛生を保ちにくい場合、要介護者自身が安心感を得るためにオムツの着用を強く希望する場合、認知症や精神疾患等で排泄観念が希薄な場合、在宅での介護力が不足しておりオムツ以外の排泄方法がない場合、病状の急性期などの場合にオムツをしている現状があります。

しかし、いずれの場合も、心身の機能低下を引き起こすことのないように、オムツを外す方向への支援を行うことが大切です。

また、オムツは、排泄の最終手段として用います。ほかの方法がなくオムツを用いる場合は、必要最低限の使用とします。

Q4 要介護者に使用するオムツをどのように選択したらよいですか。

A 要介護者の性別や心身の自立度、排泄量・性状および介護力や経済状況等を鑑み、最も適したオムツを選択することが重要です。

最も適したオムツを選択するためには、さまざまなオムツの種類と特徴を知っておく必要があります。【「図表2－10」参照】

図表2－10　オムツの種類と特徴

種類	特徴
紙オムツ　パンツ型	・下着感覚で使用できるが、交換時には全部脱ぐ必要がある ・立位可能な患者、活動量の多い患者に適し、排泄の自立を促すときなどに使用する ・失禁の可能性は少ないが心配な時に使用する
紙オムツ　テープ型	・オムツカバーとオムツが一体になった構造で、体型による適応の幅が広い ・長期臥床で、全面的に排泄援助を必要とする患者などに使用される
紙オムツ　フラット型	・オムツカバーと併用したり、サブパットなどにも使用できる ・症状や体格に関係なく使用でき、長期臥床患者や排泄援助の必要な患者に使用される ・安価だが吸収量が少ない
紙オムツ　パッド型（男性用／女性用）	・失禁が少なく、ADLがほぼ確立している患者が適応である ・パンツ型、テープ型と併用し、パッドだけ交換する方法が広く行われている ・男性用、女性用のほか、男女共用もある
布オムツ	・オムツカバーと併用して使用する ・どんな状態の患者にも使用できる

出典：山口瑞穂子監修『看護技術　講義・演習ノート　上巻』医学芸術社　2008年　pp.174－175

Q5 どうして「オムツ」と言わず、「下着」という言葉を使うのですか。

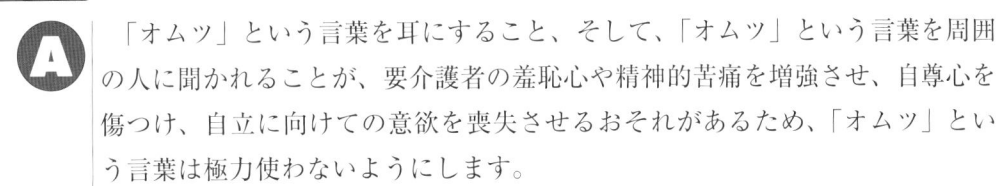

A 「オムツ」という言葉を耳にすること、そして、「オムツ」という言葉を周囲の人に聞かれることが、要介護者の羞恥心や精神的苦痛を増強させ、自尊心を傷つけ、自立に向けての意欲を喪失させるおそれがあるため、「オムツ」という言葉は極力使わないようにします。

ここでは、「オムツ」に代わる言葉として「下着」という言葉を用いましたが、そのほかの表現でも構いません。

Q6 防水シーツを敷くのはなぜですか。また、どのように敷くのですか。

A 陰部洗浄をする際に、リネン類を汚さないようにするためです。陰部洗浄をしない場合でも、大量の泥状便や水様便がある場合は、汚染防止のために防水シーツを敷いたほうがよいでしょう。

防水シーツは、少しでも腰が浮かせるようでしたら仰臥位（ぎょうがい）で膝を立てた状態で差し入れます。できない場合は、側臥位（そくがい）にして敷きます。

吉さんの場合は左半身麻痺があり、体力の消耗が激しい状態ですので、右側臥位（そくがい）で行ったほうがよいでしょう。

Q7 吉さんは、左半身麻痺があって左膝が立てられず、陰部洗浄がしにくいと思いますが、どのようにすればよいですか。

A 吉さんの麻痺側（左）の膝の下に当てものをしたり、吉さんの麻痺側の膝窩（しっか）を内側から介護者のシャワーボトルを持ったほうの手の肘ですくい上げながら行うなど、適宜工夫をして洗い残しがないようにします。

Q8 テープ型の紙オムツまで汚染が広がっており、オムツが汚水を吸収できない状態にある場合の陰部洗浄はどのようにすればよいですか。

A 新しい紙オムツを使用するか、防水シーツと便器を用意して陰部洗浄をします。

Q9 ガーゼを使って陰部を洗うときに配慮することは何ですか。

A 皮膚と粘膜で覆われた陰部は傷つきやすく、複雑な構造をしているため、強い圧力や摩擦をかけないように注意しながら、接触面の汚れを丁寧に取り除くようにします。

女性の場合は、感染予防のために、大陰唇を開いたら、中央、両側の順に前

第2部　生活行動を支援する技術

（尿道口側）から後ろ（肛門側）へと拭きながら洗浄します。また、一度使用したガーゼ面で尿道口や膣口を拭かないように注意します。

男性の場合は、陰茎の包皮を伸ばし、亀頭部、包皮の内側、陰茎、陰嚢の順にしわを伸ばしながら洗浄し、最後に肛門部を洗います。

なお、汚れがひどい場合は、ガーゼに石鹸をつけて陰部洗浄をします。

Q10 どのようなことに注意して観察したらよいですか。

A 仙骨部や腸骨部、大転子部は褥瘡の好発部位ですので、側臥位にした際には、十分に臀部や腰部の皮膚を観察することが大切です。また、陰部や排泄物の状態を観察するのはもちろんですが、股関節や膝関節の動きなどを観察し、関節の拘縮や筋の萎縮の状況を把握することも大切です。

Q11 尿や便が漏れ出ないようにオムツを当てるためには、どのようなことに注意したらよいですか。

A 適した種類・サイズのオムツを選択し、オムツの中心線が要介護者の脊柱の位置になるように、また、オムツのウエスト部分が腰部に当たるようにして、身体に密着させて装着するのはもちろんですが、性別によって当て方を工夫することも大切です。

女性の場合は、臀部側に尿が流れやすいため、臀部側のオムツを厚くしたり、臀部側にパッドを敷いたりします。男性の場合は、陰茎の部分で尿をキャッチできるように、前側のオムツを厚くしたり、陰茎をパッドで包んだりします。

ただし、漏れないようにと腹部や陰部を締めつけすぎないことや、股関節の動きを妨げないように当てることが大切です。

なお、オムツカバーを用いる場合は、しわや縫い目、カバーが皮膚に当たらないようにするとともに、カバーからオムツがはみ出ないように注意します。

Q12 どのような点に注意して観察をしますか。

A 吉さんの下痢や嘔吐に伴う腹痛や嘔気の状況、疲労について尋ねるとともに、残尿・残便感や排尿・排便痛などの排泄に伴う諸症状についても観察します。また、発熱があるということなので体温を測定します。

Q13 どのようにオムツを処理しますか。

A 便をトイレまたは汚物処理器に流したら、紙オムツは汚染部位が内側になるように小さくたたみ、施設で決められた方法で廃棄します。布オムツの場合も、便をトイレまたは汚物処理器に流したら、所定の方法で洗浄をします（業者に洗浄を委託したり、施設内で洗浄したりします）。

なお、紙オムツの場合は、新聞紙に包んで捨てると漏れ出る臭気が減少します。

7 病床での感染予防と観察の技術

scene 23　手洗いと汚染区域でのガウンテクニック

〈実施場面〉

○入所して12週間（3か月）後○　　健康度 低 中 高

　吉さんは、新型インフルエンザの疑いがあり、個室で隔離状態になりました。今から吉さんのベッドのシーツ交換をするに伴い、介護者への感染や介護者を介した院内感染を防止するために、ガウンと帽子を着用することにしました。また、シーツ交換後は手洗いに加え、手指消毒を行います。

　なお、ガウンは吉さんの居室内に設けられている準汚染区域のガウンかけに、襟紐を結んで外表（表面が外側）にかけられています。

　また、支援の内容に対する説明と同意は済んでいます。

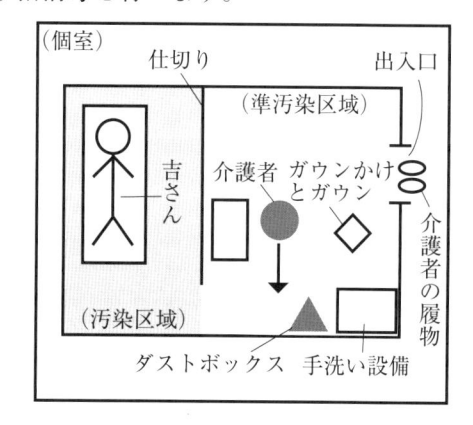

〈実施のポイント〉

1. ガウンの清潔部分と不潔部分を確実に理解してガウンを扱う。
2. 感染予防のためのルールを遵守して、手順よく帽子、マスク、手袋、ガウンの着脱をする。
3. 介護者の皮膚を守りながら、手洗いや手指の消毒をすみずみまで確実に行い、病原微生物を最大限に除去する。

〈必要物品〉

①ガウン　②ディスポーザブル手袋　③ディスポーザブルマスク　④ディスポーザブルキャップ　⑤ガウンかけ　⑥専用の履物（汚染区域内で使用する履物）　⑦手洗い設備　⑧液体石鹸　⑨ペーパータオル　⑩ダストボックス　⑪擦式法消毒剤（ウエルパスやウエルアップ）

実 施 方 法

● **帽子・マスク・手袋→ガウンの着用**

❶ 専用の履物に履き替えて、吉さんの居室内に入ります。
日常的な手洗いをします（液体石鹸を泡立てて水で流します）。
ただし、状況によっては、抗菌石鹸を用いた衛生的手洗いをします。

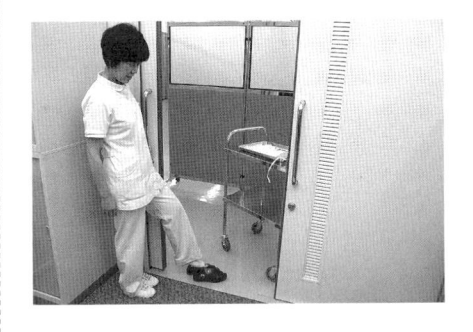

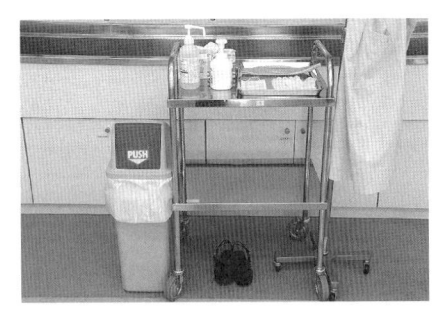

P1 参照
P2 参照
P3 参照
P4 参照

❷ 髪をすべて覆うように帽子をかぶります。

❸ マスクをつけます。

❹ 手袋をはめます。

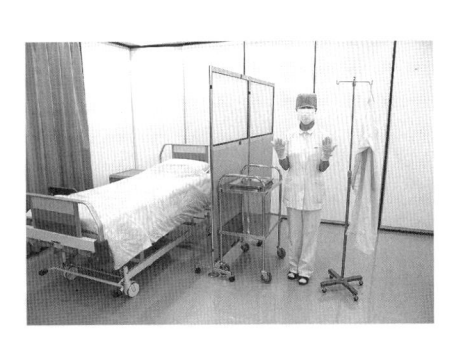

P5 参照

❺ 清潔扱いの襟紐を持って、不潔な面であるガウンの表側にふれないように、ガウンかけからガウンを取り外し、襟紐を解きます。

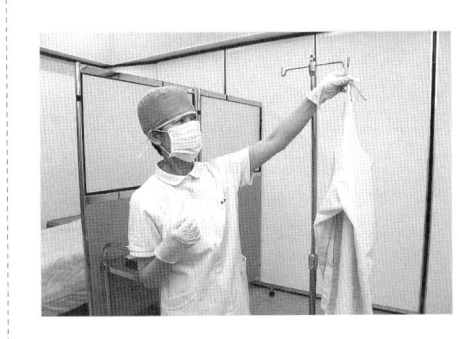

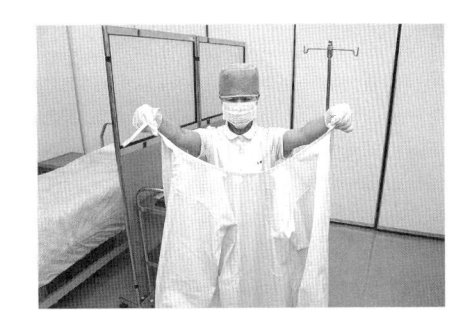

❻ ガウンの襟紐だけを持って、片手ずつ袖に手を通します。

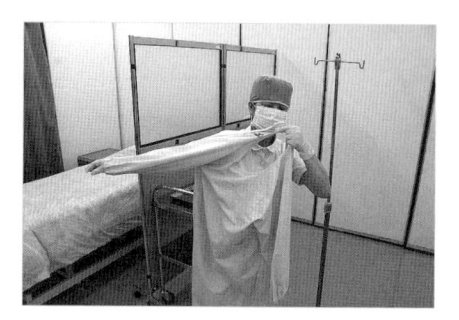

❼ 両手を清潔扱いの襟元（15cm以内）に沿って身体の中心から後ろに回し、襟紐を結びます（ガウン着脱のルールとして、襟元15cmの部分を清潔扱いとしています）。

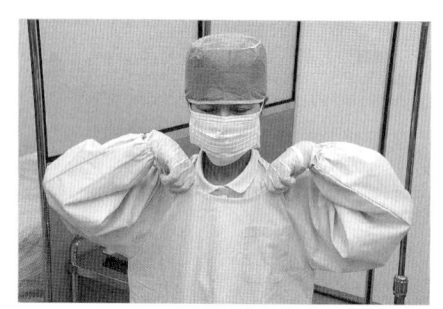

❽ 最後に不潔扱いの胴紐を結びます。

シーツ交換を行います。【p.33「シーツ交換」参照】

● **手袋→ガウン→帽子→マスクの脱衣**

❾ 不潔部分である手袋の表面にふれないようにして手袋を外し、ダストボックスに捨てます。

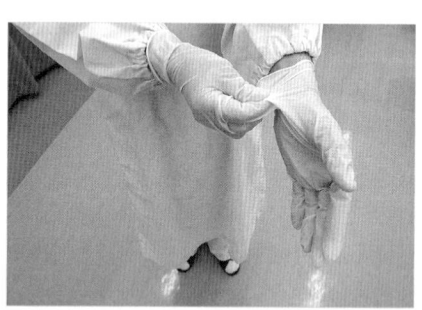

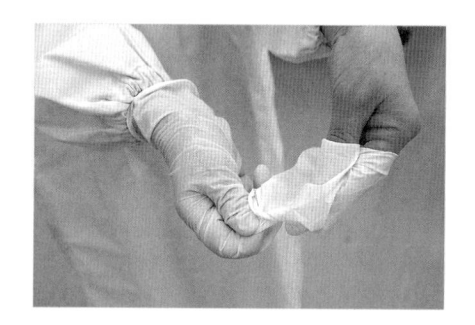

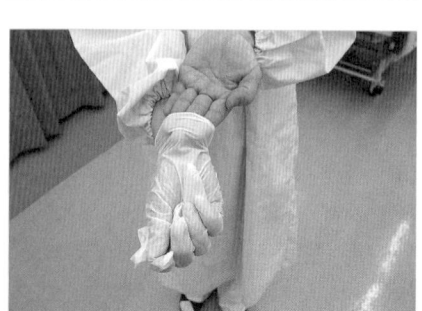

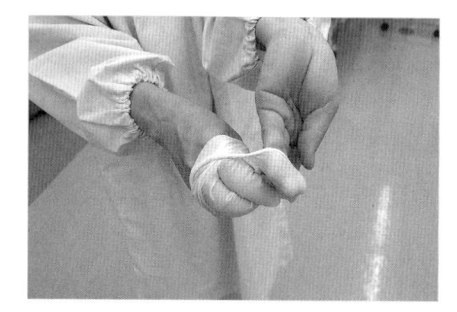

❿ 不潔扱いの胴紐を解きます。

⓫ 不潔部分の胴紐にふれた手を擦式法消毒剤で消毒をします（目に見える汚れがない場合は、石鹸と流水での手洗いではなく、擦式法（ラビング法）を行うと簡便です）。

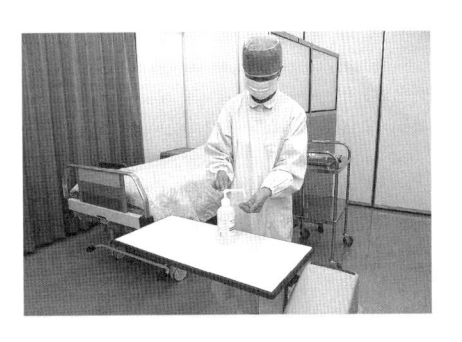

P6 参照
P7 参照
P8 参照

⓬ 清潔扱いの襟紐をといて身体の前面に回し、ガウンかけにかけられるように1つに結びます。

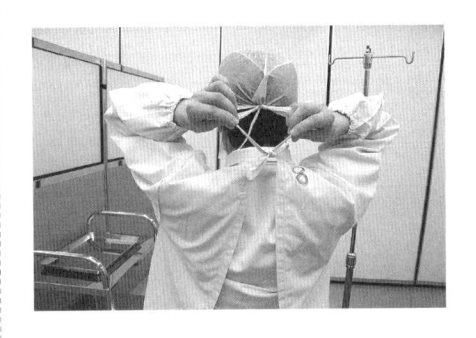

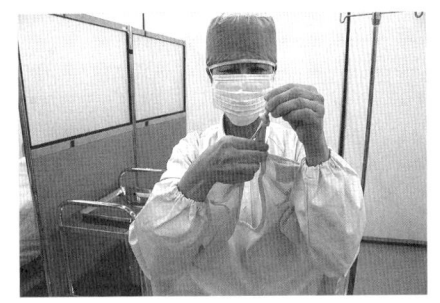

⓭ 片方の手をもう一方のガウンの袖口に、ガウンの表面にふれないように注意しながら差し込んで引くことにより、手先をガウンの内側に入り込ませます。

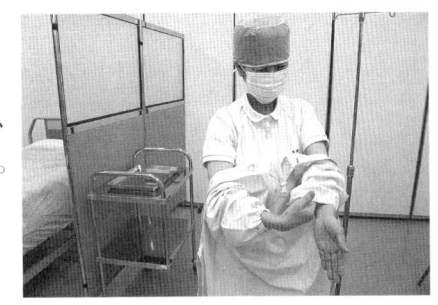

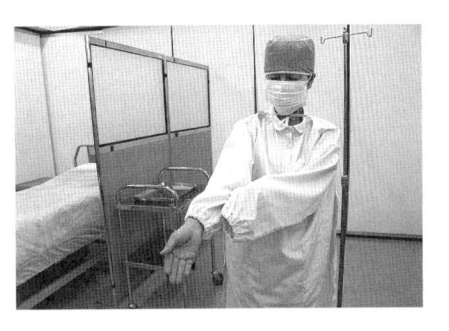

⓮ 手先がガウンの内側に入ったほうの手（ガウンに覆われたほうの手）で、ガウンを介した状態で他方の袖の表面をつかんで手先をガウンの内側に入り込ませます。

第2部　生活行動を支援する技術

⓯ 清潔扱いのガウンの内側のみにふれながら、両腕を袖から抜きます。

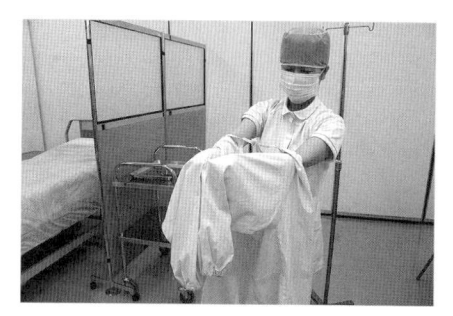

[P 9]参照

⓰ 清潔扱いの襟紐を持ち、汚染されているガウンの表面を外側にしてガウンかけにかけます。

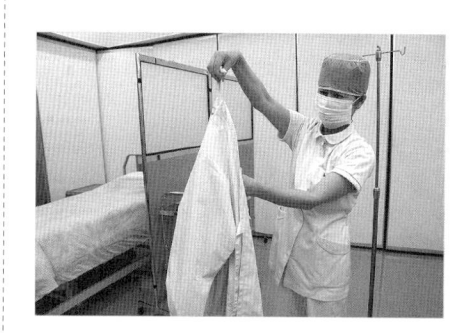

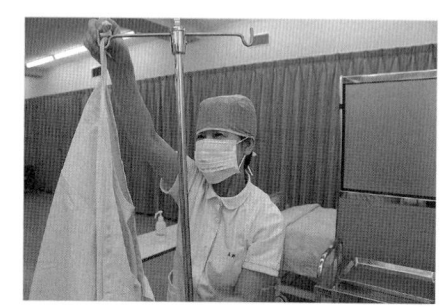

⓱ 帽子とマスクを外して、ダストボックスに捨てます。

● 手洗い

[P 10]参照
[P 11]参照
[P 12]参照
[P 13]参照

⓲ 居室内の手洗い設備のところへ移動します。

手首まで流水をかけます（水道は出しっぱなしにしておきます）。

⓳ 液体石鹸を十分に泡立てます。

⑳　両手掌を擦り合わせて、また、手掌と手背を擦り合わせて、指間を含めて両手全体を洗います。

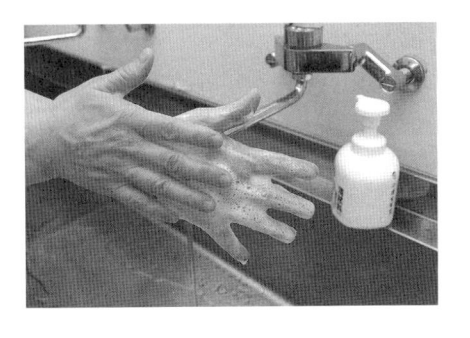

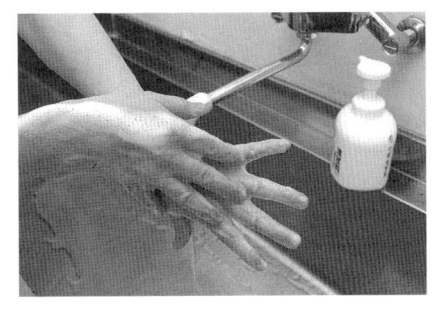

㉑　親指とその周辺を他方の手でねじるように洗います。

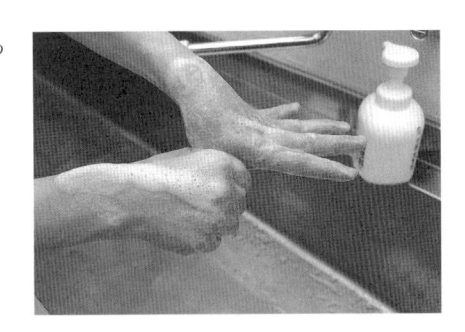

㉒　手掌と指先を擦り合わせて、爪と指先を洗います。

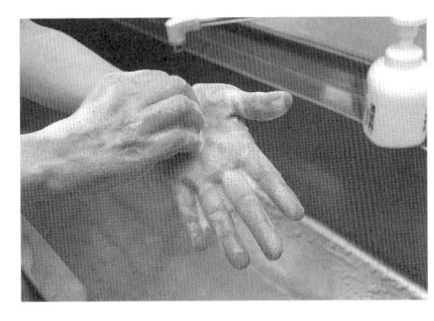

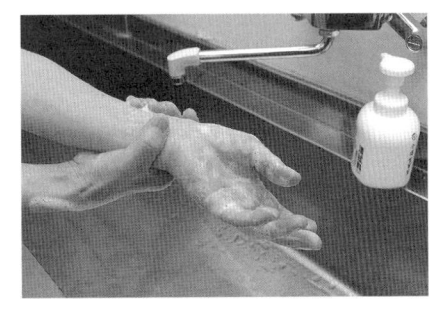

㉓　両手首を洗います。

㉔　流水の中でもみ洗いしながら、完全に石鹸を洗い流します。

P14参照
P15参照

㉕ 肘で蛇口を閉め、ペーパータオルで手の水分を拭き取ります。

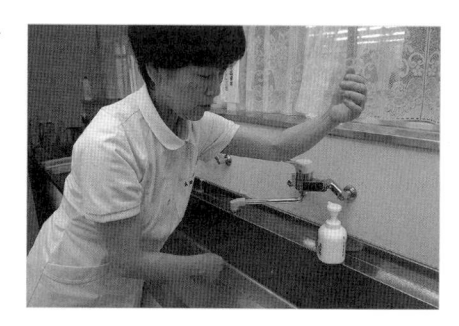

㉖ 履物を履き替え、居室を出ます。

スキルアップポイント

Point 1　手洗いの意義

　感染予防の原則は、①病原体の感染経路の遮断、②病原体の除去、③個体の防御能力の増強の3つです。
　院内感染（患者から患者への感染の拡大）としては、接触感染（病原微生物を持つ人や動物に直接・間接にふれることによって生じる感染）が最も多いことから、①の感染経路の遮断としての手洗いの励行・徹底が最も効果的で簡単な感染予防策であるといえます。

Point 2　ガウンテクニックの種類

　ガウンテクニックは、外科的ガウンテクニックと内科的ガウンテクニックとに区別されます。
　感染の危険性の高い患者を感染から守るために、医療従事者等が清潔区域内でガウンの着脱を行う技術を外科的ガウンテクニックといいます。医師等が手術をする際に行うのがこれにあたります。また、患者が罹っている感染症から健康な人たちを守るために、医療従事者等が汚染区域内でガウンの着脱を行う技術を内科的ガウンテクニックといいます。看護師等が感染症に罹って隔離された患者さんのケアをする際に行うのがこれにあたります。
　ここで紹介したガウンテクニックは、内科的ガウンテクニックです。介護者が吉さんの保有している病原微生物にさらされて感染を受けないように、また、介護者が媒介となってそのほかの要介護者などに感染を広めないようにガウンテクニックを行っています。
　内科的ガウンテクニック（汚染区域でのガウンテクニック）の場合は、ガウ

ンの裏面と襟元15cmの部分、襟紐を清潔扱い、そのほかのガウンの表面は不潔扱いとして着脱を行うことが決められています。

Point 3　隔離とは何か

感染症の拡大を防ぐために、または、感染の危険性の高い患者（未熟児や手術後の患者、免疫力の低い患者など）を感染から守るために、患者を一定の場所に収容し、他の人々から隔て離すことを隔離といいます。

隔離の際には、患者や医療従事者がその必要性とルールを理解していることが重要です。また、隔離される患者の心理を十分に配慮し、疎外感や不安感を与えないようにすることが大切です。「～してはいけません」などと、禁止句を使用することは避けるとともに、コミュニケーションを十分に図り、情報提供やニーズの充足に努めましょう。

Point 4　介護者の履物を介しての感染防止対策

隔離室の出入りの際には、専用の履物に履き替えるか、履物の底に消毒薬を噴霧します。汚染区域であれ、清潔区域であれ、隔離されている区域に立ち入る場合は、介護者の履物を介して感染を拡大させることのないように十分な注意が必要です。

Point 5　手袋着用の必要性

スタンダード・プリコーション（標準予防策）の基本方針にしたがうと、今回の新型インフルエンザの疑いのある吉さんのシーツ交換においては、必ずしも手袋をする必要はなく、適切な手洗いを行えばよいといえます。

スタンダード・プリコーションとは、「血液、体液、便・尿など汗を除くすべての排泄物、粘膜や傷のある皮膚は感染の可能性を含んでいる」として対応することによって、患者と医療従事者の両者を感染から守るための米国疫病管理対策センターが提唱する予防策のことです。医療現場では、その徹底が図られていますが、介護現場には浸透していない現状があります。

Point 6　消毒剤の選択

状況や目的、介護者の皮膚の状態に応じて消毒の方法や消毒剤を選ぶことが大切です。手荒れがあると、その部分に病原微生物が付着しやすくなりますし、

介護者への感染の危険性が増えますので、手荒れを起こさない、もしくは手荒れの少ない消毒剤や石鹸を用いるようにします。また、そのほかの消毒剤の副作用として、発疹、紅斑、掻痒（かゆみ）、浮腫（むくみ）などが生じた場合は、消毒剤を変更します。

なお、手指のトラブルに対して、ハンドクリームや軟膏を塗布すると、ハンドクリームや軟膏による汚染の危険性が高まりますので、安易な使用は避けてください。

Point 7　手荒れと感染の危険性

人間は、皮膚の付属器官である皮脂腺から分泌される皮脂で皮膚表面を覆うこと（皮脂膜）によって、ブドウ球菌などの病原微生物の侵入を防ぐとともに、皮膚のpHを酸性に保って病原微生物の繁殖を防止しています。

手荒れは、皮膚の水分や皮脂が減少している状態であり、皮脂の減少が感染のリスクを高めます。

Point 8　手指消毒の方法

手指消毒の方法には、擦式法（ラビング法）、洗浄法（スクラブ法）、清拭法（スワブ法）、浸漬法（ベースン法）があります。

洗浄法（スクラブ法）は洗浄剤入りの消毒薬で洗浄する方法で、清拭法（スワブ法）は消毒薬を浸み込ませたガーゼなどで拭く方法です。

ベースン（洗面器）に希釈した消毒薬をつくって手指を浸す浸漬法（ベースン法）は、複数の者が複数回使用するため有効濃度が維持しにくく、現在はほとんど使用されていません。

50〜70％のエチルアルコールが含まれている液を手掌にとって乾燥するまで皮膚に擦り込ませる擦式法（ラビング法）は、目に見える汚れがない限り水道がなくても行うことができ、即効性や殺菌力が高いため、近年の医療・介護現場で多用されています。

Point 9　ガウンのかけ方

感染症の拡大を防ぐための内科的ガウンテクニックにおいて、ガウンを汚染区域（感染症に罹っている患者の居室）にかけておく場合は、ガウンの汚染されたほう（表面）を外側にしてかけておき、介護者に接するガウンの内側の清潔を保ちます。ガウンを清潔区域（感染症に罹っている患者の隔離エリア外）

にかけておく場合は、ガウンの汚染されたほう（表面）を内側にしてかけておくことによって、病原微生物の拡散を防ぎます。

Point 10　手袋の着用と手洗い

手袋は手洗いの代わりにはなりません。あってはならないことですが、手袋が破れた際には、必ず厳重な手洗いが必要であるのはもちろんのこと、気づかないうちに手袋にピンホール（小さな穴）ができたり、外すときに汚染面にふれてしまったり、介護者の汗等で手が不潔になっていたりするため、手袋を使用したとしても必ず手洗いを行います。

Point 11　確実な手洗いのための前準備（身じたく）

確実な手洗いをするためには、事前に以下のような準備（身じたく）を行い、病原微生物の残留が最小限になるようにします。
①爪を短く切っておきます（つけ爪はしません）。
②マニキュアを落としておきます。
③指輪やブレスレット、時計などの装飾品を外しておきます。
④肘の部分まで腕を露出しておきます。

Point 12　確実な手洗いのための環境整備

手洗い場所が不便な場所にあったり、数が少ないと、手洗いをしなかったり移動途中で病原微生物を撒き散らして感染のリスクを高めてしまう恐れがあります。そのため、規模の大きい医療・介護施設においての手洗い場は、便利な場所に複数必要です。

また、手洗い場が感染源とならないように常に清潔を保ち、乾燥させておきます。さらに、石鹸などの洗浄剤の容器を清潔にしておくことも大切です。

なお、固形石鹸は、石鹸の内部や石鹸容器に病原微生物が付着して増殖し、感染源になる危険性が高いため、ポンプ式の液体石鹸を使用するのが望ましいでしょう。

Point 13　手洗い時の水温と手洗いの時間

手洗い時の水温が高温の場合は、手荒れを引き起こし、低温の場合は、病原微生物が除去されにくいため、37〜38℃のぬるま湯で手洗いをするのが望まし

第2部　生活行動を支援する技術　235

いです。

また、十分に病原微生物の除去をするためには、石鹸を使用して15秒以上手を擦り合わせて丁寧に洗浄する必要があります。

Point 14　感染防止を配慮した蛇口の閉め方

自動の水道栓でない場合は、手を拭いたペーパータオルで蛇口を覆って閉めます。エアタオル等の設備があり、紙タオルを使用していない場合は、蛇口に水をかけてから蛇口を閉めます。また、ハンドル式の水道栓の場合は、肘を使って蛇口を閉めるようにします。

なお、布製のタオルを複数で何回も使用することは、感染の拡大につながりますので避ける必要があります。

Point 15　手洗い後の手をペーパータオルで拭く場合の適切な拭き方

汚れた水が行き来しないように、指先を上にした状態で腕を振動させて滴を切った後、指先から手首、腕の順に水分を十分に拭き取ります。

scene 24　健康状態の観察とバイタルサイン

〈実施場面〉

○入所して12週間（3か月）後○　　健康度 低 中 高

吉さんは新型インフルエンザの疑いがあり、個室で隔離状態になりました。状態の変化を知るために、安静臥床している吉さんのバイタルサイン（体温、脈拍、呼吸、血圧）を3時間ごとに測定・観察します。

測定に関するインフォームド・コンセント（説明と同意）は済んでいます。また、感染予防のためのガウンテクニックは済ませています。

なお、吉さんは左半身麻痺がありますので、体温、脈拍、血圧の測定は、健側（右）の上肢で行います。

また、吉さんは、高血圧の治療として朝食後に降圧剤を服用しています。そのため、朝食の前後は、降圧剤の影響をふまえて観察し報告・評価をします。

〈実施のポイント〉

1．一定の条件で正確に測定する。
2．負担をかけることなく測定する。
3．測定の用具を破損することなく正しく扱う。
4．測定の用具が感染源にならないよう適切に消毒をする。
5．バイタルサインの変動因子をふまえた観察・報告・評価をする。

〈必要物品〉

①体温計（腋窩用の電子体温計）　②血圧計（電子血圧計）　③アルコール綿（機器の消毒用）　④秒針つきの腕時計もしくはストップウォッチ

実施方法

● 物品の準備

❶ バイタルサインを確認するための物品を準備します。

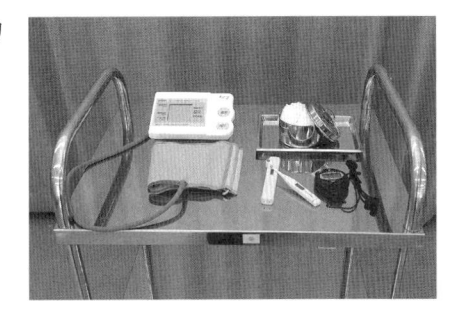

P 1 参照
P 2 参照

● 体温測定

❷ ①介護者の手を温めます。

P 3 参照
P 4 参照

②吉さんの右の腋窩に発汗がないか確認します（発汗があった場合はタオルで拭き取ります）。

③吉さんの右の腋窩の中央部に、腋窩用の電子体温計の先端部分が位置するように、身体の前面下方から後ろ上方に向かって挿入します。

④吉さんの右上腕を体幹に密着させて、測定終了の電子音が鳴るまで把持します。

　使用後の体温計は、アルコール綿で消毒をして保管します。

⑤記録します。

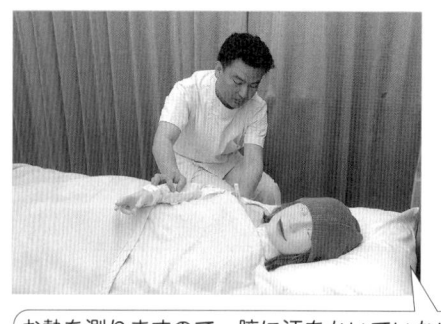

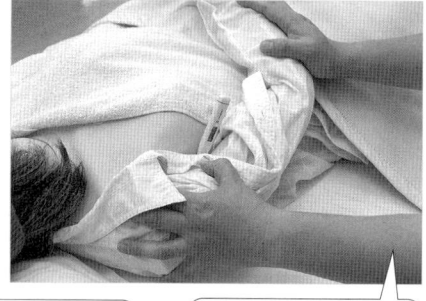

お熱を測りますので、腋に汗をかいていないか確認しますね。汗はかいていないようです。
こちらの腋(右腋を示して)に体温計をはさみますね。

はい、終わりました。

● **脈拍測定**

❸ ①吉さんの右手を介護者の片手で支えます。

P 5 参照

②介護者のもう片方の手の示指、中指、薬指の指腹を、吉さんの右手手根部内側の橈骨動脈に当てて軽く圧し、腕時計を見ながら1分間の波動数とその性質を観察します。

③記録します。

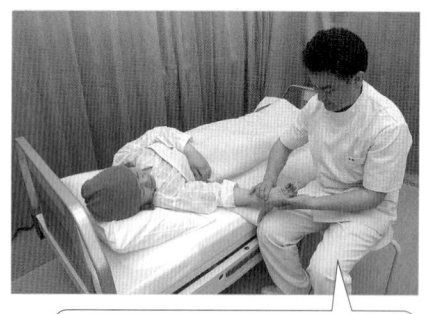

こちらの手首(右手首を示して)で脈拍を測りますね。

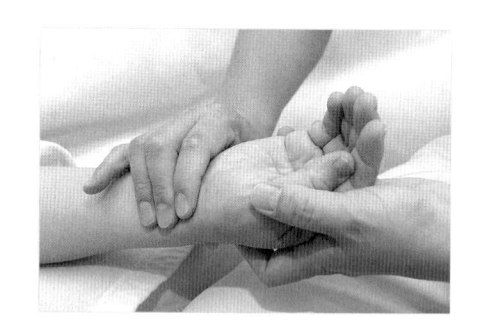

● **呼吸測定**

❹ ①吉さんに呼吸測定をしていることを気付かれないように脈拍測定を行っているふりをしながら、胸郭や上腹部の上下運動を見て1分間の呼吸数と性質を観察します。

P 6 参照

②記録します。

………(無言で)。
はい、終わりました。

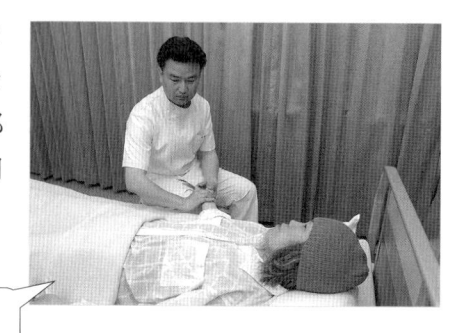

● 血圧測定

❺ ①吉さんの右上肢を露出し、肘を軽く伸展させた状態にします。

P7 参照

②電子血圧計を吉さんの右上肢近くのベッド上に置きます。

③血圧計のマンシェットを、以下の条件がすべて整うように吉さんの右腕に巻きます。

- 右肘から2〜3cm上にマンシェットの下縁を位置させます。
- マンシェットのゴム嚢（のう）の中央を前肘部の中央（上腕動脈の真上）と一致させます。
- 2横指程度のゆるみをもたせてマンシェットを腕に沿わせます。

④電子血圧計の電源が入っていることを確認して、測定ボタンを押します。

⑤測定が終了したら速やかにマンシェットを外して電源を切り、吉さんの衣服を整えます。

⑥電子血圧計を片付け、記録します。

> こちらの手（右手を示して）で血圧を測りますね。腕を締め付けますね。はい、終わりました。

● 手洗いとガウンテクニック

❻ ガウンテクニックによってガウン等を脱ぎ、手洗いをします。【p.226「手洗いと汚染区域でのガウンテクニック」参照】

● 報告・評価

❼ バイタルサインの測定値や一般状態を医療従事者に報告します。

医療従事者と共同して、降圧剤やその他インフルエンザ様の症状に対して処方されている薬剤の影響をふまえた総合的な評価をします。

スキルアップポイント

Point 1 バイタルサインの意義

バイタルサイン（Vital Signs）とは「生命徴候」、つまり「生きているしるし」のことです。バイタルサインは、異常の早期発見や生命の危険度の察知、病気の変化や治療効果の推察、そして生活支援方法の判断や評価に欠かせません。

第2部　生活行動を支援する技術　239

一般にバイタルサインの観察には、「体温」、「脈拍」、「呼吸」、「血圧」を測定します。

Point 2　バイタルサインの変動因子と測定上の原則

体温、脈拍、呼吸、血圧の測定値は、①日差（時刻）、②身体活動（運動や動作、体位）、③精神的興奮、④日常生活行動（食事や飲酒・喫煙、排泄、睡眠、入浴）、⑤症状や疾病、⑥測定部位（左右差）、⑦外部環境（気温、湿度）、⑧年齢、⑨性差などによって変動します。

そのため、一定の条件で正常な測定用具を使用して測定する必要があります。

Point 3　体温調節のメカニズム

人間の体温は、間脳の視床下部の体温調節中枢によってコントロールされ、一定に保たれています。

インフルエンザや感冒などの感染症や脱水、脳腫瘍等の脳の器質的疾患等によって体温調節中枢の機能に異常をきたすと発熱が起こります。発熱すると間脳の視床下部の体温調節中枢から指令が出され、発汗や皮膚血管の拡張によって体温を下げようとします。

他方、栄養失調や老衰、甲状腺機能低下症等によって体熱の産生が低下したり、寒冷によって体熱放散が亢進することによって低体温になります。低体温になると間脳の視床下部の体温調節中枢から指令が出され、代謝の亢進や悪寒戦慄（ふるえ）によって体温を上げようとします。

体温には個人差がありますが、成人の標準体温は、腋窩温で36～37℃です。

Point 4　体温測定の部位と方法

安全・安楽に正確な体温が測定できるよう、腋窩や口腔、直腸などに専用の体温計を挿入して体温を測定します。【p.241「図表2－11」参照】

中でも腋窩検温が最もよく使われる体温測定の方法ですが、半身麻痺がある場合、麻痺側は血流量が低下していますし、側臥位で下になった側は、圧反射の影響を受けていますので測定値が低値となります。

そのため、半身麻痺のある要介護者に対する腋窩検温の際には、健側で測定するのはもちろんのこと、健側を下にした側臥位で横になっていた場合は、しばらくの間、仰臥位を保ってもらってから測定する必要があります。

図表2−11　体温測定

測定法	腋窩検温	口腔検温	直腸検温
体温計の特徴	平たい形状	円柱状で水銀層が長い形状	水銀層が短く丸い形状
測定時間	10分間	5分間	3分間（新生児乳児は1分～1分30秒）
挿入部位	腋窩中央部 体軸に対して45度の角度	舌下中央部 舌下に当たるように斜め30度の角度	肛門から直腸内に新生児・乳児では2.5～3.0cm、成人では5～6cm挿入
留意事項	腋窩に発汗がある場合は拭き取る 左右差のある場合は高温で測定する 側臥位の場合は上側で測定する 衰弱や意識障害等がある場合は上腕を把持する	飲食後や長時間の談笑後等は避ける 口をしっかり閉じて測定する	先端に潤滑油を塗り、ゆっくり挿入する 挿入後は体温計が移動しないように支える
不適な例	高度のるい痩のある者 新生児・乳児 麻痺側での測定	口腔内に疾患や障害がある者 新生児・乳児 意識障害者 激しい咳や呼吸困難がある者	下痢や便秘のある者 肛門疾患のある者 直腸に炎症のある者 直腸の手術後

＊上記記述は水銀体温計の場合である。電子体温計には、腋窩用や耳用がある。

出典：横山さつき『こころとからだのしくみ＆介護の基本知識を学ぼう』現代図書　2010年　p.16

Point 5　脈拍のメカニズム

　心臓が収縮し、血液を送り出すときの動脈壁に伝わる波動を「脈拍」といいます。その数は心臓の拍動数に等しく、標準的な脈拍数は、1分間に成人で60～80回、学童で80～90回、乳児で110～130回です。

　不規則な脈拍を「不整脈」、脈が抜けることを「結代」、脈拍数の多いものを「頻脈（1分間に100回以上）」、脈拍数の少ないものを「徐脈（1分間に60回以下）」といいます。

　なお、意識障害のある場合などで橈骨動脈で脈拍が触知できない場合は、総頸動脈（甲状軟骨のやや外側に示指1本を軽く当てて測定）や大腿動脈（仰臥位で足を伸ばした外転・外旋位をとってもらった状態の鼠径部で測定）等で測定します。

Point 6　呼吸のメカニズム

　生物が鼻や口から酸素を体内に取り込み、不要物質である二酸化炭素を対外に排出する現象を「呼吸」といいます。肋間筋や横隔膜の働き（緊張と弛緩）によって肺が自然に拡張や収縮を行い、空気の出し入れをしています。

　呼吸には、①肺で行われる空気と血液のガス交換である外呼吸（肺呼吸）と、②血液と体内の細胞の間で行われるガス交換である内呼吸（組織呼吸）の2つ

があります。また、呼吸の型には、「胸式呼吸」と「腹式呼吸」があります。通常人間は、肋間筋の緊張と弛緩による胸式呼吸と横隔膜の上下による腹式呼吸の両者を複合した呼吸を行っています。

　成人の1分間の呼吸数は16〜20回で、1回の換気量は500ml程度です。自律神経によって支配されている呼吸は無意識のうちに繰り返されていますが、意識的に調節することができます。そのため、呼吸数や呼吸の性質等を観察するときは、被験者に気付かれないようにすることが大切です。

　意識障害等によって微弱な呼吸になっている場合は、手鏡や薄い紙片を鼻腔に近づけて鏡表面のくもりや紙片の動きを見て測定をします。

Point 7　血圧のメカニズム

　心臓が拍動ごとに血液を動脈に送り込むことによって生じる圧力を「血圧」といいます。通常、上腕内側部の上腕動脈に加わる圧力を経皮的に測定した値を「血圧値」としています。

　心臓の左心室が収縮して血液が押し出されたときの最も高い血圧を「収縮期血圧（最大血圧・最高血圧）」といい、心臓が収縮から戻って弛緩したときの血圧を「拡張期血圧（最小血圧・最低血圧）」といいます。標準的な血圧は、一般に、成人で収縮期血圧130mmHg以下、拡張期血圧85mmHg以下とされますが、近年では、段階的な評価がされています。【p.243「図表2−12」参照】

　なお、たくし上げた衣服が上腕を圧迫していると血流が阻害され、低い血圧値が出ます。そのため、上着やセーターなどは、あらかじめ脱衣してもらうようにします。

　また、血圧値はマンシェットの幅が広いと低値となり、狭いと高値となりますし、マンシェットをきつく巻くと低値となり、ゆるく巻くと高値となりますので、適切なサイズのマンシェットを正しく巻く必要があります（厳密には上腕の周径に応じてマンシェットを選択しますが、実際には小児ややせている成人、小柄な成人等の場合は、小さめのものを選ぶ程度のサイズ選択をします）。

図表2－12　成人における血圧値

(単位：mmHg)

分類	収縮期血圧		拡張期血圧
至適血圧	＜ 120	かつ	＜ 80
正常血圧	＜ 130	かつ	＜ 85
正常高値血圧	130 〜 139	または	85 〜 89
Ⅰ度高血圧	140 〜 159	または	90 〜 99
Ⅱ度高血圧	160 〜 179	または	100 〜 109
Ⅲ度高血圧	≧ 180	または	≧ 110
（孤立性）収縮期高血圧	≧ 140	かつ	＜ 90

＊収縮期血圧と拡張期血圧が異なる分類に当てはまる場合は、高いほうの分類とする。

出典：日本高血圧学会「高血圧治療ガイドライン2009」

第3部

介護職による医療行為

1 医療行為に該当しない行為

　医師や歯科医師、看護師などの資格を持たない者が医療行為を行うことは、医師法や歯科医師法、保健師助産師看護師法などで禁止されています。したがって、介護職が医療行為を行うのは違法です。しかし、違法であるとの認識はあるものの慢性的に人材が不足している介護施設等においては、看護師の業務を介護職が代行することが少なくない現状にあります。また、医療行為という認識があるにもかかわらず、医師・看護師の指示や要介護者・家族からの依頼を介護職が安易に受けてしまっているのも事実です。

　このような実情の中、厚生労働省は「医療行為か否かの判断は、あくまでも個々の行為に応じて個別具体的に判断する必要がある」として、何が医療行為であるかを明確にしてきませんでした。そのため、介護職は手探り状態でグレーゾーンの医療行為を行い、その結果、介護職による医療事故が少なからず起こっています。

　介護現場での混乱や事故を防止するためには、介護職が行うことのできる行為を明確にしたうえで十分な教育を行う必要があります。そのため、厚生労働省はようやく平成17年7月に、医療機関以外の高齢者介護・障がい者介護の現場等において判断に疑義が生じることの多い行為に関して、以下の10項目を条件付きで「医療行為に該当しない行為」としました。

医師法第17条、歯科医師法第17条及び保健師助産師看護師法第31条の解釈について
(医政発第0725005号　平成17年7月26日　厚生労働省医政局長　各都道府県知事宛通知)

1. 水銀体温計・電子体温計により腋下で体温を計測すること、及び耳式電子体温計により外耳道で体温を測定すること
2. 自動血圧測定器により血圧を測定すること
3. 新生児以外の者であって入院治療の必要がないものに対して、動脈血酸素飽和度を測定するため、パルスオキシメータを装着すること
4. 軽微な切り傷、擦り傷、やけど等について、専門的な判断や技術を必要としない処置をすること（汚物で汚れたガーゼの交換を含む）
5. 患者の状態が以下の3条件を満たしていることを医師、歯科医師又は看護職員が確認し、これらの免許を有しない者による医薬品の使用の介助ができることを本人又は家族に伝えている場合に、事前の本人又は家族の具体的な依頼に基づき、医師の処方を受け、あらかじめ薬袋等により患者ごとに区分し授与された医薬品について、医師又は歯科医師の処方及び薬剤師の服薬指導の上、看護職員の保健指導・助言を遵守した医薬品の使用を介助すること。具体的には、皮膚への軟膏の塗布（褥瘡の処置を除く）、皮膚への湿布の貼付、点眼薬の点眼、一包化された内用薬の内服（舌下錠の使用も含む）、肛門からの坐薬挿入又は鼻腔粘膜への薬剤噴霧を介助すること。
①患者が入院・入所して治療する必要がなく容態が安定していること
②副作用の危険性や投薬量の調整等のため、医師又は看護職員による連続的な容態の経過観察が必

要である場合ではない

　　③内用薬については誤嚥の可能性、坐薬については肛門からの出血の可能性など、当該医薬品の使用の方法そのものについて専門的な配慮が必要な場合ではないこと

（注１）以下に掲げる行為も、原則として、医師法第17条、歯科医師法第17条及び保健師助産師看護師法第31条の規制の対象とする必要がないものであると考えられる。

　　①爪そのものに異常がなく、爪の周囲の皮膚にも化膿や炎症がなく、かつ、糖尿病等の疾患に伴う専門的な管理が必要でない場合に、その爪を爪切りで切ること及び爪ヤスリでやすりがけすること

　　②重度の歯周病等がない場合の日常的な口腔内の刷掃・清拭において、歯ブラシや綿棒又は巻き綿子などを用いて、歯、口腔粘膜、舌に付着している汚れを取り除き、清潔にすること

　　③耳垢を除去すること（耳垢塞栓の除去を除く）

　　④ストマ装着のパウチにたまった排泄物を捨てること（肌に接着したパウチの取り替えを除く）

　　⑤自己導尿を補助するため、カテーテルの準備、体位の保持などを行うこと

　　⑥市販のディスポーザブルグリセリン浣腸器（※）を用いて浣腸すること

　　　※挿入部の長さが５から６センチメートル程度以内、グリセリン濃度50％、成人用の場合で40グラム程度以下、６歳から12歳未満の小児用の場合で20グラム程度以下、１歳から６歳未満の幼児用の場合で10グラム程度以下の容量のもの

（注２）上記１から５まで、及び注１に掲げる行為は、原則として医行為又は医師法第17条、歯科医師法第17条及び保健師助産師看護師法第31条の規制の対象とする必要があるものでないと考えられるものであるが、病状が不安定であること等により専門的な管理が必要な場合には、医行為であるとされる場合もあり得る。このため、介護サービス事業者等はサービス担当者会議の開催時等に、必要に応じて、医師、歯科医師又は看護職員に対して、そうした専門的な管理が必要な状態であるかどうか確認することが考えられる。さらに、病状の急変が生じた場合その他必要な場合は、医師、歯科医師又は看護職員に連絡を行う等の必要な措置を速やかに講じる必要がある。

　　　また、上記１から３までに掲げる行為によって測定された数値を基に投薬の要否など医学的な判断を行うことは医行為であり、事前に示された数値の範囲外の異常値が測定された場合には医師、歯科医師又は看護職員に報告するべきものである。

（注３）上記１から５まで及び注１に掲げる行為は原則として医行為又は医師法第17条、歯科医師法第17条及び保健師助産師看護師法第31条の規制の対象とする必要があるものではないと考えられるものであるが、業として行う場合には実施者に対して一定の研修や訓練が行われることが望ましいことは当然であり、介護サービス等の場で就労する者の研修の必要性を否定するものではない。

　　　また、介護サービスの事業者等は、事業遂行上、安全にこれらの行為が行われるよう監督することが求められる。

（注４）今回の整理はあくまでも医師法、歯科医師法、保健師助産師看護師法等の解釈に関するものであり、事故が起きた場合の刑法、民法等の法律の規定による刑事上・民事上の責任は別途判断されるべきものである。

（注５）上記１から５まで及び注１に掲げる行為について、看護職員による実施計画が立てられている場合は、具体的な手技や方法をその計画に基づいて行うとともに、その結果について報告、相談することにより密接な連携を図るべきである。上記５に掲げる医薬品の使用の介助が福祉施設等において行われる場合には、看護職員によって実施されることが望ましく、また、その配置がある場合には、その指導の下で実施されるべきである。

（注６）上記４は、切り傷、擦り傷、やけど等に対する応急手当を行うことを否定するものではない。

2 介護職による医療行為の特例

　平成23年6月の「介護保険法」の改正に伴う「社会福祉士及び介護福祉士法」の一部改正により、平成24年4月から、特定の医療行為、すなわち、喀痰吸引（口腔内、鼻腔内、気管カニューレ内部）と経管栄養（経鼻経管栄養、胃ろう、腸ろう）を、介護職が一定の条件下（医師の指示や看護師等との連携のもとにおいて安全確保が図られている等）で行うことが認められることとなりました。

　介護福祉士（平成28年1月以降の国家試験合格者）はその養成課程において、その他の介護職員等（ホームヘルパー等の介護職員、前記以外の介護福祉士、特別支援学校教員等）は、登録研修機関における一定の研修（喀痰吸引等研修）を修了し、都道府県知事の認定を受けると、これらの行為を業として実施できます。

　なお、喀痰吸引等研修は基本研修（講義、演習）と実地研修で構成され、医師や看護師が講師となり行われます。また、喀痰吸引等研修には、①喀痰吸引（口腔内、鼻腔内、気管カニューレ内部）と経管栄養（経鼻経管栄養、胃ろう、腸ろう）のすべての行為を行う類型、②気管カニューレ内部吸引と経鼻経管栄養を除く行為を行う類型、③特定の方（筋萎縮性側索硬化症：ALSなどの重症障がいをもつ者）に対して行うための実地研修を重視した類型の3つの課程が設けられています。

かんたん明解！
生活支援技術を身につけよう
──事例から学ぶ介護の基本──

2010年11月10日　初版第1刷発行
2017年7月30日　初版第4刷発行

編　　集	横山　さつき
発行者	竹鼻　均之
発行所	株式会社 みらい
	〒500-8137　岐阜市東興町40　第5澤田ビル
	TEL　058-247-1227(代)
	http://www.mirai-inc.jp
印刷・製本	西濃印刷株式会社

ISBN978-4-86015-216-1 C3036
Printed in Japan　　　　　　　乱丁本・落丁本はお取替え致します。